O Dever de Divulgar Fato Relevante na Companhia Aberta

O Dever de Divulgar Fato Relevante na Companhia Aberta

2022 • 2ª Edição

Fernando de Andrade Mota

ALMEDINA

O DEVER DE DIVULGAR FATO RELEVANTE NA COMPANHIA ABERTA

AUTOR: Fernando de Andrade Mota
DIRETOR ALMEDINA BRASIL: Rodrigo Mentz
EDITORA JURÍDICA: Manuella Santos de Castro
EDITOR DE DESENVOLVIMENTO: Aurélio Cesar Nogueira
ASSISTENTES EDITORIAIS: Isabela Leite e Larissa Nogueira
DIAGRAMAÇÃO: Almedina
DESIGN DE CAPA: FBA
ISBN: 9786556274560
Fevereiro, 2022

Dados Internacionais de Catalogação na Publicação (CIP)
(Câmara Brasileira do Livro, SP, Brasil)

Mota, Fernando de Andrade
O dever de divulgar fato relevante na companhia
aberta / Fernando de Andrade Mota. -- 2. ed. --
São Paulo : Almedina, 2022.

Bibliografia
ISBN 978-65-5627-456-0

1. Companhia aberta 2. Direito econômico - Brasil
3. Divulgação de informação - Brasil 4. Mercado de
capitais 5. Sociedade anônima 6. Sociedades por ações
- Brasil I. Título.

21-92633 CDU-34:336:33(81)

Índices para catálogo sistemático:

1. Brasil : Direito econômico 34:336:33(81)
Maria Alice Ferreira – Bibliotecária – CRB-8/7964

Este livro segue as regras do novo Acordo Ortográfico da Língua Portuguesa (1990).

EDITORA: Almedina Brasil
Rua José Maria Lisboa, 860, Conj.131 e 132, Jardim Paulista | 01423-001 São Paulo | Brasil
editora@almedina.com.br
www.almedina.com.br

Para Ana Carolina Hirano Mota, amada esposa

NOTA À SEGUNDA EDIÇÃO

Desde a primeira edição da presente obra, a BM & FBOVESPA – BM & FBOVESPA S.A. – Bolsa de Valores, Mercadorias e Futuros tornou-se B3 S.A. – Brasil, Bolsa, Balcão, novos procedimentos para divulgação de fatos relevantes durante o pregão foram editados, a Instrução CVM nº 358, norma fundamental de *disclosure* no Brasil, foi substituída pela Resolução CVM 44 e as discussões envolvendo ESG ganharam vulto. Tivemos também a satisfação de ver a primeira edição referida em algumas decisões relevantes, tais como aquelas proferidas nos processos CVM nº RJ2014/12710 e 2016/7190.

Além disso, diversas outras regras disciplinando matérias aqui examinadas foram editadas posteriormente, tais como as Instruções CVM nº 548, 553, 565, 567, 590, 604, 607, as Resoluções CVM nº 10/20 e 46/21, a Lei Complementar nº 182/2021, a Lei nº 14.195/21, o Ofício-Circular/CVM/SEP/Nº 01/2021, a Portaria MF nº 68, de 26 de fevereiro de 2016. Alguns processos citados também evoluíram, tendo em vista o julgamento de recursos no processo nº 2002.61.00.007082-6, sobre a publicação em jornal de fatos relevantes e o julgamento da Ação Direta de Inconstitucionalidade nº 2601.

Novas regras europeia e japonesa, de listagem da China, e alterações ao *Corporations Act* australiano também foram refletidas nesta edição.

A necessária atualização ensejou também a ampliação de alguns pontos que foram tratados de forma concisa na primeira edição, como as políticas de divulgação, projeções e outras modalidades de *soft information* e a divulgação de informações relativas a processos sigilosos.

O aumento tanto do número de investidores quanto de empresas que acessam a bolsa ampliou a importância do tema, razão pela qual com alegria preparamos esta segunda edição, com a qual almejamos contribuir com o desenvolvimento do nosso mercado.

AGRADECIMENTOS

O presente trabalho é versão revista, ampliada e atualizada da dissertação apresentada à Faculdade de Direito da Universidade de São Paulo, como requisito para a obtenção do título de Mestre.

Agradeço ao Professor Doutor José Marcelo Martins Proença, por ter me aceitado como seu orientando, o que me permitiu a felicidade de retornar à velha e sempre nova Academia, por sua constante disponibilidade, pelos conselhos ao longo deste percurso, e pelo permanente e animador incentivo para a dedicação à atividade acadêmica em suas variadas dimensões. O seu encorajamento para ir a fundo nas questões objeto deste trabalho e a confiança em mim depositada me deram liberdade suficiente para desenvolver a dissertação.

Tive a oportunidade de cursar excelentes matérias ao longo do mestrado, ministradas pelos Professores Doutores Paula Andréa Forgioni, Artur Barrionuevo Filho, Mauro Rodrigues Penteado, Eduardo Secchi Munhoz, Paulo Salvador Frontini, Francisco Satiro e José Alexandre Tavares Guerreiro, aos quais devo muito pelos conhecimentos obtidos, assim como a muitos outros professores que me influenciaram profundamente, e a eles registro também meus agradecimentos.

Além de ser aluno, tive também o privilégio de ter os Professores José Alexandre Tavares Guerreiro e Ilene Patricia Najjarian de Noronha tanto na banca de qualificação quanto na de defesa da dissertação. A ambos agradeço muito pelos valiosos comentários.

Registro também a gratidão ao Dr. Áureo Natal de Paula, que teve a gentileza de esclarecer dúvidas a respeito de Portaria citada em seu livro sobre crimes contra o sistema financeiro e o mercado de capitais.

Ao longo de diversos anos atuando na advocacia, e ainda antes como estagiário, aprendi imensamente com os muitos profissionais com os quais tive a oportunidade de atuar, não sendo possível citar todos, gostaria de registrar meu agradecimento em nome do Dr. Paulo Cezar Aragão, modelo de advogado que alia grande experiência prática e profundo conhecimento teórico.

A vida de pós-graduando e advogado tornou-se mais divertida pela possibilidade de partilhar experiências com a Maria Fernanda Cury, a Ana Carolina Zoricic, o Tiago Cação Vinhas e o Enrico Spini Romanielo.

Minha família sempre valorizou e incentivou o estudo. Agradeço a minha mãe Selma e a meus irmãos Patrícia e Felipe por todo o apoio. À Patrícia Mota, e também ao Jaime Wada, um agradecimento especial pelo auxílio nas questões de linguagem.

A meu pai, que ficou tão feliz com o meu ingresso no mestrado, mas não pôde ver a conclusão da dissertação, dedico este trabalho.

Agradeço também ao Sedi Hirano, por sempre me incentivar a cursar o mestrado, e à sua família, de intelectuais, que também me acompanhou ao longo deste processo: Toshimi, Míriam, Ana Cristina, Sergio, Helena, Luis Afonso, Paula, Aaron, Luis Felipe e Tatiana.

Agradeço especialmente à minha esposa Ana Carolina Hirano Mota. Seu amor seria o bastante, mas além do amor contei com a compreensão pelo tempo dedicado a este trabalho; com seu incentivo para estudar sempre e para iniciar a pós-graduação em particular; com sua paciência para me ouvir falar sempre do mesmo tema; com sua generosidade para partilhar seus vastos conhecimentos. Não menos importante, partilhamos o amor pelos livros, e ela não apenas apoiou a aquisição de tantos quantos necessários, mas também ajudou a dispensar os cuidados de que muitos careciam. Sem ela nada seria possível.

PREFÁCIO

Recebi e aceitei, alegre e imediatamente, do Mestre e Doutorando em direito comercial pela Faculdade de Direito da Universidade de São Paulo, o convite para apresentar a sua obra.

A tarefa é simples. Fernando, a quem tive e tenho o prazer de orientar em seus estudos acadêmicos, faz parte do grupo que a Universidade Pública tem o prazer, e o dever, de receber. Não economiza e é assíduo nas pesquisas, atende aos chamados para compartilhar conhecimento e demonstra à sociedade sua produção.

Ao lado do sério estudo acadêmico, Fernando alia e aproveita, para a sua produção, a atividade de advogado, o que lhe acrescenta, para as suas pesquisas, aquela experiência quase sempre necessária para a estruturação de aprofundadas e também práticas, úteis obras jurídicas, de onde se extrai normalmente, recomendações de leitura.

O livro, fruto de sua dissertação de mestrado, defendida publicamente em 2013 e aprovada com elogios pela Banca Examinadora composta pelos festejados Professores José Alexandre Tavares Guerreiro e Ilene Patrícia de Noronha Najjarian, examina, com detalhes, o dever de divulgar fato relevante imposto aos administradores de companhia aberta pela Lei nº 6.404/76.

A primeira parte do trabalho trata do dever de informar na sociedade anônima e no mercado de capitais, abrangendo os fundamentos para a imposição de tais deveres, sua relação com as regras disciplinadoras da informação nas sociedades anônimas em geral e com as aplicáveis às companhias abertas em particular, bem como a estrutura da disciplina legal, regulamentar e autorregulamentar.

A segunda parte do trabalho desenvolve o conceito de fato relevante – definido pela lei como aquele que possa influir, de modo ponderável, na decisão dos investidores do mercado de vender ou comprar valores mobiliários emitidos pela companhia. As origens do conceito são identificadas no direito norte-americano, que inspirou também o seu tratamento na legislação comunitária europeia e em outros países. O conceito na legislação brasileira é analisado a partir de seus elementos constitutivos: o investidor de mercado (e quais pessoas devem ser consideradas como tal), a influência ponderável sobre a decisão de investimento (especialmente se a influência é apenas potencial ou deve ser efetiva) e a noção de ato ou fato ocorridos nos negócios da companhia (e de que modo o conceito exclui atos que, não obstante possam influenciar as decisões de investimento, não ocorrem nos negócios sociais).

A terceira e última analisa a responsabilidade pela divulgação, a forma de divulgação e as exceções à regra geral de divulgação imediata, bem como as consequências de seu descumprimento nas esferas administrativa, civil e criminal.

Informação, talvez um dos ativos mais disputados em diversos mercados, direito em obtê-la e a contrapartida obrigação de prestá-la, é a tônica da obra do Fernando.

Por fim, aproveito a oportunidade para reescrever palavras do Professor Goffredo da Silva Teles Júnior, em uma das suas entrevistas à imprensa, palavras essas que têm sido observadas pelo Fernando, foram por mim guardadas e que eu gostaria de dividir. Perguntado ao Saudoso Professor Goffredo qual o conselho que ele daria à juventude, *declamou* com a sua constante simpatia e invejável inteligência: "Não são conselhos, propriamente. São apelos, creio; apelo do fundo do meu coração. São apelos de um estudante mais velho, que já andou pelos caminhos da vida, a estudantes moços, que se acham no começo dos caminhos. O primeiro apelo é este: Amem a beleza! Não tenham jamais vergonha de proclamar seu amor pela beleza – pela beleza de hoje, pela beleza de ontem, pela beleza simplesmente, seja com que forma, em que situação, com que data a beleza se apresente. O segundo apelo é este: Tenham como lema: Seriedade e competência! Não acreditem, jamais, que a chamada 'modernidade' possa ser biombo da ignorância e incultura. E o terceiro apelo é este. Não permitam que a aspereza da vida emudeça o sonho. Conservem a pureza, apesar de tudo. Não envelheçam, no espírito e no coração".

Boa leitura a todos.

José Marcelo Martins Proença

LISTA DE SIGLAS E ABREVIAÇÕES

ADR	American Depositary Receipts
Art.	Artigo
ASIC	Australian Securities & Investments Commission – ASI
ASX	Australian Securities Exchange
B3 S.A.	Brasil, Bolsa, Balcão
BM&FBOVESPA	BM&FBOVESPA S.A. – Bolsa de Valores, Mercadorias e Futuros
CMN	Conselho Monetário Nacional
CMVM	Comissão do Mercado de Valores Mobiliários
CVM	Comissão de Valores Mobiliários
CRSFN	Conselho de Recursos do Sistema Financeiro Nacional
ESME	European Securities Markets Expert Group
IA	Inquérito Administrativo
IOSCO	Organização Internacional de Comissões de Valores Mobiliários
LSA	Lei nº 6.404/76
NP 51-201	National Policy 51-201 – Disclosure Standards da Canadian Securities Administrators
PAS	Processo Administrativo Sancionador
SEC	Securities and Exchange Commission

SUMÁRIO

INTRODUÇÃO

O conhecimento de informações privilegiadas pode levar tanto à fortuna quanto à cadeia. Diferenciar em um certo fato esta particular qualidade constitui a atividade diária de diferentes atores: dos diretores de relações com investidores, dos acionistas, da CVM, da bolsa de valores, e de todos aqueles que assessoram tais profissionais. O descumprimento dos deveres relacionados a estas informações deverá ser examinado pelo Ministério Público e pelo Poder Judiciário, tanto em ações criminais visando a punir o uso indevido de informações privilegiadas, como em causas cíveis, em que se discute a indenização de prejuízos. Quanto aos ilícitos administrativos, a CVM dispõe de competência para sancioná-los.

O administrador deve divulgar ao público imediatamente os fatos relevantes ocorridos nos negócios da companhia aberta em que atua. Os investidores de mercado, por sua vez, precisam saber que os fatos capazes de influenciar de forma ponderável suas decisões de investimento serão tornados públicos, e não utilizados para obter vantagem indevida.

O dever de divulgar fato relevante previsto no art. 157, §4º da LSA situa-se na intersecção entre as regras de divulgação de informações das sociedades anônimas e do mercado de capitais.

No direito brasileiro, normas de divulgação estão previstas tanto na legislação societária quanto na do mercado de capitais; embora a necessidade de sua aplicação conjunta e integrada possa ser inferida da exposição de motivos das respectivas leis, o direito societário foi, em grande parte, analisado sem levar em consideração sua importância para o mercado de capitais, como já destacou Calixto Salomão Filho, para quem "urge elaborar estudos que integrem as duas esferas"[1].

Do ponto de vista societário, as regras de divulgação de informações abrangem diversos fatos, obrigam vários agentes e exercem múltiplas funções. Proceder-se-á ao exame geral destas regras, quando útil para a conceituação do dever de divulgar fato relevante e para a identificação das características particulares que diferenciam este dos demais deveres de informar.

O dever de divulgar fato relevante integra, sob outra perspectiva, o conjunto de deveres de informação no âmbito do mercado de capitais, no qual a disciplina da transparência tem sido vista como principal ferramenta para a sua regulação. Como esse mercado exerce influência significativa na economia, sendo responsável ora por seu crescimento, ora por crises de impacto global, há um debate permanente quanto à necessidade de regras abrangentes de divulgação, bem como a respeito da necessidade de novos paradigmas de regulação.

No entanto, também neste campo o dever de informar extrapola, em grande medida, a comunicação das informações relevantes pelas companhias abertas e, embora a análise no presente trabalho esteja centrada naquele contexto, convém endereçar, ainda que perfunctoriamente, algumas daquelas questões.

Ainda que se possa vislumbrar neste conjunto de deveres uma tônica predominante de proteção do investidor, tal proteção será implementada em muitas vertentes, incluindo os deveres de informar dos intermediários e de veículos de investimentos, como os fundos. Certas questões, porém, serão comuns, notadamente o debate a respeito da conveniência da intervenção estatal para impor o dever de informar, que para diversos autores deveria ser estabelecido a partir do acordo das partes envolvidas.

A forma desta intervenção estatal inclui a atribuição de parte do poder regulamentar e fiscalizador a um órgão administrativo especial encarregado da tutela do mercado de capitais, no que o direito brasileiro (assim como o de outros países) buscou inspiração no modelo norte-americano. Em razão disto, ganha relevo a questão da extensão dos poderes da Comissão de Valores Mobiliários – tema objeto de grande

[1] Salomão Filho, Calixto. *O novo direito societário*. 3ª ed. São Paulo: Malheiros, 2006, pp. 153-154.

atenção pela doutrina brasileira –, bem como das entidades de autorregulação, que sempre ocuparam posição central nas diretrizes dos mercados de capitais.

O dever de divulgar fato relevante, embora seja tema passível de ser examinado de forma autônoma, possui outros reflexos, especialmente, mas não exclusivamente, na vedação da prática do *insider trading*. A necessidade, intensidade e forma de sua repressão foram objeto de diversos estudos, que serão mencionados quando necessário para a compreensão das funções do conceito de fato relevante e do dever de divulgá-lo.

Os aspectos envolvidos na divulgação de fato relevante já foram apreciados em obras gerais sobre as sociedades anônimas e em estudos específicos a respeito da regulação do mercado de capitais e *insider trading*. No âmbito das obras que tratam do *insider trading*, há no Brasil duas monografias específicas: o trabalho pioneiro de Luís Gastão Paes de Barros Leães[2] e, recentemente, com uma abordagem moderna, incorporando os desenvolvimentos recentes da matéria, a obra de José Marcelo Martins Proença[3]. O princípio do *full disclosure*, por sua vez, foi objeto de uma dissertação de mestrado[4].

O conceito de fato relevante e o dever de divulgá-lo não têm sido, todavia, objeto de estudos específicos no Brasil, e são raros em outros países[5].

[2] Leães, Luiz Gastão Paes de Barros. *Mercado de Capitais & "Insider Trading"*. São Paulo: Editora Revista dos Tribunais, 1982.

[3] Proença, José Marcelo Martins. *Insider Trading: regime jurídico do uso de informações privilegiadas no mercado de capitais*. São Paulo: Quartier Latin, 2005.

[4] Rachman, Nora M. *O Princípio do* Full Disclosure *no Mercado de Capitais*. Dissertação (Mestrado em Direito Comercial) – Faculdade de Direito, Universidade de São Paulo, São Paulo, 1999.

[5] Como observa, no direito francês, Compin, Frédéric. *Le Pouvoir du Droit Face à la Désinformation Financière*. Saint-Maur-des-Fossés: Jets d'Encre, 2009, pp. 170-171. Recentemente foi publicada monografia específica a respeito do tema em Portugal (Santos, Felipe Matias. *Divulgação de Informação Privilegiada*. Coimbra: Almedina, 2011), onde já se contava com a publicação decorrente do trabalho apresentado por Gonçalo Castilho dos Santos em concurso público para Assistente Estagiário na Faculdade de Direito de Lisboa (*O dever de informação sobre factos relevantes pela sociedade cotada*. Lisboa: Associação Acadêmica Faculdade de Direito Lisboa, 1998).

A análise do tema justifica-se hoje não apenas por conta da escassez de estudos específicos, mas também por conta de recentes normas editadas e decisões proferidas pela CVM acerca do assunto, da crescente atuação de agentes não governamentais visando à autorregulação do setor e, ainda, em vista de novas práticas dos agentes de mercado.

A Instrução CVM nº 480/09 estabeleceu um novo paradigma para a divulgação de informações pelas companhias abertas, fixando padrões distintos conforme as espécies de títulos emitidos para o público.

A própria CVM tem buscado detalhar alguns aspectos das regras de divulgação em decisões proferidas em processos sancionadores. Nesse sentido, podem-se mencionar as decisões proferidas nos julgamentos dos processos CVM nº RJ2006/4776, realizado em 17.01.2007, e nº 2006/5928, ocorrido em 17.04.2007, ambos relatados pelo então Diretor Pedro Oliva Marcilio de Sousa, nas quais se procurou apresentar de forma sistemática desdobramentos das regras de divulgação de fato relevante. Diversas outras decisões, proferidas tanto em processos de consulta quanto sancionadores, fornecem também subsídios para a análise da matéria. Mesmo considerando tais desenvolvimentos, ainda se pode dizer que "[a] despeito da definição legal, a identificação do que seja ou não fato relevante é algo que na vida real apresenta dificuldades e desafios"[6].

A definição legal remete à decisão dos investidores de mercado, mas a identificação dos motivos pelos quais determinado fato influencia, ou não, aquela decisão não foi feita pela legislação nem pela regulamentação. Fábio Konder Comparato, quando propunha, antes da edição da LSA, a vedação do *insider trading*, sugeriu a adoção de percentuais determinados de oscilação na cotação das ações da companhia que permitiriam presumir a ocorrência de *insider trading*[7], mas, como será exposto, a doutrina e os reguladores evitam a adoção de tal critério.

Sem seguir a linha proposta pelo ilustre jurista, a definição jurídica de fato relevante na legislação brasileira de 1976 inspirou-se na elabo-

[6] Luiz Antonio de Sampaio Campos *in* Lamy Filho, Alfredo; Bulhões Pedreira, José Luiz (Coord.). *Direito das companhias*. Rio de Janeiro: Forense, 2009, p. 1186.

[7] Comparato, Fábio Konder. *Insider Trading: sugestões para uma moralização do nosso mercado de capitais. Revista de Direito Mercantil, Industrial, Econômico e Financeiro*, nº 2, Ano X, nova série, 1971, p. 41.

ração da jurisprudência norte-americana. A grande experiência daquele país não levou a uma definição objetiva de fato relevante, mas sim à conclusão de que não é possível estabelecer uma fórmula clara, um "bright-line test" para sua identificação[8].

Nesse contexto, permanece válida a observação, feita pouco tempo após a edição da LSA, a respeito de "quão difícil será aos administradores prever eventuais reflexos, no mercado, de certos atos ou fatos da sociedade, sabendo-se que as reações daquele nem sempre são ditadas pela lógica e pelo bom senso"[9]. Já se observou, por outro lado, que "o conceito de relevância é bastante subjetivo", e serem igualmente subjetivas a expressão "ponderável" e a decisão dos investidores "que podem, bem ou mal, se guiar por aspectos somente conhecidos por eles, pessoas que são".[10]

A União Europeia seguiu em parte o exemplo norte-americano na definição de informação privilegiada (como em tantos outros aspectos do direito do mercado de valores mobiliários), e a doutrina produzida nos países integrantes da comunidade já assinalou a "aura de indeterminação"[11] do conceito e sua "falta de concreción"[12]. O cenário não é distinto quando se considera outros países com mercados de capitais importantes, tais como Canadá e Austrália.

O exame específico da matéria do fato relevante pode contribuir para a compreensão da disciplina por diversos agentes. Por um lado, fornecendo aos agentes encarregados de sua divulgação, especialmente os administradores de companhia aberta, subsídios para as decisões sobre os fatos a serem divulgados. Por outro lado, e em contrapartida, uma melhor percepção da matéria permitiria também aos investidores a for-

[8] HAZEN, Thomas Lee. *The Law of Securities Regulation.* 6ª ed. West, 2009, p. 461.

[9] TEIXEIRA, Egberto Lacerda e GUERREIRO, José Alexandre Tavares. *Das sociedades anônimas no direito brasileiro.* v. 2. São Paulo: Bushatsky, 1979, pp. 477-478.

[10] RACHMAN, Nora M. *O Princípio do* Full Disclosure *no Mercado de Capitais.* Dissertação (Mestrado em Direito Comercial) – Faculdade de Direito, Universidade de São Paulo, São Paulo, 1999.

[11] BRANCO, Sofia Nascimento. *O Direito dos Accionistas à Informação.* Coimbra: Almedina, 2008, p. 243.

[12] BLANCO, Miguel Iribarren. *Responsabilidad civil por la información divulgada por las sociedades cotizadas: su aplicación en los mercados secundarios de valores.* Madrid: La Ley, 2008, p. 93.

mação de expectativa mais precisa em relação às informações que devem receber das companhias.

Uma análise crítica da matéria permitirá a formação de um juízo quanto à oportunidade e conveniência de alterações na legislação e regulamentação aplicáveis.

A crise de 2008 trouxe à tona um maior debate acerca da forma de divulgação das informações, e a conclusão de relevantes participantes do mercado, como o investidor George Soros, é de que a divulgação de mais informações seria imperativa[13].

Dessa forma, o tema se justifica pela sua importância para o desenvolvimento econômico em geral e, em particular, do mercado de capitais.

Algum grau de indeterminação é inerente ao conceito de fato relevante, tal como adotado no Brasil e alhures. A despeito disso, a análise detalhada das regras que o conceituam, o exame sistemático de sua interpretação pela doutrina, a aplicação pelas autoridades judiciárias e, sobretudo, administrativas, podem reduzir tal indeterminação. É o que se pretende com o presente trabalho.

A metodologia adotada é dedutiva, partindo do conceito estabelecido pela lei para chegar a uma compreensão mais efetiva do que são fatos relevantes.

Ao examinar a evolução histórica do dever de divulgar fato relevante, tanto no Brasil quanto em outros países, buscou-se identificar não apenas as regras jurídicas, mas também a visão acerca da disponibilidade da informação e da importância a ela atribuída pelos investidores.

O recurso à jurisprudência, ainda escassa, e às decisões administrativas da CVM e do Conselho de Recursos do Sistema Financeiro Nacional (CRSFN) foi empregado com o intuito de melhor compreender o tema de estudo.

O direito comparado e a jurisprudência não serão examinados inteiramente em capítulos separados, e sim conforme forem úteis para a identificação dos elementos inerentes ao conceito de fato relevante tal como estabelecido no Direito brasileiro.

O exame da disciplina do dever de divulgar fato relevante em outros países, selecionados a partir do critério da representatividade das bol-

[13] Soros, George. *The new paradigm for financial markets: the crash of 2008 and what it means*. New York: Public Affairs, 2008, p. 145.

sas de valores neles sediadas, não tem por fim um estudo exaustivo de direito comparado, mas essencialmente identificar as normas que conceituam fato relevante e impõem o dever de sua divulgação, bem como decisões ilustrativas da forma como são aplicadas tais regras. Além dos Estados Unidos e da União Europeia, serão abordadas as regras existentes nos demais países onde estão localizadas as dez maiores bolsas de valores do mundo por capitalização: Canadá, Austrália, Japão, China continental e Hong Kong[14].

Maior detalhamento justifica-se em dois aspectos: no histórico da construção do conceito de fato relevante no direito norte-americano e na regulação adotada na União Europeia.

No primeiro caso, em razão de o conceito norte-americano ter inspirado a regra brasileira, a compreensão de sua origem permite elucidar diversos aspectos da regra nacional.

No segundo caso, o exame em separado do direito comunitário se justifica por apresentar uma clara preocupação com a delimitação do conceito de fato relevante. Além disso, servindo tais regras como diretrizes para as legislações nacionais, sua exposição é imprescindível para contextualizar as normas adotadas nos países da União Europeia e os comentários da doutrina daqueles países, mencionados na medida em que úteis para a análise de cada tema.

A obra está estruturada em três partes, subdivididas em 11 capítulos.

O desenvolvimento do tema proposto tem por premissa o exame da evolução e das características do mercado de capitais, de onde se extraem os fundamentos para a imposição da regra de divulgação de fato relevante e suas funções. Desse modo, a primeira parte examina, sob uma perspectiva ampla, o dever de informar na sociedade anônima e no mercado de capitais, com o objetivo de instruir a análise específica do dever de divulgar fato relevante, tratando dos fundamentos da divulgação de informações no mercado de capitais. Após um breve panorama histórico da divulgação de informações pelas companhias abertas, são

[14] Conforme dados disponibilizados pela Federação Mundial das Bolsas de Valores, no "2012 WFE Market Highlights", as maiores bolsas do mundo pela capitalização do mercado de *equity* doméstico eram: NYSE Euronext (US); NASDAQ OMX (US); Tokyo Stock Exchange Group; London Stock Exchange Group; NYSE Euronext (Europe); Hong Kong Exchanges; Shanghai SE; TMX Group; Deutsche Börse e Australian SE (disponível em http://www.world-exchanges.org/, acesso em 03.03.2013).

examinadas as características particulares da informação no mercado de capitais e as justificativas para a regulação pelo Estado deste mercado, como um todo, e da informação em particular.

A contextualização do dever de divulgar fato relevante no âmbito societário foi feita partindo das regras gerais sobre informação na LSA, passando àquelas aplicáveis especificamente às companhias abertas, e à correlação entre estas disposições e o dever de sigilo. A primeira parte termina com a abordagem das fontes normativas destes deveres para a companhia aberta, apresentando as leis específicas, os regulamentos administrativos, os atos expedidos por entidades do mercado e a disciplina pela própria companhia aberta em políticas de divulgação.

Na segunda parte do trabalho busca-se delimitar o conceito de fato relevante tal como expressado na legislação e na regulamentação brasileira. Para tanto, examina-se o conceito estabelecido na Lei nº 6.404/76, suas origens no direito norte-americano e seu tratamento na legislação comunitária europeia e em outras jurisdições. Em seguida, o conceito é analisado a partir dos seus elementos, quais sejam (i) o conceito de investidor estabelecido pela Lei e pela regulamentação; (ii) o processo da decisão de investimento tomada por tais investidores; (iii) o conceito de influência ponderável em tais decisões e, por fim, (iv) o conceito de fato ocorrido nos negócios da companhia (que justificou a escolha pela referência ao dever de divulgar fato relevante "na" – e não "pela" – companhia aberta no título).

A terceira parte do trabalho analisa o dever de divulgar fato relevante: a responsabilidade pelo seu cumprimento, a forma de divulgação, as exceções ao dever de divulgar imediatamente e as consequências do seu descumprimento. As respostas obtidas e as outras questões identificadas ao longo do trabalho são sintetizadas nas considerações finais.

PARTE I
O DEVER DE INFORMAR NA COMPANHIA ABERTA

CAPÍTULO 1
FUNDAMENTOS

1. Antecedentes históricos

A história tanto das sociedades anônimas quanto do mercado de valores mobiliários pode ser lida não apenas como o relato da evolução de institutos jurídicos voltados ao desenvolvimento econômico, mas também como a história das fraudes perpetradas e dos ganhos ilícitos auferidos por agentes inescrupulosos à custa da ingenuidade e da ganância de investidores de todos os portes.

Conforme expõem Lamy e Bulhões, a sociedade anônima, por "sua eficácia em perseguir lucros, exacerbou a cobiça dos homens, e tornou-se fonte de abusos e fraudes, que despontam, com igual frequência, em todas as latitudes, no curso de sua existência"[15]. Não será apenas a sociedade anônima a atrair críticas: o mercado de capitais, ao qual ela está indissociavelmente ligada[16], será muitas vezes o alvo dos ataques.

As críticas ao mercado de capitais adotarão várias formas, e serão fundamentadas não apenas nos ganhos e – especialmente – nas perdas que proporciona, mas por outras razões até pitorescas para o leitor atual.

[15] LAMY FILHO, Alfredo; PEDREIRA, José Luiz Bulhões. *A Lei das S.A. Pressupostos, Elaboração, Pareceres.* V. 1. Rio de Janeiro: Renovar, 1997, p. 20.

[16] A forma da sociedade anônima pode, no Brasil e em diversos outros países, ser adotada também por empresas que não fazem apelo ao investimento público, mas seu desenvolvimento histórico está intimamente ligado ao do mercado de capitais, como será observado em diversas oportunidades ao longo deste trabalho. O conceito de companhia aberta adotado no direito brasileiro será examinado no próximo capítulo.

O poder da informação e, sobretudo, da desinformação, é uma das bases dessas avaliações. Outros aspectos do mercado de capitais, porém, suscitaram censuras no passado; deixar de mencioná-los, ainda que sucintamente, poderia passar a impressão equivocada de que a tutela da informação é o único aspecto importante para a sua regulação.

Nem sempre se reconheceu no mercado de capitais função econômica útil à sociedade, e muitas reprovações aos negócios ali celebrados eram baseadas na premissa de que tais operações não seriam produtivas, desviando recursos dignos de serem empregados em melhores fins[17]. Esta visão não apenas tornou-se obsoleta, mas foi superada pela ideia oposta, de que tais mercados desempenham papel importante no desenvolvimento econômico, constituindo um dos fundamentos de sua regulação pelo Estado[18].

Outra razão para a oposição ao mercado de capitais tinha seu fundamento nas negociações com títulos de dívidas do governo (hoje disciplinadas de forma separada, no passado constituíram amiúde atividade relevante das próprias sociedades comerciais), pois incentivariam o endividamento do Estado e sua expansão indevida. A existência do moderno Estado burocrático e intervencionista não é considerada hoje efeito adverso de um mercado para sua dívida[19], e sim o resultado de uma ou outra orientação política[20], sendo que os títulos públicos constituem uma das principais alternativas de aplicação com riscos reduzidos.

[17] Banner, Stuart. *Anglo-American Securities Regulation*. Cambridge: Cambridge University Press, 1998, pp. 58-62.

[18] Como será examinado no item 3 infra.

[19] Banner, Stuart. *Anglo-American Securities Regulation*. Cambridge: Cambridge University Press, 1998, pp. 63-65. E, como observou Max Weber em obra de 1894, "[n]os nossos dias o endividamento do Estado já não representa, em si mesmo, uma desgraça, um sinal de má-administração ou de escassez de meios". (*A Bolsa*. Lisboa: Relógio D'Água Editores, 2004, p. 70.)

[20] A título de exemplo, confira-se a análise de Luiz Gastão Paes de Barros Leães, vinculando a ampliação das funções do Estado à teoria de Keynes, "que reintroduz o Estado *dentro* da Economia", bem como às economias de guerra (*Mercado de Capitais & "Insider Trading"*. São Paulo: Editora Revista dos Tribunais, 1982, pp. 13-14 e 31-32).

Ainda foi apontado como vício do mercado de capitais na Inglaterra do século XVIII o que hoje seria reconhecido como virtude: a capacidade de colocar lado a lado pessoas de diferentes estratos sociais[21].

Nas origens do mercado de capitais criticava-se a influência política de seus participantes sobre os rumos do Estado[22]. A preocupação a respeito da influência política indevida pelo poder econômico integra hoje a base de determinadas questões de ordem concorrencial[23], bem

[21] BANNER, Stuart. *Anglo-American Securities Regulation.* Cambridge: Cambridge University Press, 1998, pp. 65-75.

[22] BANNER, Stuart. *Anglo-American Securities Regulation.* Cambridge: Cambridge University Press, 1998, p. 156. A crítica mencionada foi feita especificamente com relação aos Estados Unidos e à Inglaterra, sobre os quais, como indica o título, foca o trabalho de Banner. Cabe destacar, porém, que na Inglaterra, como observa Weber, a classe dos operadores de bolsa era mais homogênea que, por exemplo, na Alemanha: "Em consequência destas enormes diferenças, os operadores bolsistas estão longe de constituir, entre nós, uma classe (relativamente) tão homogénea como os membros das grandes corporações bolsistas britânicas. O que, sob diversos aspectos, representa uma importante desvantagem." (*A Bolsa.* Lisboa: Relógio D'Água Editores, 2004, p. 95). A relação entre os participantes do mercado e a classe política não está, em todo caso, restrita aos países algo-saxões, como se pode constatar na obra de Raymundo Faoro, com referências ao Relatório da comissão encarregada pelo governo imperial por avisos de 1º de outubro e 28 de dezembro de 1864 de proceder a um inquérito sobre as causas principais e acidentais da crise do mês de setembro de 1846, de Ângelo Moniz da Silva Ferral *et alii*: "A aventura não seria possível sem a associação, revelada no relatório oficial, 'de uma numerosa clientela de amigos da primeira classe da sociedade, assim políticos, como comerciantes, e de pessoas que lhe eram dedicadas pelo nobre sentimento de gratidão a colocaria (a casa Souto) em uma posição tão alta e forte, que quaisquer que fossem os vícios de seu sistema, dado o momento de perigo essas âncoras a salvariam do naufrágio'. Uma vez ainda, o sistema político se compraz no jogo econômico, num antigo e permanente compromisso entre o estamento e as finanças, compromisso que não se altera mesmo nos momentos de desvio da normalidade ideológica. É que sem a camada dominante, entregue a si mesmo, o negócio não viça, não se expande. Essa ligação será responsável pelos atos subseqüentes à crise, empreendidos para suavizá-la, como a liquidação administrativa das casas bancárias falidas e o curso forçado das notas do Banco do Brasil, para evitar o alastramento do pânico." (*Os donos do poder: formação do patronato político brasileiro.* 3ª ed. São Paulo: Globo, 2001, p. 494).

[23] Conforme expõe Calixto Salomão Filho, um dos efeitos do controle concorrencial será defender o Estado do poder econômico no mercado, que "quando excessivo, tende à criação de verdadeiros centros políticos de poder paralelo, com interesse próprio e que procuram (e frequentemente conseguem) influenciar o centro estatal de decisões políticas." (SALOMÃO FILHO, Calixto. *Direito Concorrencial: as estruturas.* 2ª ed. São Paulo: Malheiros, 2002, p. 53)

como de certa corrente doutrinária sobre a regulação[24]. Tais teorias não excluem o mercado de capitais do campo de suas indagações, mas não são aplicáveis exclusivamente a ele, e o poder econômico não é um fenômeno mais identificado com o mercado bursátil do que com outros quaisquer.

Das críticas ao mercado de capitais, porém, a que mais interessa sob a perspectiva da informação é a alegada propriedade de induzir os homens à desonestidade.

Nos mercados de alimentos, a especulação para o fim de conduzir à escassez e elevar os preços – às custas da fome da população – é identificada como prática reprovável desde a Antiguidade[25]. A especulação neste campo – por muito tempo o único setor de negócios com volume de transações suficientemente grande para permitir tais operações – é vedada com o escopo precípuo de proteger o consumidor. Além disso, entende-se que, ao permitir o lucro com a desgraça alheia, a especulação – assim como os mercados nos quais ela é praticada – incentiva os homens à maldade, e os faz desejar a seca quando se necessita de chuva, fome no lugar da fartura e mesmo a guerra, quando seu impacto na dívida dos governos puder gerar lucros[26].

Em negociações com ações de sociedades anônimas o problema da escassez de alimentos não se coloca, ao menos de forma direta, mas ali também será identificado um incentivo à mentira, em razão da grande influência da informação sobre os preços.

No início do século XVII, os investidores não tinham acesso regular às informações financeiras das companhias, e neste cenário o preço da ação era um dos únicos indicativos do valor da empresa[27], facilitando a manipulação do mercado por meio de diversos expedientes, inclusive a

[24] A premissa da teoria da captura é basicamente a mesma desta corrente crítica ao mercado de capitais. Para a exposição das origens desta teoria e de suas fontes, cf. Posner, Richard A. *Theories of Economic Regulation. In: The Bell Journal of Economics and Management Science*, Vol. 5, nº 2 (1974), pp. 341-343.

[25] Cf. Forgioni, Paula A. *Os fundamentos do antitruste*. 4ª ed. São Paulo: Revista dos Tribunais, 2010, pp. 40 e ss.

[26] Banner, Stuart. *Anglo-American Securities Regulation*. Cambridge: Cambridge University Press, 1998, pp. 15-16.

[27] Banner, Stuart. *Anglo-American Securities Regulation*. Cambridge: Cambridge University Press, 1998, p. 56.

disseminação de informações falsas. Embora tal situação seja profundamente distinta da atual, não faltarão casos, ainda hoje, em que se possa dizer, como escreveu Defoe em 1697: "So have I seen Shares in Joint-Stocks, Patents, Engines, and Undertakings, blown up by the air of great Words."[28]

A manipulação através de boatos e rumores foi criticada e serviu de fundamento para propostas de extinção dos mercados de capitais, mas tais propostas, como é notório, não prosperaram. Houve, porém, clamor por maior rigor na vedação à difusão de informações falsas e pela imposição de obrigações legais de divulgação, que vieram a tornar-se um dos pilares da regulação contemporânea.

Propostas legislativas neste sentido já existiam em 1742, quando Sir John Barnard, certamente inspirado ainda pela memória dos efeitos da Bolha dos Mares do Sul[29], propôs na Inglaterra a adoção de uma lei que, dentre outras restrições aos abusos praticados nas negociações com ações, vedava a divulgação de informações falsas com o intuito de reduzir suas cotações. A lei jamais foi votada pelo Parlamento[30].

No início do século XIX havia nos Estados Unidos demanda por regras que exigissem a divulgação periódica, anual, semestral e mesmo trimestral, de informações das companhias; tais regras, porém, só vieram a ser estabelecidas no século seguinte. A prestação de informações

[28] *Apud* Banner, Stuart. *Anglo-American Securities Regulation.* Cambridge: Cambridge University Press, 1998, p. 30.

[29] A Companhia dos Mares do Sul foi criada em 1711, assumiu dívidas do governo inglês e foi autorizada a emitir títulos e comerciar com territórios americanos. Posteriores assunções da dívida pública foram efetuadas e novas emissões de títulos permitidas. Em 1720 toda a dívida pública havia sido assumida. Naquele ano as ações da Companhia experimentaram uma escalada surpreendente: eram negociadas por cerca de £127 em janeiro, £330 em março, £550 em maio, £890 em junho e chegaram posteriormente a cerca de £ 1000. A especulação não se restringiu à Companhia dos Mares do Sul, e o governo inglês editou em julho o Bubble Act, visando não a barrar toda a especulação, mas apenas aquela que não era relacionada à Companhia dos Mares do Sul. No entanto, em setembro as cotações já haviam caído para £ 175, e em dezembro de 1720 as ações eram negociadas por £124. Há inúmeros relatos conhecidos do episódio, e uma narração concisa e crítica pode ser conferida em Galbraith, John Kenneth. *A Short History of Financial Euphoria.* New York, Penguin, 1993, pp. 44-51.

[30] Banner, Stuart. *Anglo-American Securities Regulation.* Cambridge: Cambridge University Press, 1998, pp. 107-108.

poderia ser feita voluntariamente ou por previsão estatutária pelas companhias, e isto, de fato, ocorreu episodicamente.

Regras de divulgação eram encontradas nos estatutos de determinadas companhias, revelando a importância da autorregulação no princípio dos mercados de capitais (nada, porém, que se compare aos padrões atuais de divulgação: em regra disponibilizavam-se somente informações sobre o estado geral dos negócios da companhia). Nesse sentido, os administradores da Merchant's Louisville Insurance Company, constituída em Kentucky em 1830, deveriam apresentar duas vezes por ano aos acionistas uma declaração justa e clara a respeito dos negócios da companhia. Obrigação semelhante era imposta aos administradores do Bank of Tennessee, criado em 1831, que deveriam expor na assembleia geral anual a situação das contas da companhia. Estas disposições estatutárias, contudo, eram excepcionais[31].

Discorrendo sobre o direito do acionista à informação na sociedade por ações – e ressalvando não se tratar da exclusão de qualquer intromissão dos sócios, existente na configuração aristocrática e semipública do sistema de *octroi*[32] – Rodrigo Uría menciona a sua limitação, na lei francesa de 1867, ao exame da documentação contábil na sede da companhia. O citado autor afirma ter sido adotada a mesma linha pelo Código de Comércio espanhol de 1885, que poderia ser, contudo, considerado mais avançado, porque determinava a publicação anual do balanço[33].

A necessidade de leis disciplinando a matéria parecia imperativa. Não se cogitava, ainda, de regra específica como a examinada no presente trabalho – relativa à divulgação de fatos relevantes no curso da vida da companhia – mas de informações básicas, de modo a permitir ao menos distinguir empresas reais de projetos que não passavam e jamais passariam de obras da imaginação. No lugar da mera informação, porém, a

[31] Banner, Stuart. *Anglo-American Securities Regulation.* Cambridge: Cambridge University Press, 1998, pp. 107-108, 201 e 244.

[32] Como mencionam Lamy e Bulhões, discorrendo acerca da Companhia das Índias Orientais, "[a] constituição da Companhia decorreu de ato governamental lhe conferiu grandes privilégios ("Oktroi") (Lamy Filho, Alfredo; Pedreira, José Luiz Bulhões. *A Lei das S.A. Pressupostos, Elaboração, Pareceres.* V. 1. Rio de Janeiro: Renovar, 1997, p. 33).

[33] Uría, Rodrigo. *La información del accionista em el Derecho español.* Madrid: Civitas, 1976, pp. 11-12.

intervenção governamental pode impor-se sobre a própria constituição das sociedades, e esta intervenção, se praticada de forma desmedida, arrisca-se a, no lugar de promover o desenvolvimento econômico, provocar a estagnação industrial: "durante vinte anos" escreve Raymundo Faoro, comentando a lei bancária de 1860 e os atos legislativos relacionados, "a tutela governamental freará o desenvolvimento econômico, matando, com a especulação de 1857, os agrupamentos destinados à indústria e ao comércio, a este vinculados."[34]

As crises especulativas não foram privilégio das economias mais desenvolvidas: discorrendo sobre a crise brasileira de 1864 – marcada pela falência da casa bancária Souto – Raymundo Faoro menciona sua correlação com empresas fictícias[35]. No final do século XIX o furor especulativo do episódio conhecido como Encilhamento[36] acarretou a

[34] O autor associa a lei bancária de 1860 a uma vitória do sistema exportador e da tese do "país essencialmente agrícola". A vinculação da intervenção estatal à restrição do desenvolvimento econômico citada acima é apresentada após considerações acerca do poder estatal sobre a constituição de sociedades anônimas: "O ato de 22 de agosto' – dirá Tavares Bastos, aludindo ao tópico que restringe a incorporação de sociedades – 'seria um crime se não fosse uma lei. Em virtude dele, o Estado diz aos mercadores, aos capitalistas, aos banqueiros: O comércio sou eu! – Ao direito de associação: Eu vos modero e dirijo, e posso embaraçar-vos! – A todas as indústrias: Ninguém mais sábio e mais prudente do que eu: segui-me! Meu dedo soberano apontar-vos-á o caminho. [...] O artigo 2º da Lei de 22 de agosto dava ao governo muito pretexto para fazer do Decreto nº 2711, de 19 de dezembro seguinte, uma vasta rede de prevenções contra as sociedades anônimas, assim mercantis como civis (art. 2º, pr. da Lei), assim religiosas como profanas, assim literárias como políticas (arts. 27, 33 e outros do citado Decreto). E para que não reste dúvida alguma acerca dos poderes de que investiram o já poderosíssimo Estado, o Decreto repete com a Lei que a ele pertence, primeiro que tudo, decidir se o objeto ou fim da companhia é lícito e de utilidade pública.' O governo deveria licenciar e aprovar os estatutos das sociedades, subordinando a empresa a um governo disposto a não auxiliar a indústria." (*Os donos do poder: formação do patronato político brasileiro.* 3ª ed. São Paulo: Globo, 2001, p. 491).

[35] "Grande parte dos créditos abertos destinava-se a alimentar a especulação em torno das *bubble companies*, por meio de operações de descontos e empréstimos, criando um mercado a termo de ações de empresas fictícias ou mal fundadas." (*Os donos do poder: formação do patronato político brasileiro.* 3ª ed. São Paulo: Globo, 2001, pp. 493-494).

[36] Boris Fausto considera a analogia com as corridas de cavalo como a explicação mais plausível sobre a origem da expressão: "O primeiro ano da República foi marcado por uma febre de negócios e de especulação financeira conhecida como Encilhamento. Não se sabe com certeza porque essa expressão foi consagrada. A explicação mais plausível é a de que se tomou um dos sentidos da palavra 'encilhamento' – local onde são dados os últimos reto-

criação de inúmeras empresas, em sua maioria *fantásticas*, na expressão de Caio Prado Júnior[37]. O apelo à poupança popular se fez sem previsão legal expressa sobre a matéria, pois como observa J. X. Carvalho de Mendonça: "[o] Código Comercial e as leis de 1882 e 1890 não cogitaram da subscrição pública, conquanto o uso a houvesse admitido"[38]. Como menciona o citado autor, já em 1891 o Governo Provisório editou o Decreto nº 1.362 de 14 de fevereiro com o fim de "acautelar a desídia dos incautos e temerários subscritores de ações e de reprimir um dos maiores abusos praticados na organização das companhias".

A exposição de motivos do mencionado decreto ilustra os abusos praticados, e merece referência não apenas por criticar as informações que eram então prestadas, mas por notar também o descaso de investi-

ques nos cavalos de corrida antes de disputarem os páreos. Por analogia, teria sido aplicada à disputa entre as ações das empresas na Bolsa do Rio de Janeiro, trazendo em si a idéia de jogatina" (FAUSTO, Boris. *História do Brasil*. 12ª ed. São Paulo: Editora da Universidade de São Paulo, 2004, p. 252).

[37] "Entre a data da proclamação da República e o fim da aventura (1891) incorporar-se-ão no Rio de Janeiro sociedades com capital global de 3 milhões de contos; ao iniciar-se a especulação, isto é, em novembro de 1889, o capital de todas as sociedades existentes no país apenas ultrapassava 800 mil contos. Quintuplicara-se quase este capital em pouco mais de dois anos!

"Naturalmente a quase totalidade das novas empresas era fantástica e não tinha existência senão no papel. Organizavam-se apenas com o fito de emitir ações e despejá-las no mercado de títulos, onde passavam rapidamente de mão em mão em valorizações sucessivas. Chegaram a faltar nomes apropriados para designar novas sociedades, e inventaram-se as mais extravagantes denominações. Ao lado de projetos irrealizáveis, como estradas de ferro transcontinentais, grandes empresas de navegação, colonização de territórios os mais afastados e inacessíveis do país, surgem negócios de todo disparatados. Ninguém se lembrava nunca de indagar a exequibilidade de uma empresa, das perspectivas do negócio. Tudo era apenas pretexto para incorporação de sociedades, emissão de títulos e especulação." (PRADO JÚNIOR, Caio. *História Econômica do Brasil*. São Paulo: Brasiliense, 2008 (49ª reimpr. da 1ª ed. de 1945; atualização: 1970, p. 220). A cotação das ações chegou em alguns casos a representar após a crise menos de dez por cento de seus patamares anteriores, como expõe Raymundo Faoro: "Já o sucessor de Rui Barbosa no Ministério da Fazenda, o conselheiro Tristão de Araripe, tentara deter a especulação, resultando tudo na derrocada do valor das ações, algumas reduzidas a menos de dez por cento de suas mais altas cotações." (*Os donos do poder: formação do patronato político brasileiro*. 3ª ed. São Paulo: Globo, 2001, p. 584).

[38] MENDONÇA, José Xavier Carvalho de. *Tratado de direito comercial brasileiro*. V II. T. 2. Atualizado por Ruymar de Lima Nucci. Campinas: Bookseller, 2001, p. 367.

dores por tais informações[39]. Este descaso, que Weber também já mencionara[40], e Caio Prado identifica no Encilhamento, deve ser ponderado com o valor da transparência frente a outros princípios, pois nem todos os males decorrem da falta de informação.

Por um lado, pode-se vislumbrar a disciplina legal da informação como uma resposta à demanda de um grupo crescente de investidores de mercado. Nesse sentido, o direito de obter informações na assembleia é apontado por Ascarelli como integrante de uma categoria de direitos cuja definição legal representa diminuição da discricionariedade na elaboração do ato constitutivo; o autor levanta a hipótese de que a evolução destes direitos pode relacionar-se à "progressiva circulação das ações de acordo com o progressivo desenvolvimento de um mercado financeiro."[41]

[39] Exposição de motivos do Decreto nº 1.362 de 14 de fevereiro de 1891: "(...) Entre estes abusos, o mais reprehensivel é o que commummente se verifica no modo por que se incorporam a maior parte das companhias.
"Publica-se um prospecto attrahente, mas conciso, omittindo-se cautelosamente a importancia da commissão e outras despezas em vantagem dos fundadores ou incorporadores, ordinariamente tirados sobre a totalidade do capital subscripto, importando ás vezes em centenas ou milhares de contos de réis, conforme o valor nominal das subscripções.
(...)
"Raramente o incorporador assume a responsabilidade da companhia por elle incorporada, porque sabe que, onerada ella com o excessivo preço das acquisições, não póde dar grande vantagem aos accionistas.
"Estes, porém, que subscrevem as acções com o proposito de vendel-as, antes mesmo de realizar a primeira entrada, não indagam das condições onerosas das companhias incorporadas, nem teem meios de fazel-o, porque nem mesmo o projecto de estatutos é submettido ao seu exame, sinão mediante rapida leitura feita pelo secretario da assembléa de installação.
"Assignam previamente listas avulsas approvando estatutos que não conhecem nem lhes são apresentados no acto em que subscrevem as acções. E até muitas vezes taes estatutos se organizam depois de encerrada a subscripção das acções e approvados previamente os projectos de estatutos que devam ser organizados."

[40] Weber, Max. *A Bolsa*. Lisboa: Relógio D'Água Editores, 2004, p. 101.

[41] Ascarelli, Tulio. *Problemas das Sociedades Anônimas e Direito Comparado*. São Paulo: Quorum, 2008, pp. 485-487. Para uma análise do valor da transparência no âmbito político, cf. Mota, Ana Carolina Yoshida Hirano. *Accountability no Brasil: os cidadãos e seus meios institucionais de controle dos representantes*. Tese (Doutorado em Ciência Política). Faculdade de Filosofia, Letras e Ciências Humanas, Universidade de São Paulo, São Paulo, 2007.

Por outro lado, o estabelecimento legal do direito à informação dos acionistas pode ser visto menos como uma consequência do desenvolvimento do mercado financeiro, e mais como a causa – ou o pré-requisito – de seu crescimento. Assim, sua implementação é considerada como resposta à necessidade de um consenso interno mínimo, que permita à sociedade anônima atrair os investimentos necessários para o desenvolvimento tecnológico[42].

Em decorrência desses processos, as leis societárias passaram a garantir direitos de informação cada vez mais amplos aos acionistas. A proteção societária dos acionistas confunde-se com a proteção do mercado de valores mobiliários, mas a tutela do acionista é insuficiente para garantir a tutela do mercado de valores mobiliários, que demanda regras específicas para seu desenvolvimento.

A omissão dos estatutos das companhias e das leis societárias foi, nos Estados Unidos, suprida pelas regras editadas pelas bolsas de valores. Na sua célebre obra, publicada originalmente em 1932, Berle e Means mencionam as informações de divulgação obrigatória pelas companhias segundo a legislação então vigente nos Estados Unidos, que se resumiam essencialmente àquelas impostas atualmente às sociedades anônimas fechadas. A divulgação de informações periódicas, que efetivamente atingiam o mercado, era imposta apenas pelas bolsas de valores[43].

A edição de leis destinadas a proporcionar aos investidores informação completa sobre fatos relevantes é identificada no início do século XX: conhecidas como *blue sky laws*, passaram a ser editadas nos Estados americanos, sendo a primeira digna de nota a legislação do Kansas, de 1911[44].

Foram, porém, as leis aprovadas em 1933 e 1934, no âmbito federal, que moldaram a regulação dos valores mobiliários nos Estados Unidos e serviram de exemplo para o resto do mundo.

Os aspectos principais da legislação do mercado de capitais norte-americano editada em 1933 e 1934 são bem conhecidos. Aprovadas

[42] É o que com base em Galgano sustenta SALOMÃO FILHO, Calixto. *Regulação da atividade econômica (princípios e fundamentos jurídicos)*. 2ª ed. São Paulo: Malheiros, 2008, p. 195.

[43] BERLE, Adolf A.; MEANS, Gardiner C. *The Modern Corporation & Private Property*. New Brunswick: Transaction, 2010, pp. 279-280.

[44] LOSS, Louis; SELIGMAN, Joel. *Fundamentals of securities regulation*. 5ª ed. Aspen, 2004, p. 9.

poucos anos depois da quebra da Bolsa de Valores de Nova Iorque de 1929, tais leis procuraram disciplinar os mercados de valores mobiliários por meio de regras impondo, principalmente, a divulgação de informações.

Trata-se do desfecho da denominada *batalha de filosofias*, na qual confrontavam-se, de um lado, a visão de que a legislação deveria se voltar à repressão de fraudes – segundo o modelo da legislação estadual de Nova Iorque – pois a regulação de cunho preventivo seria ineficaz, além de restringir a evolução de negócios honestos e, de outro lado, a visão de que a publicidade seria a melhor forma de controlar os mercados de valores mobiliários, deixando a cargo do investidor a decisão final[45].

No Brasil, a atual legislação do mercado de capitais e da sociedade anônima, estabelecida pelas Leis nº 6.385 e 6.404, ambas de 1976, também foi editada poucos anos após uma crise especulativa[46] (o que não faz delas leis "da conjuntura"[47]), e adotou regras de divulgação inspiradas na legislação norte-americana, como será examinado nos próximos capítulos[48].

Desde então, a intervenção estatal na disciplina da divulgação de informações tem sido a nota distintiva da regulação dos mercados de capitais. Esta exposição inicial permite destacar, contudo, que mesmo na ausência de tal intervenção foi possível o desenvolvimento de mercados pujantes, de modo a relativizar prognósticos simplistas de que a solu-

[45] Loss, Louis; Seligman, Joel. *Fundamentals of securities regulation.* 5ª ed. Aspen, 2004, p. 35-36.

[46] Trata-se da especulação de 1971, como mencionam Lamy Filho, Alfredo; Pedreira, José Luiz Bulhões. *A Lei das S.A. Pressupostos, Elaboração, Pareceres.* V. 1. Rio de Janeiro: Renovar, 1997, pp. 127-128.

[47] Como menciona, abordando especificamente a LSA, José Alexandre Tavares Guerreiro: "(...) Mas, é bom lembrar, a Lei de Sociedades Anônimas, inclusive pela sua idade, está longe de poder ser considerada uma lei da conjuntura, capaz de sofrer os influxos constantes da modernidade variável, que alegadamente exigiriam mudanças de intensa periodicidade. Ao contrário, a lei continua em vigor, estruturalmente a mesma, há mais de três décadas. (...)" (*Sociedade Anônima: dos Sistemas e Modelos ao Pragmatismo. In:* Castro, Rodrigo R. M. de; Moura Azevedo, Luís André N. de (Coord.). *Poder de Controle e Outros Temas de Direito Societário e Mercado de Capitais.* São Paulo: Quartier Latin, 2010, p. 23).

[48] Vale notar que o Código Penal já punia a omissão de informações, como será examinado no item 59 *infra*.

ção para todos os problemas consiste unicamente na divulgação de mais informações.

Além disso, a tutela da informação não serve apenas para atingir uma distribuição de ônus e direitos que constitua, sob o ponto de vista econômico, o arranjo mais eficiente. A promoção da transparência tem o condão de desincentivar comportamentos moralmente reprováveis (e evitar o incentivo à desonestidade), invocados no passado em algumas das principais críticas à própria existência de um mercado de capitais. A análise meramente econômica das regras poderá não englobar, portanto, todas as consequências da adoção de um ou outro modelo regulatório.

2. Informação no mercado de capitais

As informações falsas ou a mera omissão de informações não estão restritas ao âmbito das bolsas de valores, e a mentira pode gerar ganhos – de ordem pecuniária ou não – em qualquer relação humana: daí sua proibição de diversas formas na história do direito, de forma direta ou reflexa, através da condenação, por exemplo, da fraude e do estelionato ou da imposição de deveres gerais de boa-fé. Esta última modalidade já foi considerada predominante como técnica de garantia da informação[49].

Nos mercados financeiros, porém, a informação, correta ou não, tem seus efeitos ampliados por algumas características particulares dos negócios celebrados e dos bens ali transacionados.

A primeira característica do mercado financeiro que ressalta a importância da informação é o lapso temporal existente nas relações estabelecidas. O investidor não aplica seus recursos com o fim precípuo de receber um bem ou mercadoria, mas tendo em vista os retornos futuros do capital empregado. Nessas operações "o descompasso temporal está na essência da transação"[50].

O fato de um valor mobiliário poder ser adquirido para revenda em curtíssimo prazo de tempo – inclusive no mesmo dia, nas conhecidas

[49] Cf., no sentido de que o dever de informar na maioria dos casos é estabelecido de forma implícita, Fabian, Christoph. *O dever de informar no direito civil*. São Paulo: Editora Revista dos Tribunais, 2002.

[50] Pinheiro, Armando Castelar; Saddi, Jairo. *Direito, economia e mercados*. Rio de Janeiro: Elsevier, 2005, p. 449.

operações *day trade* – não afasta o princípio geral, até por conta da natureza de longo prazo da relação subjacente: as obrigações do emissor do título não têm seu prazo alterado pela sua transmissão. Esta é, inclusive, uma das funções do mercado de capitais, e consiste em permitir que o emissor obtenha recursos de longo prazo enquanto os investidores podem assumir um compromisso de curto prazo, alienando seus títulos a qualquer tempo caso exista para eles um mercado líquido.

Os bens negociados no mercado de valores mobiliários, por outro lado, não são bens destinados a consumo, mas adquiridos com vistas a ganhos por meio do recebimento de pagamentos ou da posterior alienação. Não se trata aqui de considerar a questão do consumo à luz da proteção do consumidor – embora seja possível traçar paralelos entre a proteção do consumidor em sentido lato e a do investidor[51] – mas de avaliar a oscilação da demanda. Enquanto no caso de alimentos (também objeto de especulação severamente reprimida, como visto no item anterior) a demanda não pode cair abaixo de determinado patamar, e sua elevação é condicionada pela duração dos bens – bem menor no início do desenvolvimento dos mercados de capitais que atualmente –, a demanda por valores mobiliários emitidos por companhias (que não são indispensáveis à subsistência nem possuem prazo de validade) não conhece tais limites. O valor presente de tais bens é mais influenciado pela perspectiva de seu valor futuro, como de resto já se intuíra

[51] Cf. PROENÇA, José Marcelo Martins. *Insider Trading: regime jurídico do uso de informações privilegiadas no mercado de capitais*. São Paulo: Quartier Latin, 2005, p. 135. Especificamente no que se refere à aplicabilidade do Código de Defesa do Consumidor aos investidores em valores mobiliários, Nelson Eizirik defende seu não cabimento pela inexistência de relação de consumo (*Negócio jurídico de underwriting – Questões contemporâneas. In*: PERIN JUNIOR, Ecio; KALANSKY, Daniel; PEYSER, Luis (Coord.) *Direito Empresarial – Aspectos Atuais de Direito Empresarial Brasileiro e Contemporâneo*. São Paulo: Método, 2005, pp. 261-263) e Aline de Menezes Santos Aragão, dentre outras razões, por não haver oferecimento de bens ou serviços, e pelo fato de o consumidor adquirir ações com o objetivo de "aliená-las mais cedo ou mais tarde no mercado secundário". Essa autora menciona, porém, Acórdão em sentido contrário do Tribunal de Justiça de São Paulo. (*Responsabilidade administrativa e civil do ofertante e do intermediário pelo conteúdo do prospecto. In:* ADAMEK, Marcelo Vieira Von (Coord.). *Temas de Direito Societário e Empresarial Contemporâneos*. São Paulo: Malheiros, 2011, p. 241). Para uma visão do tema no direito português, considerando possível maior equiparação entre consumidor e investidor, RODRIGUES, Sofia Nascimento. *A Protecção dos Investidores em Valores Mobiliários*. Coimbra: Almedina, 2001, pp. 29-32.

no século XVII[52], do que pela sua utilidade particular para o adquirente. Esta perspectiva de valor futuro estará sujeita a grande incerteza, pois nenhuma companhia pode comprometer-se de forma vinculante a obter um determinado lucro no futuro[53].

Mesmo que se levem em consideração valores mobiliários prevendo pagamentos fixos como, por exemplo, debêntures, seu preço incluirá uma avaliação a respeito do risco de inadimplência da companhia, igualmente um dado futuro que não pode ser previsto com segurança.

Por tais razões, a informação tem um efeito maior sobre o preço dos valores mobiliários do que sobre outros bens. Ao mesmo tempo em que é mais relevante, a informação a respeito de tais bens é mais difícil de ser obtida.

Ao contrário de outros bens que podem ser avaliados pelo comprador em maior ou menor medida, adquirentes de valores mobiliários via de regra não inspecionam o emitente[54]. O acionista não tem, a rigor, o direito de entrar na fábrica de uma companhia, examinar seus contratos ou questionar seus empregados a respeito de métodos e técnicas. O investidor, que é apenas um potencial acionista, tampouco tem esse direito[55].

Ainda que se pudesse estabelecer o direito de inspeção irrestrita a acionistas e potenciais investidores – e a despeito de todos os inconvenientes práticos de tal regra – tal inspeção seria por demais custosa para a maioria deles. Até porque, como já disse Ripert, nem todo acionista é um empreendedor[56], ou está interessado em proceder a tal investigação.

[52] BANNER, Stuart. *Anglo-American Securities Regulation.* Cambridge: Cambridge University Press, 1998, p. 30.

[53] Cf. EASTERBROOK. Frank. H.; FISCHEL, Daniel R. *The Economic Structure of Corporate Law.* Cambridge: Harvard University Press, 1996, pp. 279-280.

[54] Ressalvadas naturalmente as operações de aquisição de controle mediante negociação privada, em que é usual a realização de *due diligence* pelo adquirente.

[55] Cf. EASTERBROOK. Frank. H.; FISCHEL, Daniel R. *The Economic Structure of Corporate Law.* Cambridge: Harvard University Press, 1996, pp. 281 (citando o exemplo da inspeção de uma casa como verificação de bens físicos, inexistente quando se trata de valores mobiliários, bem como a ausência de compras reiteradas que incentivem à divulgação de informação).

[56] "O legislador se apega desesperadamente a salvaguardar os direitos desses proprietários soberanos que seriam os acionistas. Merecem êles tal interêsse? Trouxeram capitais para deles retirar proveito sem trabalho. Seu ato é puramente interesseiro. Nem mesmo o

Além disso, embora os valores mobiliários sejam relativamente padronizados, uma companhia não equivale a outra, e cada empresa é única[57]. Determinados mecanismos incentivam a divulgação espontânea de informações verdadeiras, mas terão eficácia limitada por conta desta característica. Como cada companhia possui perspectivas de lucratividade únicas, os concorrentes terão maior dificuldade em desmentir informações falsas do que em outros mercados nos quais os bens negociados são padronizados[58].

Parte destas dificuldades é atenuada por outros mecanismos de mercado. Os administradores das companhias abertas, por exemplo, teriam o incentivo de garantir a adequada informação dos investidores para manter sua reputação. Sua eficácia será reduzida, todavia, se grande porção dos participantes do mercado não for capaz de avaliar as informações, e se a possibilidade de ganho for muito superior às perdas por parte daqueles dispostos a colocar em risco sua reputação[59]. Este desequilíbrio será parcialmente corrigido pela atuação das bolsas de valores e pela participação de outros agentes que atuam de forma repetida no mercado – como instituições financeiras, auditores e advogados – e emprestam sua reputação à companhia emissora[60]. Em todo caso,

interêsse do criador que tem sua beleza, mas o interêsse sórdido de ganhar mais arriscando menos. Êles não têm o espirito de empreendimento, mas o de economia e especulação. Sem dúvida sua contribuição é útil e tal utilidade merece compensação. O risco existe e um benefício legítimo deve ser a recompensa. Mas para tanto não se deve considerar com favor comovente os pequenos acionistas que trazem sua economia e criam a empresa." (Ripert, Georges. *Aspectos Jurídicos do Capitalismo Moderno*. Tradução de Gilda G. De Azevedo. Rio de Janeiro: Freitas Bastos, 1947, p. 117).

57 Embora por vezes a referência para a negociação de uma ação seja o valor de outra, como será examinado adiante.

58 Cf. Easterbrook. Frank. H.; Fischel, Daniel R. *The Economic Structure of Corporate Law*. Cambridge: Harvard University Press, 1996, p. 281.

59 Cf. Easterbrook. Frank. H.; Fischel, Daniel R. *The Economic Structure of Corporate Law*. Cambridge: Harvard University Press, 1996, p. 281.

60 Esta é, para Coffee, a característica principal dos *gatekeepers*, como menciona na obra sobre o tema (Coffee, John C. *Gatekeepers: The Professions and Corporate Governance*. Oxford: Oxford University Press, 2006, p. 2).

porém, esta atuação não será suficiente, por si, para garantir o adequado funcionamento do mercado[61].

A conjugação dessas características dos valores mobiliários – importância da informação e dificuldades para sua distribuição uniforme – torna sua negociação marcada por grande assimetria informacional.

A assimetria informacional é identificada pela doutrina econômica como um dos fatores prejudiciais ao eficiente funcionamento do mercado, denominados, não sem determinada carga política[62], de "falhas de mercado"[63].

A situação de desigualdade entre os participantes de relações afetadas pela assimetria informacional, além de permitir que a parte mais informada se beneficie da menos informada, pode prejudicar o funcionamento do mercado como um todo.

O ganhador do Prêmio Nobel George Akerloff empregou o exemplo hoje célebre do mercado de carros usados para demonstrar que a assimetria informacional produz o efeito deletério da seleção adversa, afastando do mercado os bens de maior qualidade. O custo da desonestidade, portanto, como coloca o citado autor, acarretaria não apenas uma

[61] Neste sentido, após analisar a submissão das agências de *rating* aos reguladores, Francisco Satiro de Souza Jr. menciona que "a tendência verificada decreta a morte do modelo de *gatekeepers* baseado simplesmente na preservação do 'capital reputacional' e mostra que, em qualquer âmbito, a interferência do regulador na atividade é essencial para garantir a atuação dentro de limites de eficiência e confiabilidade" (*Agências de Classificação de Créditos e seu Papel de* Gatekeepers. *In:* Adamek, Marcelo Vieira Von (Coord.). *Temas de Direito Societário e Empresarial Contemporâneos.* São Paulo: Malheiros, 2011, p. 387).

[62] Forgioni, Paula A. *Evolução do direito comercial brasileiro: da mercancia ao mercado.* São Paulo: Editora Revista dos Tribunais, 2009, p. 223.

[63] Além da assimetria informacional, são também mencionadas como falhas de mercados as externalidades negativas (efeitos produzidos pelos contratos que prejudicam os terceiros que não são partes na relação); a concentração do poder econômico (decorrente da própria seleção gerada pela disputa entre os agentes econômicos, na qual deve se sagrar vencedor o mais eficiente), os bens públicos (que podem ser utilizados por diversos agentes sem seu esgotamento, de modo que não há incentivos para o seu desenvolvimento pelos particulares) e a rigidez dos fatores de produção, como pode ser consultado em Nusdeo, Fábio. *Curso de Economia.* 6ª ed. São Paulo: Editora Revista dos Tribunais, 2010, pp. 138-170.

perda para a parte envolvida em um negócio em particular, mas para todo o mercado, pois afastaria os negócios honestos[64].

O dever de divulgar contribui para a correção dessa assimetria, e também atinge finalidades diversas: assegura a equidade entre os participantes do mercado, previne a obtenção de vantagem pelos *insiders* (como já citado pela jurisprudência norte-americana mencionada por Leães[65]); permite o acesso de bens de qualidade ao mercado e, ao contribuir para a melhor determinação de preços, acarreta maior eficiência[66].

3. Regulação do mercado de capitais

Como se viu, o mercado de capitais possui características estruturais que acarretam o desequilíbrio informacional e incentivam o comportamento desonesto. Tais características, porém, não impediram seu surgimento e crescimento. Portanto, não justificariam, *per se*, a tutela estatal visando apenas ao seu desenvolvimento. Mercados com efeitos deletérios para a sociedade podem, a despeito de sua pujança, ser considerados ilegais em prol do bem público e proibidos. É o que ocorre com o tráfico de drogas – já comparado ao mercado de capitais em seus primórdios, por ser

[64] Akerlof, George A. *The Market for Lemons: Quality Uncertainty and the Market Mechanism*. In: *Explorations in Pragmatic Economics*. New York: Oxford Univesity Press, 2005, pp. 28-38. Publicado originalmente no *Quarterly Journal of Economics* em 1970.

[65] "A sentença também definiu o que entendia por *material information* para os efeitos da Regra 10b-5: é aquela informação que é levada em conta por um investidor médio para a compra, venda ou manutenção de ações, ou que provoca impacto sobre o mercado. Pois como adverte o Juiz Leahy no caso *Speed v. Transamerica Corp.*, *verbis*: 'O dever de informação deriva da necessidade de impedir que o *corporate insider* se utilize de sua posição para fruir de vantagens sobre os acionistas desinformados. É uma tentativa de prover os investidores de um certo grau de igualdade (*some degree of equalization of bargaining position*), a fim de que possam fazer um juízo informado sobre tais transações." (Leães, Luiz Gastão Paes de Barros. *Mercado de Capitais & "Insider Trading"*. São Paulo: Editora Revista dos Tribunais, 1982, p. 171).

[66] Considerando, inclusive, a função do sistema de preço de transmitir informações, como observou em conhecido estudo Hayek, Friedrich A. *Individualism and Economic Order*. Chicago: The University of Chicago Press, 1948, pp. 77-91. Para uma análise abrangente das funções da informação no mercado de capitais pode-se consultar Pitta, André Grünspun. *As funções da informação no mercado de valores mobiliários: Uma reflexão sobre o regime de divulgação de informações imposto às companhias abertas brasileiras*. Dissertação (Mestrado em Direito Comercial) – Faculdade de Direito, Universidade de São Paulo, São Paulo, 2013.

relevante do ponto de vista econômico, mas condenado socialmente[67] – pois a despeito de vasto é proibido pela legislação da maioria dos países, e demanda recursos significativos para sua repressão. Desse modo, o reconhecimento de uma função socialmente útil e desejada constitui premissa para intervenção estatal no mercado de capitais. Sem pretensão de esgotar o assunto, convém destacar alguns aspectos desta premissa com o fim de instruir a análise do dever de divulgar fato relevante.

Considera-se a função primordial do mercado[68] de capitais prover recursos, por meio do mercado primário, no qual a companhia emite títulos ao público. A existência de um mercado secundário eficiente serve aos detentores de valores mobiliários e facilita as emissões primárias das companhias abertas[69].

Além de permitir a capitalização das empresas, o mercado de capitais desempenha outras relevantes funções: permitir a captação, pelas empresas, de recursos a longo prazo, mediante a realização de aplicações de curto prazo pelos investidores (desde que haja liquidez[70] para os títu-

[67] BANNER, Stuart. *Anglo-American Securities Regulation*. Cambridge: Cambridge University Press, 1998, p. 18.

[68] O conceito de mercado, não obstante central para a economia e o direito comercial, ocupou papel periférico nestas disciplinas. A inexistência de estudos detalhados sobre o tema é destacada, com fundamento em autores diversos, por Paula Andréa Forgioni (*Evolução do direito comercial brasileiro: da mercancia ao mercado*. São Paulo: Editora Revista dos Tribunais, 2009, p. 193). Rachel Sztajn destaca, ainda, ser recente a discussão sobre a natureza jurídica do mercado (*Teoria Jurídica da Empresa: atividade empresária e mercados*. São Paulo: Atlas, 2004, p. 33). A visão de Adam Smith privilegia a produção dos bens trocados no mercado (SMITH, Adam. *The Wealth of Nations*. New York: Random House, 1994, p. 19). Porém, é possível que o mercado seja analisado com foco maior na troca que no objeto, e esta é a visão proposta por Coase. Segundo este autor, a função do mercado é reduzir os custos de transação. Se a doutrina econômica ignora os custos de transação, não há função a ser desempenhada pelos mercados, e por este motivo tal instituição fica relegada a um plano secundário (COASE, Ronald Harry. *The firm, the market and the law*. Chicago: The University of Chicago Press, 1988, pp. 7-8).

[69] EIZIRIK, Nelson *et al. Mercado de capitais – regime jurídico*. 3ª ed. Rio de Janeiro: Renovar, 2011, pp. 8-11.

[70] Liquidez aqui entendida como a facilidade para negociar os ativos. A LSA define, para o fim de afastar o direito de recesso em determinadas hipóteses, como líquida "a espécie ou classe de ação, ou certificado que a represente, integre índice geral representativo de carteira de valores mobiliários admitido à negociação no mercado de valores mobiliários, no Brasil ou no exterior, definido pela Comissão de Valores Mobiliários" (art. 137, II, "a" da

los); possibilitar a captação de montantes elevados de recursos a partir de aplicações de pequeno valor pelos investidores; facilitar a alocação de recursos, em vista do caráter homogêneo e de circulação em massa dos valores mobiliários; aumentar o volume de informações sobre a oferta e procura por recursos; e, ainda, reduzir os riscos envolvidos nos investimentos e em sua captação[71]. Em síntese, as funções do mercado de capitais podem ser vistas como atividades de transformação[72].

O mercado de capitais devidamente desenvolvido apresenta outra característica de particular importância para o presente trabalho, qual seja, acarreta "a progressiva transparência e, consequentemente, a maior e melhor informação"[73].

Em razão das relevantes funções do mercado de capitais[74] e de sua influência significativa na economia – sendo responsável ora por seu crescimento[75], ora por crises de impacto global – há um debate permanente quanto à necessidade de regras mais ou menos abrangentes para sua regulação.

LSA). O Ofício-Circular/CVM/SEP/Nº 001/2013 mencionava não haver atualmente regulamentação sobre a matéria, e dispunha que os índices "para efeito de liquidez devem ser aqueles admitidos à negociação em bolsas de futuros, atualmente, Ibovespa e IBrX-50." Esses foram os índices contemplados no Edital de Audiência Pública nº 4/2013, que propunha regulamentar a matéria. O art. 9º da ICVM nº 565 mencionou apenas o IBOVESPA: "Art. 9º A condição de liquidez prevista no art. 137, II, "a", da Lei nº 6.404, de 1976, estará atendida quando a espécie ou classe de ação, ou certificado que a represente, integrar o Índice Bovespa – IBOVESPA na data do aviso de fato relevante que anunciar a operação.", argumentando que o índice IBrX-50 está contido IBOVESPA.

[71] EIZIRIK, Nelson *et al. Mercado de capitais – regime jurídico.* 3ª ed. Rio de Janeiro: Renovar, 2011, pp. 8-9.

[72] PROENÇA, José Marcelo Martins. *Insider Trading: regime jurídico do uso de informações privilegiadas no mercado de capitais.* São Paulo: Quartier Latin, 2005, p. 73.

[73] PROENÇA, José Marcelo Martins. *Insider Trading: regime jurídico do uso de informações privilegiadas no mercado de capitais.* São Paulo: Quartier Latin, 2005, p. 74.

[74] Como se observou, porém, a importância social do mercado de capitais não foi sempre reconhecida, como demonstra o histórico das visões contraditórias ao longo do tempo a este respeito na Inglaterra e nos Estados Unidos traçado por BANNER, Stuart. *Anglo-American Securities Regulation.* Cambridge: Cambridge University Press, 1998.

[75] A respeito da relação entre mercado de capitais e desenvolvimento, cf. CEREZETTI, Sheila Christina Neder. *Regulação do mercado de capitais e desenvolvimento. In:* SALOMÃO FILHO, Calixto. *Regulação e Desenvolvimento: Novos Temas.* São Paulo: Malheiros, 2012, pp. 190-228.

Ao longo do século XX um movimento de crescente regulação marcou o mercado de capitais, mesmo considerando a onda de liberalização iniciada na década de 1980[76]. Esta regulação atua em praticamente todas as suas ramificações. Embora o mercado de capitais seja definido como o mercado da desintermediação financeira – assim denominado porque as relações entre tomadores e fornecedores de recursos é estabelecida de forma direta[77] – há intermediários (inclusive de participação obrigatória), sujeitos à regulação de suas estruturas e condutas.

Também estão sujeitas a significativa intervenção estatal as bolsas de valores, instituições paradigmáticas do mercado de capitais. Organizadas inicialmente como associações dos corretores membros, experimentaram substancial mudança no mundo a partir da década de 1990, com o processo denominado de desmutualização, por meio do qual passaram a adotar a forma de sociedades anônimas e abrir seu capital[78]. Sem prejuízo de exercerem elas mesmas papel regulatório, as bolsas antes desta transformação já estavam sujeitas a regras específicas, e passaram em muitos casos a sofrer maior interferência regulatória, na medida em que sua nova estrutura deu azo à possibilidade de novos conflitos de interesses[79]. Naturalmente, a intensidade desta alteração varia substancialmente conforme a amplitude do poder detido pelas bolsas antes da desmutualização: a London Stock Exchange, por exemplo, detinha poderes abrangentes para determinar as informações a serem prestadas pelas

[76] Nusdeo, Fábio. *Curso de economia: introdução ao direito econômico.* 6ª ed. São Paulo: Revista dos Tribunais, 2010, p. 192.

[77] O investidor que adquire títulos de uma companhia aberta estabelece uma relação jurídica direta com aquela companhia, ao contrário do que ocorre no mercado financeiro propriamente dito, em que a relação jurídica é estabelecida entre tomador e instituição financeira e entre fornecedor e instituição financeira.

[78] No plano jurídico, a desmutualização no Brasil foi viabilizada pela Resolução CMN nº 2690/00, cujo art. 1º dispôs que as bolsas de valores poderiam ser constituídas não apenas como associações civis, mas também como sociedades anônimas.

[79] Cf. Vergara, Henrique de Rezende. *Aspectos da desmutualização das bolsas. In:* Castro, Rodrigo R. Monteiro de e Aragão, Leandro Santos de. *Direito Societário – Desafios Atuais.* São Paulo: Quartier Latin, 2009, pp. 301-314 e Eizirik, Nelson *et al. Mercado de capitais – regime jurídico.* 3ª ed. Rio de Janeiro: Renovar, 2011, pp. 216-225.

companhias que pretendiam ser listadas, atualmente exercidos por autoridades públicas[80].

As demais entidades integrantes do sistema de distribuição de valores mobiliários[81] estão inseridas dentro da complexa trama normativa legal e regulamentar do mercado.

Algumas instituições constituíam exceção neste ambiente, mas passaram a atrair a atenção dos reguladores após a crise de 2008; o exemplo mais representativo talvez seja o das agências de *rating*[82], objeto no Brasil da Instrução CVM nº 521, de 25 de abril de 2012.

Nesse contexto, a regulação da divulgação de informações pelos emissores de valores mobiliários representa um dos eixos de intervenção do Estado na matéria. Os aspectos particulares desta estratégia regulatória serão examinados a seguir.

4. A regulação da informação

Como visto, a informação apresenta especial importância no mercado de capitais, e este, por sua vez, sofre intensiva regulação estatal visando a assegurar seu funcionamento adequado. A despeito disto, a relevância da informação no mercado de capitais e deste último para o desenvolvimento econômico não são consideradas, por muitos autores, justificativas suficientes para a imposição legal de regras de divulgação. Este tem sido um dos principais aspectos debatidos no âmbito da regulação do mercado de valores mobiliários, e convém destacar alguns dos argumen-

[80] GADINIS, Stavros; JACKSON, Howell E. *Markets as regulators: a survey*. 80 S. *Cal. L. Rev.* 1239 (2007), p. 1317.

[81] As entidades compreendidas no sistema de distribuição de valores mobiliários estão relacionadas no art. 15 da Lei nº 6.385/76, incluindo sociedades comerciais e agentes autônomos que promovem a mediação na negociação de valores, entidades de mercado de balcão organizado, corretoras, operadores especiais, bolsas de mercadorias e futuros e as entidades de compensação e liquidação de operações com valores mobiliários.

[82] A respeito do tema no Brasil, cf. SATIRO, Francisco. *Agências de Classificação de Créditos e seu Papel de* Gatekeepers. *In:* ADAMEK, Marcelo Vieira Von (Coord.). *Temas de Direito Societário e Empresarial Contemporâneos*. São Paulo: Malheiros, 2011, pp. 373-387 e MAIA, Felipe Fernandes Ribeiro e MENEZES, Eduardo Augusto Caixeta. *Agência de Classificação de Risco: Rating, Mercado de Capitais e Responsabilidade Civil*. *In:* WALD, Arnoldo; GONÇALVES, Fernando; SOARES DE CASTRO, Moema Augusta (coord.); FREITAS, Bernardo Vianna; CARVALHO, Mário Tavernard Martins de (org.). *Sociedades Anônimas e Mercado de Capitais*. São Paulo: Quartier Latin, 2011, pp. 281-318.

tos em prol e contra a intervenção estatal, com a necessária ressalva de que o debate abrange a divulgação de informações em geral, e não apenas de fatos relevantes como conceituados pela LSA.

Tal intervenção, em princípio, só se justificaria na medida em que fosse mais eficiente que o resultado da interação autônoma dos agentes privados (ou, mais especificamente, desde que o benefício gerado por tal intervenção fosse superior aos seus custos).

Esta perspectiva corresponde à escola econômica da regulação, na qual a finalidade da regulação é a correção das falhas de mercado[83], isto é, das "situações nas quais os seus pressupostos [do mercado] de funcionamento não se fazem presentes, tornando-o inoperacional"[84].

Outra explicação para a regulação é proporcionada pela Escola do Interesse Público, para a qual o fundamento da regulação reside no bem público, de definição imprecisa. Neste sentido, a regulação é identificada em grande parte com o conceito de serviço público, ligado à ideia de atividade submetida ao regime de direito público[85]. Uma das principais críticas à Escola do Interesse Público consiste na sua falta de sistematização, e a doutrina de Direito Administrativo tem dificuldade para caracterizar o conceito de serviço público a partir de um critério que não seja meramente o de sua previsão legal[86]. No entanto, muitas vezes estes serviços apresentam grande repercussão junto ao público, não apenas porque têm uma ampla gama de consumidores, mas também porque

[83] Para uma exposição concisa das vertentes dessa teoria e referências bibliográficas Cf. SALOMÃO FILHO, Calixto. *Regulação da atividade econômica (princípios e fundamentos jurídicos)*. 2ª ed. São Paulo: Malheiros, 2008, pp. 23-32 e CARVALHO, Vinícius Marques de. *Regulação Econômica e Serviços Públicos*. *In*: SCHAPIRO, Mario Gomes (coord.) Direito Econômico Regulatório. São Paulo: Saraiva, 2010, pp. 50-53.

[84] NUSDEO, Fábio. *Curso de economia: introdução ao direito econômico*. 6ª ed. São Paulo: Revista dos Tribunais, 2010, p. 169.

[85] SALOMÃO FILHO, Calixto. *Regulação da atividade econômica (princípios e fundamentos jurídicos)*. 2ª ed. São Paulo: Malheiros, 2008, pp. 23-27.

[86] Nesse sentido Egon Bockman Moreira, que relaciona o conceito de serviço público à dignidade da pessoa humana, ressalva a existência de serviços que, não obstante qualificados como públicos, não corresponderiam a tal critério, tais como as loterias e televisão a cabo (*Direito das Concessões de Serviço Público: Inteligência da Lei 8.987/1995 (Parte Geral)*. São Paulo: Malheiros, 2010, p. 30).

envolvem bens tidos como nacionais, questões étnicas e ambientais[87]. Vista, portanto, sob este prisma, a regulação destinar-se-ia a compor tais interesses. Uma vez considerado como de interesse público o regular funcionamento do mercado de capitais, caberia sua regulação por este motivo.

A teoria da regulação vinculada ao desenvolvimento, tal como proposta por Calixto Salomão Filho, identifica como um dos objetivos da intervenção estatal a difusão do conhecimento econômico, e neste ponto a tutela da informação ocupa posição central[88].

Identificar o interesse público no regular funcionamento dos mercados de capitais não permite, porém, concluir de que forma deve se dar a regulação estatal. Desse modo, o debate em grande parte gira em torno dos efeitos positivos gerados por uma ou outra estratégia de intervenção. Via de regra, reconhece-se que uma eficiência do ponto de vista econômico contribuirá para o desenvolvimento do mercado e para o interesse público.

Segundo George Stigler, a análise dos preços das ações de companhias americanas antes e depois da criação da SEC sugeria que as exigências de registro não geravam efeitos relevantes na qualidade dos novos valores mobiliários distribuídos publicamente[89]. George Benston, quase uma década depois, também concluiu, a partir de estudos empíricos, que as exigências de divulgação de informações pela SEC não apresentaram resultados positivos, tornando questionáveis quaisquer exigências por maior transparência[90]. Tais conclusões foram objeto de críticas variadas[91], e estudos mais recentes apontaram ganhos para as companhias norte-americanas com títulos negociados em mercado de balcão – que passaram a ser submetidas ao regime de divulgação obri-

[87] Cf. Miranda, Nicholas. *Concession Agreements: From Private Contract to Public Policy. In: The Yale Law Journal*, Vol. 117, No. 3 (Dec., 2007), pp. 533-536.

[88] *Regulação da atividade econômica (princípios e fundamentos jurídicos).* 2ª ed. São Paulo: Malheiros, 2008, pp. 32-50.

[89] *"Public Regulation of the Securities Markets. In: The Journal of Business.* Vol. 37, No. 2 (Apr., 1964), pp. 117-142.

[90] *Required Disclosure and the Stock Market: An Evaluation of the Securities Exchange Act of1934. In: The American Economic Review.* Vol. 63, nº 1 (Mar., 1973), pp. 132-155.

[91] Para referência a tais críticas, cf. Coffee, John C. Jr. *Market Failure and the Economic Case for a Mandatory Disclosure System.* 70 *Va. L. Rev.* 717 (1984).

gatória em 1964 – bem como significativa redução na volatilidade em função da divulgação obrigatória[92]. Desse modo, ainda que levantamentos empíricos do efeito da adoção das regras de *disclosure* pudessem ser o melhor indicativo da necessidade de intervenção estatal na matéria, os resultados de tais levantamentos não são conclusivos.

A suficiência da avaliação empírica poderia ser questionada, todavia, se fosse atribuída à divulgação função não exclusivamente econômica. Uma das razões para a imposição da divulgação obrigatória consiste na restrição à prática de *insider trading* ou de quaisquer operações fraudulentas, cujo fundamento não necessariamente repousa apenas na eficiência econômica, mas também no aspecto moral de tais negociações[93]. Não se pode deixar de mencionar, neste aspecto, a impactante obra de Henry Manne, *Insider Trading and the Stock Market*[94], publicada em 1966. O autor questionava um dos principais argumentos de defesa da divulgação obrigatória de informações, ao sustentar que a prática do *insider trading* seria superior à divulgação de informações, por ajustar os preços dos valores mobiliários de forma mais suave, e constituiria uma forma de remuneração dos administradores, cuja adoção deveria ser decidida pelos acionistas e não pelo Estado. Em todo caso, mesmo admitindo que a prática do *insider trading* deva ser vedada por razões morais, a imposição de uma simples proibição à utilização da informação para fins indevidos tornaria ilegítima tal prática, sem a necessidade de imposição de um dever positivo de divulgar.

Há, por outro lado, uma série de argumentos relacionados ao caráter de bem público ou coletivo da informação. O conceito econômico de

[92] Kraakman, Reinier R. et al. *The Anatomy of Corporate Law*. 2nd ed. New York: Oxford University Press, 2009, p. 279.

[93] Tal questão já foi aventada pela CVM, por exemplo na decisão em consulta a respeito da flexibilização na aplicação de dispositivos da Instrução CVM Nº 358/2002 (Processo CVM RJ 2002/06749, j. em 12.03.2003). Naquele processo o Diretor Relator Wladimir Castelo Branco Castro, após mencionar que a vedação de atuação de posse de informação privilegiada "caracterizaria um desequilíbrio informacional que, conseqüentemente, impregnaria esse mercado de ineficiência, em termos econômicos", sustenta que juridicamente a vedação poderia ser vista como forma de impedir o enriquecimento sem causa, cujo repúdio moral destaca adiante: "[t]odos são titulares do direito à eqüidade da informação, para o bem da eficiência econômica do mercado e para evitar-se o jurídica e moralmente repudiado enriquecimento sem causa, como já dito."

[94] *The collected works of Henry G. Manne*. V. 2. Indianapolis: Liberty Fund, 2009, pp. 3-232.

bem público corresponde a algo cujo uso por uma pessoa não exclui o uso pelas demais[95]. Como o originador da informação não poderia fazer uso exclusivo dela, não teria incentivo para a produzir. Desse modo, a imposição legal da divulgação obrigatória ampliaria a quantidade de informações no mercado.

A regulação da divulgação de informações evitaria, ainda, o desperdício decorrente do uso de recursos por diversos agentes para a obtenção de uma mesma informação, quando esta poderia ser providenciada de forma mais eficiente pela própria companhia aberta.

Todos esses argumentos demonstram a utilidade da imposição de um dever de divulgar informações às companhias abertas, mas para Easterbrook e Fischel não justificariam a sua imposição legal, pois se esta é realmente a solução mais conveniente, tanto para a companhia quanto para os acionistas, seria razoável presumir que estes agentes chegariam, sem a intervenção estatal, a um acordo mútuo acerca da quantidade ótima de informação a ser produzida e divulgada[96].

A possibilidade de um ajuste particular a respeito da divulgação de informação é prejudicada pelos conflitos de agência entre administradores e acionistas. Com efeito, os administradores podem não divulgar de forma espontânea a quantidade ideal de informações por razões de ordem pessoal. Por outro lado, o benefício da divulgação, visto sob a perspectiva individual da empresa que presta a informação, não é o mesmo que o benefício da divulgação apurada no mercado em conjunto. Por fim, a imposição da divulgação garante uniformidade na forma de disponibilização das informações, facilitando sua compreensão. Embora este problema tenha sido resolvido sem a intervenção estatal no passado, por meio da autorregulação, seu tratamento legal acelera o processo[97].

A despeito de relevantes dúvidas levantadas do ponto de vista teórico sobre a pertinência da regulação estatal, o fato é que as legislações dos

[95] Cf. Nusdeo, Fábio. *Curso de Economia.* 6ª ed. São Paulo: Editora Revista dos Tribunais, 2010, pp. 39-41 e 161-164.

[96] Easterbrook. Frank. H.; Fischel, Daniel R. *The Economic Structure of Corporate Law.* Cambridge: Harvard University Press, 1996, pp. 286-288.

[97] Tais argumentos e referências bibliográficas específicas podem ser consultados em Kraakman, Reinier R. et al. *The Anatomy of Corporate Law.* 2nd ed. New York: Oxford University Press, 2009, p. 278-279.

países examinados neste trabalho não deixam de impor a divulgação de informações no âmbito do mercado de capitais. O debate, neste aspecto, centra-se mais na quantidade e qualidade de informações a serem divulgadas do que na efetiva necessidade de impor tal dever.

A partir especialmente da década de 1990 foram formuladas propostas de alteração da maneira de regular, mudando o enfoque baseado nos emissores de valores mobiliários e privilegiando a possibilidade de convivência de diferentes regimes regulatórios.

Em artigo publicado em 1998 Roberta Romano propôs a regulação do mercado de valores mobiliários a partir do modelo de direito societário norte-americano, de modo a converter a regulação predominantemente federal em estadual, permitindo assim a competição, entre os Estados, pela regulação considerada mais adequada pelos investidores[98].

No ano seguinte, Alan Palmiter propôs facultar ao emissor a opção pelo regime de divulgação de informações a ser adotado, sendo-lhe exigida apenas a divulgação desta opção. Tal proposta, porém, não contempla a modificação das regras de divulgação para o mercado secundário, limitando-se a conferir maior liberdade por ocasião de emissões públicas[99].

Dois anos depois do artigo de Romano, outra proposta foi formulada por Stephen Choi, consistindo na regulação propriamente dos investidores, e não dos emissores. Para fins apenas expositivos, o autor sugere a divisão dos investidores em quatro categorias: informados a respeito do emissor individual; informados acerca de uma faixa de intermediários; informados apenas sobre participantes do mercado notoriamente conhecidos e investidores sem informação a respeito de qualquer participante do mercado. A regulamentação seguiria cada uma destas categorias[100].

[98] Romano, Roberta. *Empowering Investors: A Market Approach to Securities Regulation. In: Yale Law Journal*, Vol. 107: 2359, 1997-1998.

[99] Palmiter, Alan R. *Toward Disclosure Choice in Securities Offerings. In:* 1999 *Colum. Bus. L.* Rev. 1.

[100] Choi, Stephen. *Regulating Investors Not Issuers: A Market-Based Proposal, 88. Cal. L. Rev. 279* (2000).

O paradigma de regulação dos emissores não foi abandonado, mas o estabelecimento de exceções a determinadas regras – a regulação por exceção a que faz referência Roberta Karmel[101] – tem avançado.

O presente capítulo buscou abordar a necessidade, histórica e atual, de regulação estatal dos mercados de capitais e, dentro desta regulação, a especial importância da informação. A conveniência de disciplina estatal da matéria e a adequação da intervenção feita não estão, porém, imunes a críticas, e tais elementos devem ser ponderados quando se cogita dos limites do dever de divulgar fato relevante. Além disso, as regras de informação do mercado não são estabelecidas de forma autônoma: estão inseridas e se relacionam com regras gerais de informação das sociedades anônimas. O próximo capítulo buscará examinar este contexto.

[101] KARMEL, Roberta S. *Regulation by Exemption: The Changing Definition of an Accredited Investor. In: Rutgers Law Journal*, v. 39:681.

CAPÍTULO 2
O DEVER DE INFORMAR NA SOCIEDADE ANÔNIMA

5. Informação na sociedade anônima

Como visto no capítulo anterior, as características particulares e a importância para o desenvolvimento econômico do mercado de valores mobiliários justificam sua disciplina por meio da imposição de regras legais, incluindo o uso da informação. Tais regras, porém, não estão adstritas às companhias que buscam recursos mediante o apelo à poupança popular, pois mesmo as companhias fechadas estão sujeitas a um detalhado sistema de regulação da informação. Tais ponderações, convém recordar, têm cabimento em um enfoque de divulgação de informações no âmbito das sociedades ditas de capital, dado o maior acesso dos sócios à informação nas sociedades pessoais[102].

Na verdade, todas as sociedades estão submetidas, em maior ou menor medida, a regras relativas à informação. É digno de nota que se tem buscado expandir a informação obrigatória, inclusive para outros tipos além da sociedade anônima. Esta tendência é bem ilustrada pela Lei nº 11.638/07, que determinou às sociedades de grande porte a

[102] URÍA, Rodrigo. *La información del accionista em el Derecho español*. Madrid: Civitas, 1976, pp. 10-11. A referência à distinção entre sociedades de capital e de pessoas parece útil para esta breve referência aos regimes de informação dos sócios, embora seja preciso recordar, como faz José Alexandre Tavares Guerreiro, a lição de Vivante quanto à pretendida distinção ser mais brilhante do que sólida quando aplicada a tipos societários definidos, haja vista a existência tanto de sociedades limitadas predominantemente de capitais quanto de sociedades anônimas com forte componente pessoal (*Sociedade por quotas – Quotas preferenciais. In: Revista de Direito Mercantil: Industrial, Econômico e Financeiro*. São Paulo, nº 94, 1994, p. 30).

aplicação das disposições da LSA sobre a escrituração e elaboração de demonstrações financeiras[103]. Nesse contexto, o exame dos institutos particulares da companhia aberta serve, também, como referência para sua eventual extensão a outros tipos societários. Aquilo que, no passado, era o máximo de informação divulgada pela companhia aberta representa, hoje, o mínimo exigível de qualquer sociedade.

Desse modo, ainda que em sua origem as regras relativas à informação possam estar relacionadas ao desenvolvimento do mercado de capitais, com a evolução legislativa passam a ser divididas em um sistema para as companhias em geral e outro, mais rigoroso, para as companhias abertas. O sistema informativo da companhia aberta é construído sobre os alicerces estabelecidos para quaisquer companhias. Portanto, convém iniciar a análise pelo quadro geral.

Uma leitura abrangente da LSA revela um grande número de deveres, imputados não apenas aos administradores, mas a diversos agentes, a serem cumpridos não apenas na assembleia geral, mas em várias ocasiões, e destinados a informar não somente os acionistas[104], mas também outros interessados no desenvolvimento da vida societária. Tais deveres podem ser agrupados de diversas formas, conforme o foco recaia, por exemplo, sobre o sujeito obrigado, a frequência de sua divulgação, a finalidade da informação ou seu destinatário.

O exame de todas as regras disciplinando a informação na sociedade anônima justificaria um trabalho específico; no âmbito da análise proposta, convém estabelecer a relação entre as regras sob as perspectivas

[103] A extensão da obrigação imposta, notadamente no que se refere à exigibilidade de publicação das demonstrações financeiras, tem suscitado controvérsia, como se pode conferir em França, Erasmo Valladão Azevedo e Novaes e Adamek, Marcelo Vieira von. *Sociedades de Grande Porte (Lei nº 11.638/2007, art. 3º)*; Müssnich, Francisco Antunes Maciel e Peres, Fábio Henrique. *Breves Considerações sobre Elaboração e Publicação de Demonstrações Financeiras por Sociedades de Grande Porte à Luz da Lei nº 11.638/07;* Almeida, José Grabriel Assis de. *A Lei 11.638/07 e as Sociedades Limitadas.* Penteado, Mauro Rodrigues. *Dimensão das Sociedades Empresárias e suas Implicações: a Boa Contribuição da Lei 11.638.* Todos *In:* Rocha, Sergio André (coord.). *Direito Tributário, Societário e a Reforma da Lei das S/A – Inovações da Lei 11.638.* São Paulo: Quartier Latin, 2008, pp. 76-101, 121-131, 214-231 e 327-339.

[104] Para uma relação das regras relativas à informação especificamente do acionista, cf. Rizzo, Valdo Cestari de; Almeida, Marco La Rosa de. *Do direito do Acionista à Informação em Companhias Abertas e Fechadas. In:* Adamek, Marcelo Vieira Von (Coord.). *Temas de Direito Societário e Empresarial Contemporâneos.* São Paulo: Malheiros, 2011, pp. 595-596.

mencionadas (transmissor da informação, frequência, finalidade e destinatário) e o dever de divulgar fato relevante.

Sob o primeiro prisma – do transmissor da informação –, vislumbram-se deveres impostos à administração (hipótese específica do dever de divulgar fato relevante, não obstante a outros também sejam atribuídos deveres semelhantes, como será abordado no item 41 *infra*) e ao conselho fiscal, bem como a acionistas e terceiros que mantém relações contratuais com a companhia, como avaliadores, agentes fiduciários e instituições depositárias de ações.

Algumas obrigações extrapolam a relação entre acionista (ou, de forma mais abrangente, titular de valores mobiliários), administradores e companhia, e possuem, quando muito, relação indireta com os fatos relevantes.

Estas obrigações incluem os deveres impostos aos avaliadores de bens contribuídos ao capital social da companhia de prestar as informações solicitadas pela assembleia que conhecer do laudo (art. 8, §1º[105]) e à instituição prestadora de serviços de ações escriturais de fornecer as informações previstas nos arts. 35, §2º[106] e 102[107] da LSA, à companhia ou aos acionistas, conforme o caso. A instituição depositária deve prestar à companhia informação a respeito do proprietário efetivo quando da ocorrência de evento societário que exija sua identificação, bem como quanto à contratação de custódia e à criação de ônus ou gravames sobre as ações (art. 41, §3º[108]). A importância da titularidade das ações cons-

[105] "Art. 8º (...)
"§ 1º Os peritos ou a empresa avaliadora deverão apresentar laudo fundamentado, com a indicação dos critérios de avali-ação e dos elementos de comparação adotados e instruído com os documentos relativos aos bens avaliados, e estarão presentes à assembléia que conhecer do laudo, a fim de prestarem as informações que lhes forem solicitadas."

[106] "Art. 35. (...)
"§ 2º A instituição depositária fornecerá ao acionista extrato da conta de depósito das ações escriturais, sempre que solicitado, ao término de todo mês em que for movimentada e, ainda que não haja movimentação, ao menos uma vez por ano."

[107] "Art. 102. A instituição financeira depositária de ações escriturais deverá fornecer à companhia, ao menos uma vez por ano, cópia dos extratos das contas de depósito das ações e a lista dos acionistas com a quantidade das respectivas ações, que serão encadernadas em livros autenticados no registro do comércio e arquivados na instituição financeira."

[108] "Art. 41. (...)
"§ 3º A instituição depositária ficará obrigada a comunicar à companhia emissora:

titui um capítulo à parte no âmbito do dever de divulgar, e como será visto há regras próprias a este respeito.

Quanto à frequência, as informações podem, seguindo a divisão e nomenclatura adotada pela CVM em diversas normas, ser classificadas em periódicas ou eventuais[109]. São periódicas aquelas informações que devem ser prestadas em períodos determinados, como, por exemplo, as demonstrações financeiras e as informações para a assembleia geral ordinária. O dever de divulgar fato relevante, por sua vez, diz respeito a informação eventual cuja existência depende da ocorrência de determinado evento (assim como, por exemplo, as informações divulgadas para assembleias gerais extraordinárias).

A mesma informação pode ser utilizada para diversos fins: a informação veiculada no fato relevante é conceituada como aquela empregada na tomada de decisão de investimento, mas pode ser utilizada por credores para avaliar o crédito da sociedade ou pelos acionistas para decidir o sentido de seu voto. Por outro lado, determinadas informações relevantes para a decisão de investimento não são divulgadas por força do dever de divulgar fato relevante, mas sim por outras normas legais.

Os destinatários de muitas informações prestadas pelas sociedades anônimas são os seus acionistas, mas em outros casos são contempladas categorias mais abrangentes, como os titulares de valores mobiliários ou investidores de mercado, além de credores e outros interessados.

Hipótese de direito que diz respeito exclusivamente aos acionistas, e sem relação direta com o dever de divulgar fato relevante, é a exibição de livros prevista no art. 105[110], estabelecida com a finalidade precípua de instruir não decisões de investimento, mas eventual ação de res-

"I – imediatamente, o nome do proprietário efetivo quando houver qualquer evento societário que exija a sua identificação; e

"II – no prazo de até 10 (dez) dias, a contratação da custódia e a criação de ônus ou gravames sobre as ações."

[109] V.g. a Instrução CVM nº 480, que estabelece informações periódicas a serem divulgadas pelos emissores nos art. 21 e ss. e eventuais no art. 31. e ss.

[110] "Art. 105. A exibição por inteiro dos livros da companhia pode ser ordenada judicialmente sempre que, a requerimento de acionistas que representem, pelo menos, 5% (cinco por cento) do capital social, sejam apontados atos violadores da lei ou do estatuto, ou haja fundada suspeita de graves irregularidades praticadas por qualquer dos órgãos da companhia."

ponsabilidade[111] (o que não significa, evidentemente, a impossibilidade de revelar fatos relevantes não divulgados). São os acionistas os titulares também do direito de obter a relação de endereços dos acionistas, garantido pelo parágrafo 3º[112] do artigo 126, bem como os destinatários precípuos das informações necessárias para o exercício do voto múltiplo, disciplinadas pelo art. 141, §1º[113], hipóteses em que a relação com o dever de divulgar fato relevante não é tão próxima.

Informações prestadas aos acionistas servem, por vezes, menos para fiscalizar a atuação dos administradores e mais para instruí-los no exercício de seu direito de voto. Esta função é preenchida pelas regras que impõem a divulgação prévia de informações para a assembleia[114].

Embora a LSA não tenha incluído o direito à informação dentre os direitos essenciais do acionista, que não podem ser afastados nem pelo estatuto social nem pela assembleia geral, não deixou de contemplar um amplo leque de informações obrigatórias, permitindo o exercício do direito fundamental à fiscalização, garantido no art. 109, III e §2º, bem como o conhecimento dos negócios sociais[115].

As informações prestadas aos acionistas, pelo regime de publicidade, podem atender também a terceiros. Enquanto algumas informa-

[111] Tanto que a LSA o condiciona não apenas à titularidade de percentual mínimo de participação no capital social, mas também à existência de atos violadores da lei ou do estatuto ou à fundada suspeita de graves irregularidades.

[112] "§ 3º É facultado a qualquer acionista, detentor de ações, com ou sem voto, que represente meio por cento, no mínimo, do capital social, solicitar relação de endereços dos acionistas, para os fins previstos no § 1º, obedecidos sempre os requisitos do parágrafo anterior."

[113] "Art. 141. (...)
"§ 1º A faculdade prevista neste artigo deverá ser exercida pelos acionistas até 48 (quarenta e oito) horas antes da assem-bléia-geral, cabendo à mesa que dirigir os trabalhos da assembléia informar previamente aos acionistas, à vista do "Livro de Presença", o número de votos necessários para a eleição de cada membro do conselho."

[114] A Instrução CVM nº 481, além de disciplinar os pedidos públicos de procuração, estabelece também as informações a serem prestadas por determinadas companhias previamente à realização de assembleias.

[115] Para uma análise a respeito da distinção entre o direito à informação e o direito de fiscalizar cf. ARAGÃO, Leandro Santos de. *Dever de Informar e Operações de Reorganização Societária – procedimento preparatório e as informações assimétricas. In:* CASTRO, Rodrigo R. Monteiro de e ARAGÃO, Leandro Santos de. *Reorganização Societária.* São Paulo: Quartier Latin, 2005, pp. 82-83.

ções estão restritas ao âmbito da assembleia, outras são divulgadas para conhecimento geral, por meio do arquivamento no registro do comércio e da publicação.

Em alguns aspectos a LSA não especifica o destinatário das informações. Estas, embora não sejam tornadas públicas, estão acessíveis ao interessado possuidor dos requisitos gerais estabelecidos. É o caso do acesso às informações constantes nos livros de Registro e de Transferência de Ações e de Partes Beneficiárias, disciplinado pelo art. 100, §1º[116], não restrito aos acionistas, mas facultado a qualquer interessado que atenda às condições fixadas[117].

Em muitos casos, porém, as informações disciplinadas ao longo da LSA dizem respeito diretamente ao dever de divulgar fato relevante, seja porque elas adotam critérios semelhantes na definição das informações a serem veiculadas, seja porque disciplinam atos que são potenciais fatos relevantes.

Exemplos da primeira espécie são o relatório anual elaborado pelo agente fiduciário dos debenturistas, que deve conter as informações constantes do art. 68, §1º, "b"[118], e seu dever de prestar informações na

[116] "Art. 100. (...)
"§ 1º A qualquer pessoa, desde que se destinem a defesa de direitos e esclarecimento de situações de interesse pessoal ou dos acionistas ou do mercado de valores mobiliários, serão dadas certidões dos assentamentos constantes dos livros mencionados nos incisos I a III, e por elas a companhia poderá cobrar o custo do serviço, cabendo, do indeferimento do pedido por parte da companhia, recurso à Comissão de Valores Mobiliários."

[117] Sobre a função exercida pela companhia ao manter tais registros, cf. GUERREIRO, José Alexandre Tavares. *A função registrária das sociedades anônimas. In:* WALD, Arnoldo (coord.). *O direito na década de 80: estudos jurídicos em homenagem a Hely Lopes Meirelles.* São Paulo: Ed. Revista dos Tribunais, 1985, pp. 143-149. A CVM, em ofícios-circulares, apresenta um sumário das decisões sobre o direito a tais informações, como, por exemplo, no item 21 do OFÍCIO-CIRCULAR/CVM/SEP/Nº 002/2012.

[118] "Art. 68. O agente fiduciário representa, nos termos desta Lei e da escritura de emissão, a comunhão dos debenturistas perante a companhia emissora.
"§ 1º São deveres do agente fiduciário:
(...)
"b) elaborar relatório e colocá-lo anualmente a disposição dos debenturistas, dentro de 4 (quatro) meses do encerramento do exercício social da companhia, informando os fatos relevantes ocorridos durante o exercício, relativos à execução das obrigações assumidas pela companhia, aos bens garantidores das debêntures e à constituição e aplicação do

assembleia geral de debenturistas (art. 71, §4º[119])[120]. Embora neste caso a informação seja prestada a quem não é necessariamente acionista, os debenturistas enquadram-se na categoria de titulares de valores mobiliários, e o relatório deve conter os fatos relevantes ocorridos durante o exercício. A relação entre o conceito de fato relevante neste dispositivo e no art. 157, §4º, será tratada no item 12 *infra*.

Os acionistas são os destinatários precípuos das informações previstas no art. 126, §2º, "a", que determina o fornecimento de informações nos pedidos públicos de procuração[121]. A despeito da menção expressa à regulamentação da CVM, não há no citado artigo referência à sua aplicabilidade exclusivamente às companhias abertas.

Tais pedidos precisam conter as informações relevantes para a tomada de decisão pelos acionistas. Nos Estados Unidos, onde a dispersão acionária atribui-lhes destacada importância na definição da administração das companhias, os debates relativos às informações a serem prestadas em tais procedimentos tiveram papel fundamental no desenvolvimento do conceito de fato relevante, como será exposto no item 14 *infra*. A importância da tutela da informação nos pedidos públicos de procuração decorreu, em grande parte, da ausência de melhores mecanismos para a informação, como mencionou em introdução a uma das mais citadas obras sobre o assunto o então *Chairman* da SEC Manuel F. Cohen[122].

fundo de amortização, se houver, do relatório constará, ainda, declaração do agente sobre sua aptidão para continuar no exercício da função".

[119] "Art. 71. (...)
"§ 4º O agente fiduciário deverá comparecer à assembléia e prestar aos debenturistas as informações que lhe forem solicitadas."

[120] Para José Edwaldo Tavares Borba, o relatório anual é "documento da maior importância, uma vez que se destina a estabelecer um canal de comunicação entre o agente fiduciário e os debenturistas" (*Das Debêntures*. Rio de Janeiro: Renovar, 2005, p. 170).

[121] "Art. 126. (...)
"§ 2º O pedido de procuração, mediante correspondência, ou anúncio publicado, sem prejuízo da regulamentação que, sobre o assunto vier a baixar a Comissão de Valores Mobiliários, deverá satisfazer aos seguintes requisitos:
"a) conter todos os elementos informativos necessários ao exercício do voto pedido;"

[122] "The significance of the Proxy Rules in this area has been dramatized by the inadequacy of any of the alternative techniques available for keeping shareholders informed". (Aranow, Edward Ross; Einhorn, Herbert A. *Proxy Contests for corporate control*. 2nd ed.

Embora com referência também à produção de efeitos perante terceiros, as regras relativas a acordos de acionistas, constantes do art. 118 da LSA, giram em torno, sobretudo, das relações entre acionistas, companhia e administradores. O *caput* do citado artigo e seus §§1º, 10º e 11º[123] estabelecem regras quanto ao arquivamento dos acordos de acionistas, bem como a respeito da possibilidade de a companhia solicitar esclarecimentos a respeito das cláusulas dos acordos de acionistas arquivados em sua sede[124]. A LSA não determina a divulgação dos acordos de

New York: Columbia Press, 1968, p. XV). Sobre a *proxy machinery*, pode-se ler no Brasil COMPARATO, Fábio Konder e SALOMÃO FILHO, Calixto. *O poder de controle na sociedade anônima*. Rio de Janeiro: Ed. Forense, 2005, pp. 229-237. A CVM só veio a disciplinar a matéria no Brasil com a Instrução CVM nº 481/09. Sobre o assunto, cf. CARVALHOSA, Modesto. *Proxy Fights: a experiência norte-americana e as regras da Instrução CVM nº 481/2006*. In: BOTREL, Sérgio. *Direito Societário: análise crítica*. São Paulo: Saraiva, 2012, pp. 9-15; ROBERT, Bruno. *Proxy solicitation and shareholder director nominations in Brazil: a comparative analysis of Instrução CVM n. 481/2009. In: Revista de Direito Mercantil, Industrial, Econômico e Financeiro*, nº 155/156, pp. 76-107; REGO, Marcelo Lamy. *Pedido de Procuração para Votar. In:* CASTRO, Rodrigo R. Monteiro e ARAGÃO, Leandro Santos (Orgs.). *Direito Societário: desafios atuais*. São Paulo: Quartier Latin, 2008, pp. 315-342; PONTES, Evandro Fernandes de. *Pedido Público de Procuração (notas sobre a representação em assembleias gerais de companhias abertas no Brasil). In:* ADAMEK, Marcelo Vieira Von (Coord.). *Temas de Direito Societário e Empresarial Contemporâneos*. São Paulo: Malheiros, 2001, pp. 327-355; e MOTA, Fernando de Andrade; PANUCCI FILHO, Roberto; VINHAS, Tiago Cação. *Primeiras impressões sobre pedidos públicos de procuração no Brasil. In*: PENTEADO, Mauro Rodrigues; MUNHOZ, Eduardo Secchi (coord.). *Mercado de Capitais Brasileiro: Doutrina, Cases & Materials*. São Paulo: Quartier Latin, 2012, pp. 311-331.

[123] "Art. 118. Os acordos de acionistas, sobre a compra e venda de suas ações, preferência para adquiri-las, exercício do direito a voto, ou do poder de controle deverão ser observados pela companhia quando arquivados na sua sede.

"§ 1º As obrigações ou ônus decorrentes desses acordos somente serão oponíveis a terceiros, depois de averbados nos livros de registro e nos certificados das ações, se emitidos.

(...)

"§ 10. Os acionistas vinculados a acordo de acionistas deverão indicar, no ato de arquivamento, representante para comu-nicar-se com a companhia, para prestar ou receber informações, quando solicitadas.

"§ 11. A companhia poderá solicitar aos membros do acordo esclarecimento sobre suas cláusulas."

[124] E, para Modesto Carvalhosa, obrigaria, tendo em vista também o art. 118, §10º, o representante a "prestar todos os esclarecimentos e informações requeridos pela sociedade,

acionistas, e já se criticou a omissão da lei a este respeito[125], não obstante sejam mencionados pela Resolução CVM nº 44 como exemplo de fato potencialmente relevante e a Instrução CVM nº 480 determine a disponibilização daqueles arquivados na sede da companhia.

As demonstrações financeiras, previstas no art. 176 e seguintes da LSA, são o principal exemplo de informação disponibilizada ao público em geral, e servem a quaisquer interessados. Em razão de sua importância para as decisões de investimento, a CVM vedou a determinadas pessoas a negociação em períodos anteriores à sua divulgação, como será visto adiante, constituindo informação presumidamente relevante[126].

Tais informações podem servir a tantos propósitos legítimos quanto seus usuários possam imaginar, e o seu conteúdo vem sendo ampliado pela regras contábeis. Além de informar os acionistas a respeito da atuação da administração, permitindo sua responsabilização, possibilitam ainda estimar o valor da companhia e o risco de crédito, dentre outros aspectos.

Há, ainda, diversas regras estabelecendo como destinatários das informações os membros da administração ou do conselho fiscal, e tais regras têm a finalidade de permitir o exercício de suas funções. Nesse

inclusive quanto à situação acionária de seus componentes e suas alterações." (*Acordo de Acionistas: homenagem a Celso Barbi Filho*. São Paulo: Saraiva, 2011, p. 241).

[125] Cf., sustentando que a lei deveria estabelecer a publicidade como condição de eficácia do acordo de acionistas, o que não é nem poderia ser estabelecido pela regulamentação da CVM, VERGUEIRO, Carlos Eduardo. *Acordos de Acionistas e a Governança das Companhias*. São Paulo: Quartier Latin, 2010, p. 210.

[126] A bibliografia sobre a matéria é muito extensa, mas para uma abordagem recente e específica com foco em relações com investidores pode-se mencionar FERNANDES, Edison Carlos. *Demonstrações Financeiras: gerando valor para o acionista*. São Paulo: Atlas, 2011, que entende o fato relevante como "mecanismo para manter os usuários das informações financeiras constantemente atualizados" (p. 82). Embora a importância das demonstrações financeiras em geral seja por si evidente, é possível identificar maior ou menor influência de um ou outros de seus aspectos no preço, objeto sobretudo da pesquisa contábil. A título de exemplo, pode-se conferir a obra de Alexsandro Broedel Lopes, na qual dentre outros aspectos conclui-se que "o lucro contábil não parece ser um indicador de performance econômica confiável no Brasil"; há que se destacar naturalmente que à obra sucederam relevantes alterações no mercado de capitais brasileiro e na disciplina contábil. (*A Informação Contábil e o Mercado de Capitais*. São Paulo: Pioneira Thomson Learning, 2002, p. 93).

sentido, o art. 142[127] atribui ao conselho de administração competência para solicitar informações, enquanto os arts. 163 a 165 tratam de diversos aspectos da informação relativos ao conselho fiscal – órgão por excelência destinado à transmissão de informações aos acionistas[128] –, com um tratamento específico dentro de grupos de sociedades, contido no art. 277, §2º[129]. Tais regras podem apresentar fundamental importância na transmissão interna de informação relativa a fatos relevantes e na condução desta informação aos encarregados de sua divulgação. Tratando das sociedades com ações cotadas em bolsa, Carlos Maria Pinheiro Torres menciona parecer-lhe "que o interesse prioritariamente visado pelo legislador com o estabelecimento de obrigações de informação é o do *público*, embora essa informação se dirija eventualmente para o interior da própria sociedade (...)."[130]

Vale destacar que um regime tão extenso de divulgação de informações acarreta custos correspondentes, razão pela qual o legislador dispensou as sociedades de pequeno porte e com reduzido quadro acionário de determinadas obrigações, conforme previsto no art. 294[131]. O referido dispositivo passou por sucessivas alterações legislativas, que corrigiram os valores base para a dispensa e, mais recentemente,

[127] "Art. 142. Compete ao conselho de administração:
(...)
"III – fiscalizar a gestão dos diretores, examinar, a qualquer tempo, os livros e papéis da companhia, solicitar informações sobre contratos celebrados ou em via de celebração, e quaisquer outros atos;"

[128] GUERREIRO, José Alexandre Tavares. *O Conselho Fiscal e o direito à informação. In: Revista de Direito Mercantil, Industrial, Econômico e Financeiro*. São Paulo, nº 45, p. 30.

[129] "Art. 277. (...)
"§ 2º O Conselho Fiscal da sociedade filiada poderá solicitar aos órgãos de administração da sociedade de comando, ou de outras filiadas, os esclarecimentos ou informações que julgar necessários para fiscalizar a observância da convenção do grupo."

[130] *O Direito à Informação nas Sociedades Comerciais*. Coimbra: Almedina, 1998, p. 148.

[131] Como observa Carvalhosa, tendo em vista redação anterior à Lei Complementar 182/2021, a regra aplica-se a sociedades "cujo capital é formado por pessoas que se conhecem". Além disso, o regime de publicidade – entendido como a presunção de conhecimento por terceiros – foi assegurado pela manutenção da obrigação de arquivamento dos atos (observada a convocação por carta), restando limitada tão somente a divulgação por meio de publicação. (*Comentários à Lei de Sociedades Anônimas*. V. 4, T. 2, 4ª ed. São Paulo: Saraiva, 2011, pp. 598-600).

abandonou o critério de número de acionistas. Além disso, com o fim de incentivar as companhias de menor porte, foram incluídos os arts. 294-A e B, que permitem a dispensa de outras obrigações.

Há quem identifique as informações destinadas ao mercado em geral como as mais relevantes a serem prestadas[132]. Como visto, parte destas informações podem ser identificadas nos deveres impostos às companhias em geral. Parte, porém, está adstrita às companhias abertas, examinadas a seguir.

6. O conceito de companhia aberta

Após a visão panorâmica das regras relativas à informação nas companhias em geral, convém examinar aquelas aplicáveis exclusivamente às companhias abertas. Como etapa preliminar a esta análise, porém, é imprescindível identificar a forma pela qual o legislador brasileiro distinguiu as companhias submetidas a um ou outro destes regimes.

A companhia aberta, no conceito adotado pela LSA e pela Lei nº 6.385/76, é aquela que tem seus títulos admitidos à negociação no mercado de valores mobiliários[133].

Ao adotar a admissão à negociação como critério para a definição de companhia aberta, a LSA afastou-se do regime anterior, no qual o conceito de companhia de capital aberto envolvia a efetiva negociação no mercado.

Conforme expõe Fábio Konder Comparato, a adoção de um regime próprio para a sociedade com títulos negociados em bolsa, ou que os ofereça publicamente, foi estabelecido anteriormente pela Lei nº 4.728/65[134], cujo art. 59 atribuiu ao CMN competência para fixar as con-

[132] "O aspecto mais importante do direito de informar, contudo, diz respeito às comunicações ao mercado" (Coelho, Fábio Ulhoa. *Curso de Direito Comercial.* 11ª ed. V. 2. São Paulo: Saraiva: 2008, p. 249).

[133] LSA: "Art. 4º Para os efeitos desta Lei, a companhia é aberta ou fechada conforme os valores mobiliários de sua emissão estejam ou não admitidos à negociação no mercado de valores mobiliários."
Lei nº 6.385/76: "Art. 22. Considera-se aberta a companhia cujos valores mobiliários estejam admitidos à negociação na bolsa ou no mercado de balcão."

[134] Pouco antes da Lei nº 4.728/65 havia sido editada a Lei 4.506/64; para análise desta lei, que "introduz a expressão Sociedade Anônima de Capital Aberto" no Direito brasileiro, cf. Trubek, David M.; Vieira, Jorge Hilário Gouvêa; Sá, Paulo Fernandes de. *Direito, Pla-*

dições para a companhia ser considerada de capital aberto. A Resolução CMN nº 16/66 definiu as companhias como de capital aberto a partir do índice de negociabilidade nas bolsas de valores[135]. A partir da Resolução nº 106/68, o critério passou a ser a distribuição de 20% do capital social entre um número mínimo de acionistas. Após expor tais conceitos e outros requisitos para a caracterização da companhia como de capital aberto, notava o citado autor que os efeitos desta qualificação eram exclusivamente fiscais[136].

A LSA abandonou a orientação anterior em todos os aspectos: deixou de delegar à autoridade administrativa a conceituação de companhia de capital aberto, que passou a ser denominada companhia aberta; na sua definição, não fez referência ao volume das transações em bolsa ou à dispersão acionária, mas à admissão à negociação (por meio do registro perante a CVM[137]); e, no lugar de diferenças exclusivamente fiscais, as companhias abertas passaram a ostentar um regime societário diferenciado em diversos aspectos.

A escolha do legislador de 1976, por um lado, apresenta a vantagem de sua objetividade. Uma vez obtido o registro, há clara identificação do *status* da companhia. Esta escolha permitiu a superação do problema da complexidade do regime anterior. Naquele regime, ao considerar a efetiva dispersão acionária, a regulamentação do CMN havia valorizado o pertinente critério da dissociação entre a propriedade acionária e o con-

nejamento e Desenvolvimento do Mercado de Capitais Brasileiro (1965-1970). 2ª ed. José Rodrigo Rodriguez (org.). São Paulo: Saraiva, 2011, pp. 130-148. Note-se, ainda, que pelo Decreto-lei 9.783/46 as sociedades anônimas eram obrigadas, como expõe Waldemar Ferreira, "antes de entrar em funcionamento, a requerer à Bôlsa de Valores mais próxima de sua sede a cotação de suas ações e obrigações ao portador ou debêntures." FERREIRA, Waldemar. *Tratado de direito comercial*. V. 4. São Paulo: Saraiva, 1961, p. 253.

[135] A dificuldade de compreensão parece ter sido a nota distintiva da regulamentação à época: "(...) ao definir a sociedade de capital aberto, as Autoridades Monetárias emitiram em um só ano três documentos de definição: a Resolução nº 16, de 16.2.66, a Circular nº 32, de 1.4.69, e a Resolução nº 26, de 23.6.66, com critérios não facilmente interpretáveis pela maioria dos interessados" (PROENÇA. João Antônio Godilho de; ROCHA, João Pedro Gonçalves. *Situação atual do mercado de capitais no Brasil*. *In*: WALD, Arnoldo. *O Mercado de Capitais*. Rio de Janeiro: APEC, 1970, p. 253).

[136] COMPARATO, Fábio Konder. *Aspectos Jurídicos da Macro-empresa*. São Paulo: RT, 1970, pp. 66-67.

[137] Art. 4, §1º da Lei nº 6.404/76 e art. 21 da Lei nº 6.385/76.

trole da companhia. Este critério, porém, apresentava problemas pela dificuldade de sua aplicação[138]. Por outro lado, não se pode ignorar o fato de que, à luz da legislação vigente, a companhia pode ter seus títulos admitidos à negociação – e, portanto, ser considerada formalmente como companhia aberta – mas não ter nenhuma negociação efetiva nem tampouco dispersão acionária, e neste caso estarão ausentes os motivos que justificam a imposição daqueles deveres, o que já se alegou mais de uma vez, sem êxito, como escusa para o descumprimento de deveres perante a CVM[139].

Além da efetiva negociação em bolsa, outra característica particular das companhias abertas que justifica disciplina própria é a ausência de um acionista controlador majoritário. Esta ausência não se verifica em todas as companhias abertas, mas muito raramente poderá ocorrer em uma companhia fechada. Na realidade brasileira, trata-se de fenômeno observado apenas recentemente[140], mas cuja progressiva expansão deverá suscitar novos problemas no âmbito do direito societário e do mercado de capitais.

Para Modesto Carvalhosa, o fenômeno da dispersão da propriedade acionária no Brasil colocaria "em xeque a própria estrutura da Lei Societária, fundada na propriedade acionária concentrada nas mãos de um acionista, ou de um conjunto deles, que detêm, permanentemente, mais de 50% das ações votantes"[141]. Da histórica concentração acionária teria resultado, ainda segundo o citado autor, a função nuclear ocupada pelo instituto do controlador na LSA.

Na história societária brasileira, a situação predominante de companhias com acionista detentor da maioria do capital social fez com que

[138] Comparato, Fábio Konder. *Aspectos Jurídicos da Macro-empresa*. São Paulo: RT, 1970, p. 69.

[139] Por exemplo no PAS CVM Nº RJ2007/4685, Relator Otavio Yazbek, julgado em 13.07.2010.

[140] Cf. Munhoz, Eduardo Secchi. *Transferência de Controle nas Companhias sem Controlador Majoritário. In:* Castro, Rodrigo R. M. de; Moura Azevedo, Luís André N. de (Coord.). *Poder de Controle e Outros Temas de Direito Societário e Mercado de Capitais*. São Paulo: Quartier Latin, 2010, pp. 289-293.

[141] Carvalhosa, Modesto. *A dispersão acionária e o desaparecimento da figura do controlador. In:* Carvalhosa, Modesto e Eizirik, Nelson. *Estudos de Direito Empresarial*. São Paulo: Saraiva, 2010, p. 11.

determinadas regras, em princípio destinadas a outras finalidades, tivessem sua utilidade prática reduzida à informação. Isto ocorre, por exemplo, em relação ao art. 256 da LSA, que determina, em certas ocasiões, a submissão à deliberação assemblear da aquisição do controle de sociedade mercantil. Trata-se de operação a ser deliberada pela administração e, ao remeter a matéria para a assembleia, a LSA alterou a esfera decisória. No entanto, em companhias com acionista controlador, via de regra os administradores não efetuarão a aquisição senão com o prévio beneplácito daquele, de modo que a regra acaba servindo para divulgar as condições da operação, e não para efetivamente determinar ou não sua aprovação[142]. Em tais companhias, portanto, o efeito secundário da regra (informar os acionistas) acaba por tornar-se sua função principal e, neste aspecto, a informação tem menos a finalidade de instruir uma decisão e mais a de coibir negócios injustificáveis[143].

Como o conceito adotado pela LSA para definir a companhia aberta abrange companhias com acionista controlador titular da maioria do capital social votante, muitos dos conflitos que a doutrina estrangeira identifica como existentes entre acionistas e administradores tiveram pouca relevância na realidade brasileira, onde a tônica das disputas societárias girou em torno das relações entre acionistas controladores e acionistas minoritários[144], embora como visto tal realidade esteja em

[142] A previsão de direito de recesso, quando cabível, representa outro efeito da regra. A respeito das funções do art. 256, com numerosas referências doutrinárias, cf. Aragão, Paulo Cezar e Salles, Denise C. Leão de. *Uma leitura sistemática do artigo 256 da lei das S.A.s. In:* Castro, Rodrigo R. Monteiro de e Aragão, Leandro Santos de. *Direito Societário – Desafios Atuais.* São Paulo: Quartier Latin, 2009, pp. 227-230.

[143] Como mencionou em parecer José Luiz Bulhões Pedreira: "o dispositivo inspirou-se na observação de que o acionista controlador e os administradores da companhia dificilmente deliberarão negócio cujo valor não possam justificar perante a Assembléia Geral: basta o fato da obrigatoriedade de expor, publicamente, todas as circunstâncias da operação, e de submetê-la à crítica de diversos acionistas, para evitar negócios notoriamente injustificáveis." (Lamy Filho, Alfredo; Pedreira, José Luiz Bulhões. *A Lei das S.A. Pressupostos, Elaboração, Pareceres.* V. 2. Rio de Janeiro: Renovar, 1996, p. 687).

[144] Naturalmente, a experiência societária passou por muitas outras transformações durante a vigência da LSA, como menciona José Alexandre Tavares Guerreiro, destacando, dentre outros relevantes aspectos, que "a antiga polêmica sobre a desproporção entre acionistas preferenciais e acionistas ordinários, que marcou o início da vigência da Lei de Sociedades Anônimas, assume, portanto, novas perspectivas, transformando-se na dialética

transformação, constituindo este tema, sem dúvida, um dos mais instigantes do direito societário brasileiro contemporâneo[145].

O conceito unitário de companhia aberta, ao abranger todas as companhias cujos títulos eram admitidos à negociação, impunha obrigações uniformes a sociedades substancialmente distintas[146]. Para resolver este problema, a Lei nº 10.303/01 alterou a LSA para permitir à CVM classificar as companhias em diferentes categorias, conforme previsto no art. 4º, §3º[147]. Isto foi feito por meio da Instrução CVM nº 480, que instituiu a categoria "A", na qual as companhias registradas podem ter quaisquer valores mobiliários negociados em mercados regulamentados, e a categoria "B", na qual as ações e certificados de depósito de ações (ou valores mobiliários que permitam a sua aquisição) não são admitidos à negociação nestes mercados.

Deve ser feita menção à existência das companhias beneficiárias de incentivos fiscais - usualmente denominadas de *companhias incentivadas* -, pois embora fora do escopo deste trabalho, suas obrigações de informar ficam no meio termo entre as companhias abertas e fechadas[148].

oposição entre maioria e minoria, entre controle e não controle. Por outro lado, a prática demonstra, em muitos casos, e inclusive nos assim chamados novos mercados, a conveniência de estender a hipóteses mais amplas a aplicação de mecanismos legais que disciplinam a obrigatoriedade de ofertas públicas em casos de alienação de controle." (*Sociedade Anônima: dos Sistemas e Modelos ao Pragmatismo. In:* Castro, Rodrigo R. M. de; Moura Azevedo, Luís André N. de (Coord.). *Poder de Controle e Outros Temas de Direito Societário e Mercado de Capitais.* São Paulo: Quartier Latin, 2010, p. 26).

[145] Sobre o tema, procurando responder à pergunta de quem deve comandar a companhia tanto sob a perspectiva do capital concentrado quanto do capital pulverizado, cf. Munhoz, Eduardo Secchi. *Quem deve comandar a Companhia? Alocação do Poder Empresarial: Sistema de Freios e Contrapesos. In:* Kuyven, Luiz Fernando Martins. *Temas essenciais de direito empresarial: estudos em homenagem a Modesto Carvalhosa.* São Paulo: Saraiva, 2012, p. 505-517.

[146] Cf. Eizirik, Nelson. *A Lei das S/A Comentada.* V. I. São Paulo: Quartier Latin, 2011, pp. 68-71.

[147] "Art. 4o, § 3º A Comissão de Valores Mobiliários poderá classificar as companhias abertas em categorias, segundo as espécies e classes dos valores mobiliários por ela emitidos negociados no mercado, e especificará as normas sobre com-panhias abertas aplicáveis a cada categoria."

[148] Como mencionou o então Presidente da CVM Marcelo Fernandez Trindade em voto proferido no julgamento do PAS CVM Nº RJ2005-2815, ocorrido em 05.10.2005: "13. Com efeito, como ressaltou o parecer da PFE, as companhias incentivadas não são empresas puramente fechadas, mas sim tipos híbridos, que podem captar poupança pública através

A CVM, disciplinando-as por meio da Instrução CVM nº 265/97[149], determinou que divulgassem imediatamente fatos relevantes e observassem as disposições da Instrução CVM nº 31/84[150]. A Instrução CVM nº 265/97 foi revogada pela Resolução CVM nº 10/20, que continua determinando a divulgação de fatos relevantes[151].

Além das *companhias incentivadas*, estão sujeitos também à divulgação de fatos relevantes os emissores de valores mobiliários distribuídos em ofertas públicas com esforços restritos, regulamentadas pela Instrução CVM nº 476[152], fundos de investimento, conforme determinado, por

da emissão de valores incentivados, motivo pelo qual se lhes impõe a fiscalização da CVM (art. 1º do Decreto-Lei 2.298/86). As incentivadas situam-se a meio caminho do regime aplicável às companhias fechadas e às abertas. Como também reconhece o parecer da PFE, a definição desse ponto intermediário coube à Instrução CVM 265/97, que precisou o conteúdo material das exigências impostas às incentivadas."

A CVM divulgou em 2014 o Edital de Audiência Pública SDM nº 02/14, propondo a revisão do regime informacional das companhias incentivadas, de modo que estas enviem informações eventuais e periódicas por meio de sistema eletrônico disponível na página da CVM na rede mundial de computadores.

149 Com competência prevista no Decreto-Lei nº 2.298/86.

150 Esta instrução foi revogada pela Instrução CVM nº 358, passando as companhias incentivadas a observar esta última Instrução, mas somente na parte em que substituía as regras contidas na Instrução CVM nº 31/84, como decidiu o Colegiado da CVM no PAS CVM nº RJ2005-2815 (j. em 05.10.2005). Recentemente houve alterações pela Instrução CVM nº 556.

151 "Art. 9º Os administradores das sociedades registradas na CVM, na forma desta Resolução, são obrigados a comunicar imediatamente à entidade administradora de mercado organizado, à CVM e a divulgar, na forma da lei, qualquer deliberação da assembleia geral ou dos órgãos da administração da sociedade, ou ato ou fato relevante ocorrido nos seus negócios, que possa influir, de modo ponderável, na decisão dos investidores de vender ou comprar valores mobiliários emitidos pela companhia. Parágrafo único. Aplica-se às sociedades registradas na forma desta Resolução o disposto nas normas específicas a respeito da divulgação e uso de informações sobre ato ou fato relevante."

152 "Art. 17. Sem prejuízo do disposto em regulamentação específica, são obrigações do emissor dos valores mobiliários admitidos à negociação nos termos do art. 14 desta Instrução: (...)

"VI – divulgar em sua página na rede mundial de computadores a ocorrência de fato relevante, conforme definido pelo art. 2º da Instrução CVM nº 358, de 2002, comunicando imediatamente ao intermediário líder da oferta; (...)"

exemplo, pela Instrução CVM nº 555/14[153], e emissores de BDRs, com referência à necessidade de divulgar fatos relevantes assim que disponibilizados no país de origem (Instrução CVM nº 332).

Tendo em conta estas particularidades do conceito de companhia aberta, convém examinar a seguir as regras próprias que lhe são aplicáveis e sua relação com a divulgação de informações.

7. Informação e companhia aberta

As regras aplicáveis apenas às companhias abertas podem ser analisadas de diversas maneiras. Para os fins do presente trabalho, convém distinguir entre: (i) regras relativas à condição de companhia aberta; (ii) regras relativas à divulgação de informações e (iii) outras regras.

No primeiro grupo incluem-se as regras relativas à aquisição e à perda da condição de companhia aberta. Como visto, o conceito de companhia aberta consta do art. 4º da LSA, e as regras para a constituição (e para o aumento de capital, de acordo com o art. 170, §5º) da sociedade por subscrição pública estão nos arts. 82 e seguintes. Na mesma categoria enquadram-se as normas que orientam o fechamento de capi-

[153] "Art. 60. O administrador é obrigado a divulgar imediatamente a todos os cotistas na forma prevista no regulamento do fundo e por meio do Sistema de Envio de Documentos disponível na página da CVM, e para a entidade administradora de mercado organizado onde as cotas estejam admitidas à negociação, qualquer ato ou fato relevante ocorrido ou relacionado ao funcionamento do fundo ou aos ativos financeiros integrantes de sua carteira. § 1º Considera-se relevante qualquer ato ou fato que possa influir de modo ponderável no valor das cotas ou na decisão dos investidores de adquirir, alienar ou manter tais cotas. § 2º Qualquer ato ou fato relevante ocorrido ou relacionado ao funcionamento do fundo ou aos ativos financeiros integrantes de sua carteira deve ser: I – divulgado por meio do Sistema de Envio de Documentos disponível na página da CVM; e II – mantido nas páginas na rede mundial de computadores do administrador e do distribuidor do respectivo fundo." Note-se que a redação atual supera a exigência de comunicação por correspondência, prevista na antecedente Instrução CVM nº 409: "Art. 72. O administrador é obrigado a divulgar imediatamente, por correspondência a todos os cotistas e comunicado pelo Sistema de Envio de Documentos disponível na página da CVM, qualquer ato ou fato relevante ocorrido ou relacionado ao funcionamento do fundo ou aos ativos financeiros integrantes de sua carteira.

"Parágrafo único. Considera-se relevante qualquer ato ou fato que possa influir de modo ponderável no valor das cotas ou na decisão dos investidores de adquirir, alienar ou manter tais cotas."

tal (art. 4º) e a manutenção ou não da condição de companhia aberta após operações societárias (art. 223, §3º).

No que tange à constituição da companhia por subscrição pública, a informação ocupa papel central. O art. 84 da LSA disciplina diversas informações que devem constar do prospecto, de sorte a permitir uma decisão informada acerca do investimento. A rigor, o cerne é a divulgação, mas não se limita a tanto por conta das previsões de registro perante a CVM e de intermediação por instituição financeira (art. 82). A exigência do registro perante a CVM é apontada como instrumental pela doutrina[154], tendo por finalidade precípua garantir justamente a adequada divulgação das informações. No entanto, não se poderia limitar, pelo menos com base na análise da lei, a função do registro à mera garantia de divulgação de informações, porque a LSA permite à CVM indeferí-lo "por inviabilidade ou temeridade do empreendimento, ou inidoneidade dos fundadores" (art. 82, § 2º). A atuação do *underwriter*, não obstante desempenhe importante papel no que toca à informação[155], não se limita a tanto, pois ele também assume "os riscos provenientes da determinação do preço dos valores mobiliários, assim como os riscos decorrentes de eventual insucesso na colocação pública de tais títulos"[156].

Em relação ao fechamento de capital, por sua vez, o cerne da disciplina não reside na divulgação de informações. Nem poderia ser assim, pois está em jogo justamente a saída da companhia do regime mais rigoroso aplicável às companhias abertas, e uma derradeira informação, por si só, não seria útil. O foco reside justamente em garantir ao titular de valores mobiliários uma forma de saída por meio da exigência de realização de oferta pública de aquisição de ações por preço justo, pois perderá a tutela a que tem direito como investidor em companhia aberta[157].

[154] EIZIRIK, Nelson. *Aspectos Modernos do Direito Societário.* Rio de Janeiro: Renovar, 1992, p. 7. Cf. Ainda, nosso "Registro de distribuição pública de valores mobiliários: extensão da revisão pelo regulador". Revista de Direito Bancário e do Mercado de Capitais, v.69, p. 149--166, 2015.

[155] Cf. EIZIRIK, Nelson *et al. Mercado de capitais – regime jurídico.* 3ª ed. Rio de Janeiro: Renovar, 2011, p. 181.

[156] EIZIRIK, Nelson *et al. Mercado de capitais – regime jurídico.* 3ª ed. Rio de Janeiro: Renovar, 2011, p. 181.

[157] Além, naturalmente, da perda de liquidez, que é destacada pela doutrina (cf. EIZIRIK, Nelson. *A Lei das S/A Comentada.* V. I. São Paulo: Quartier Latin, 2011, p. 77).

A mesma ordem de preocupação está presente quando a condição de companhia aberta deixar de existir, não pelo pedido específico de cancelamento do registro, mas por força de reorganização societária, quando é garantida a saída da companhia que não se torna aberta no prazo estipulado no art. 223, §3º. Esta retirada não é proporcionada por meio de oferta pública, e sim pelo exercício do recesso[158].

Tais normas, visando a disciplinar o início ou o fim do acesso à poupança pública, trazem sempre forte carga de obrigações de informar. As informações prestadas quando da subscrição pública até poderiam, teoricamente, ser aplicadas às companhias fechadas (e a LSA não deixa de exigir a divulgação de informações nos aumentos de capital por subscrição privada), mas na ausência do apelo ao público não se justificaria a mesma intensidade de intervenção estatal. As demais regras, por questão de ordem lógica, só podem ser aplicadas às companhias abertas, não sendo possível cogitar de sua extensão às companhias fechadas.

A deliberação de aumentar o capital ou proceder ao cancelamento de registro são exemplos de fatos relevantes. Além disso, os fatos relevantes sobre a companhia devem constar tanto do prospecto[159] quanto do instrumento da oferta pública para fechamento de capital[160].

[158] Há, porém, discussão quanto à sua extensão à incorporação de ações, e mesmo com relação à necessidade de oferta pública em tais circunstâncias, como relata, com referência a doutrina e decisões da CVM, Kalansky, Daniel. *Incorporação de Ações: estudo de casos e precedentes*. São Paulo: Saraiva, 2012, pp. 148-157.

[159] Os art. 38 da Instrução CVM nº 400 conceitua prospecto como o documento que "contém informação completa, precisa, verdadeira, atual, clara, objetiva e necessária, em linguagem acessível, de modo que os investidores possam formar criteriosamente a sua decisão de investimento" e o art. 39 menciona que não devem ser omitidos fatos de relevo. O art. 41, por sua vez, faz menção a "fato novo ou anterior não considerado no Prospecto, que (*sic*) se tome conhecimento e seja relevante para a decisão de investimento" como causa para a suspensão da distribuição.

[160] "Art. 10. O instrumento da OPA será firmado conjuntamente pelo ofertante e pela instituição intermediária e conterá, além dos requisitos descritos no Anexo II a esta Instrução, o seguinte:

(...)

"II – declarações do ofertante e da instituição intermediária de que desconhecem a existência de quaisquer fatos ou circunstâncias, não revelados ao público, que possam influenciar de modo relevante os resultados da companhia objeto ou as cotações das ações objeto da OPA."

O segundo grupo inclui as regras que impõem obrigações específicas de divulgação, objeto deste trabalho. Neste conjunto há regras que tratam especificamente da obrigação de informar, como é o caso do art. 157. Tal dever pode ser subdividido, como faz Erasmo Valladão Azevedo e Novaes França[161], em dever de prestar informações aos acionistas e dever de divulgar fatos relevantes aos investidores do mercado de capitais.

O art. 157 da LSA, sob a rubrica "dever de informar", disciplina diversas informações que devem ser divulgadas pelos administradores da companhia aberta. Impõe-se, pela regra citada, a informação a respeito dos valores mobiliários detidos pelos administradores, a serem prestadas por ocasião da assinatura do termo de posse (art. 157, *caput*), a pedido de acionistas, que representem pelo menos 5% do capital social na assembleia geral ordinária, e imediatamente à CVM, bolsa de valores e entidades do mercado de balcão organizado (art. 157, §6º). Ainda no âmbito da assembleia geral ordinária[162], o administrador pode ser obrigado a prestar informações sobre benefícios e vantagens auferidos, contratos de trabalhos firmados com a diretoria e empregados de alto nível e a divulgar atos ou fatos relevantes ocorridos nos negócios da companhia (art.

[161] França, Erasmo Valladão Azevedo e Novaes. *Temas de direito societário, falimentar e teoria da empresa*. São Paulo: Malheiros, 2009, p. 372.

[162] Comentando a regra do art. 157, §1º, Nelson Eizirik afirma que "(...) tais esclarecimentos somente podem ser exigidos por ocasião da assembleia geral ordinária, uma vez que se referem ao exercício anterior, que está sendo objeto de apreciação, para a aprovação das respectivas contas, não em assembleias extraordinárias." (*A Lei das S/A Comentada*. V.II. São Paulo: Quartier Latin, 2011, p. 389). Dentre outras razões para a delimitação à assembleia geral ordinária, Luiz Antonio de Sampaio Campos menciona a possibilidade de os administradores se prepararem para responder às questões em um momento determinado (*In:* Lamy Filho, Alfredo; Bulhões Pedreira, José Luiz (Coord.). *Direito das companhias*. Rio de Janeiro: Forense, 2009, p. 1173). Para Fran Martins, porém, "(...) o pedido de informações poderá ser feito ao administrador em qualquer assembleia geral, ordinária ou extraordinária (...)" (*Comentários à Lei das Sociedades Anônimas*. 4ª ed. Rio de Janeiro: Forense, 2010, p. 591). Modesto Carvalhosa, tratando especificamente das obrigações de informar sobre titularidade de valores mobiliários, considera que a limitação do pedido de esclarecimentos à assembleia geral ordinária o torna inócuo, o que só teria sido sanado pela regra do parágrafo 6º (*Comentários à Lei de Sociedades Anônimas*, v. 3, 5ª ed. São Paulo: Saraiva, 2011, p. 402).

157, §1º, "c" e "d"). Há, ainda, o dever de divulgar fato relevante previsto no art. 157, §4º, a ser examinado em detalhes nos próximos capítulos.

O dever do administrador de companhia de manter sigilo a respeito das informações que possam influenciar as cotações de seus títulos, previsto no art. 155, possui relação direta com o dever de informar.

Fora da rubrica inerente ao dever de informar há, porém, outras regras dispersas ao longo da LSA que impõem divulgações típicas para as companhias abertas.

A Lei nº 10.303/01 incluiu na LSA a obrigação de divulgar modificações em posição acionária para os administradores no citado art. 157, §6º; para o acionista controlador e para aqueles que elegerem membros do conselho de administração e do conselho fiscal no art. 116-A, bem como para os membros do conselho fiscal no art. 165-A. Uma questão interessante, a ser oportunamente examinada, é se modificações em posições acionárias poderiam ser consideradas fatos relevantes à luz do art. 157, §4º.

O art. 118, §5º[163] estabelece o dever de divulgar, no relatório da administração das companhias abertas, as disposições dos acordos de acionistas arquivados na companhia sobre política de reinvestimento de lucros e distribuição de dividendos. No item 5 *supra* foi mencionada a exigência, pela CVM, de divulgação de acordos de acionistas arquivados na sede da companhia, bem como a crítica feita pela doutrina em razão dessa exigência não constar da lei. A exigência de publicidade na LSA limita-se, como visto, às disposições sobre a destinação dos resultados, que devem constar do relatório da administração. Fran Martins, comentando o dispositivo, justifica a exigência por ser assunto de interesse geral da sociedade[164], enquanto Haroldo Malheiros Duclerc Verçosa o

[163] A regra teria seguido, como aponta Waldírio Bulgarelli, sugestão de Comparato inspirada no projeto regulador das sociedades anônimas europeias (Bulgarelli, Waldírio. *Questões de Direito Societário*. São Paulo: Editora Revista dos Tribunais, 1983, p. 36).

[164] "Esses são assuntos de interesse geral da sociedade, que tocam diretamente aos acionistas, pois representam não apenas a orientação da companhia no sentido do crescimento das empresas como na (*sic*) remuneração, que todos esperam ter, dos capitais empregados pelos acionistas." (*Comentários à Lei das Sociedades Anônimas*. 4ª ed. Rio de Janeiro: Forense, 2010, p. 423).

correlaciona à exigência geral de *disclosure*[165]. Já se enfatizou, por outro lado, que a finalidade do dispositivo seria "permitir à assembleia-geral apreciar o perfeito equilíbrio da relação reinvestimento-distribuição de dividendos", de modo a evitar prejuízo para os acionistas não participantes do acordo[166].

O acordo de acionistas é citado pela Resolução CVM nº 44 como fato potencialmente relevante, mas a regra do art. 118, §5º parece indicar a adoção de outra premissa pelo legislador. Caso este tivesse considerado o acordo de acionista como fato relevante, a ser divulgado imediatamente, não teria exigido a divulgação somente quando da apresentação do relatório anual da administração. Soma-se a isto a menção feita pelo art. 157, §4º a fato ocorrido nos negócios da companhia, tornando-se duvidoso o preciso enquadramento do acordo de acionistas neste conceito, como será abordado adiante.

Dentre as regras específicas aplicáveis às companhias abertas, há que se mencionar ainda o dever dos administradores de prestar informações à CVM na hipótese de não pagamento do dividendo obrigatório (art. 202, §4º)[167].

Destas normas, aquelas que fazem referência à negociação de valores mobiliários – seja vedando sua realização em determinadas condições, seja determinando a divulgação das negociações ocorridas – não são, em essência, incompatíveis com a companhia fechada, às quais seria possível conceber sua aplicação, como faz José Alexandre Tavares Guerreiro. Depois de mencionar que os deveres previstos no art. 157, §§1º a 4º da LSA são impostos apenas aos administradores de companhia aberta, sus-

[165] VERÇOSA, Haroldo Malheiros Duclerc. *Curso de Direito Comercial*. V. 3. 2ª ed. São Paulo: Malheiros, 2012, p. 331.

[166] É o que defende, citando o escólio de Modesto Carvalhosa, COSTA, Marcos da. *In:* VIDIGAL, Geraldo de Camargo e MARTINS, Ives Gandra da Silva. *Comentários à lei das sociedades por ações: Lei nº 6.404, de 15.12.1976, atualizada pela Lei nº 9.457, de 5.5.1997.* Rio de Janeiro: Forense Universitária, 1999, p. 359.

[167] Segundo Modesto Carvalhosa, "a primeira consequência do envio do relatório dos administradores à Comissão de Valores Mobiliários será a de acionar uma fiscalização especial ou prioritária sobre a situação patrimonial, econômica e financeira da companhia", da qual poderá resultar a instauração de inquérito administrativo" (*Comentários à Lei de Sociedades Anônimas*, v. 3, 5ª ed. São Paulo: Saraiva, 2011, pp. 958-959).

tenta o citado autor que a diferença seria de modo de cumprimento, e não de substância[168].

As negociações de títulos emitidos pela sociedade anônima fechada envolvem uma relação contratual direta entre as partes, na qual podem ser negociadas as informações a serem divulgadas[169]. O mesmo não se dá quando a negociação ocorre nos mercados de valores mobiliários, onde as operações em bolsa são feitas sem que a parte conheça a identidade de quem lhe vende ou compra ações (o que pode até mesmo impedir que a parte tome conhecimento de ter sido vítima de operações fraudulentas[170]).

Outras regras, porém, destinam-se a regular o fluxo de informação entre administradores e acionistas, sem vinculação necessária aos investidores de mercado como um todo. Sob esta perspectiva, a obrigação de divulgar determinadas informações, como aquelas previstas no art. 157, §1º, especialmente nas letras "c" a "e" – que não dizem respeito aos valores mobiliários de emissão da companhia – poderia ser imposta no âmbito das companhias fechadas em benefício de seus acionistas. Da mesma forma no que se refere às informações quanto aos acordos de acionistas previstas no art. 118, §5º.

Há, ainda, regras que não impõem um novo dever de divulgação, mas alteram aqueles gerais aplicáveis indistintamente a todas as companhias. É o caso das regras que determinam a divulgação de informações adicionais dentro do conjunto de regras de contabilização ou de divulgação das demonstrações financeiras (v.g. arts. 226, §3º, 243, §3º, 248, III, "c"). Situação semelhante se verifica em relação à maior antecedência

[168] "Não se pode afirmar, todavia, que o mesmo dever não prevaleça no universo das companhias fechadas, ainda que, aqui, haja de ser cumprido sem a necessária observância daqueles específicos dispositivos legais. Em outras palavras, o dever de informar, em companhias abertas e fechadas, varia quanto ao *modo de cumprimento*, mas não quanto à substância, nem tampouco quanto à obrigatoriedade." *O Conselho Fiscal e o direito à informação. In: Revista de Direito Mercantil, Industrial, Econômico e Financeiro*. São Paulo, nº 45, p. 30.

[169] Cf., tratando das informações em contrato de compra e de controle de sociedade, e ressalvando que a disciplina da informação no mercado de valores mobiliários persegue objetivos mais amplos, Forgioni, Paula A. *Teoria Geral dos Contratos Empresariais*. São Paulo: Editora Revista dos Tribunais, 2009, p.143.

[170] Como tivemos oportunidade de explorar no artigo *A descoberta da vítima por si mesma nos ilícitos no mercado de capitais*. In: *Revista de Direito das Sociedades e dos Valores Mobiliários*, v. Especial, p. 139-157, 2018.

exigida para a convocação das assembleias: não impõe a divulgação de informação diferente, mas determina maior prazo para o conhecimento pelos interessados.

Em outros casos, embora não determinem a divulgação de determinada informação, certas normas permitem um menor custo na aquisição da informação pelos investidores de mercado, na medida em que restringem a liberdade das companhias em prol da padronização. Nesta categoria podem ser incluídas a possibilidade de fixação pela CVM de valor nominal mínimo para as ações (art. 11, §3º)[171], a livre circulação (art. 36, permitindo a imposição de limitação somente na companhia fechada)[172] e a impossibilidade de modificação pelo estatuto social do *quorum* (permitida apenas para as companhias fechadas pelo art. 129, §1º, não obstante, como destaca Nelson Eizirik, o art. 136, §1º, faça menção a companhias com ações admitidas à negociação, o que permitiria a companhias com outros títulos admitidos fazê-lo[173]). Na primeira edição da presente obra, indicávamos ainda a restrição a diferentes classes para as ações ordinárias, citando a redação original do art. 15, §1º[174],

[171] Poder-se-ia identificar uma vantagem informacional na medida em que tal providência pudesse servir para a uniformização dos títulos, em linha com o que sustenta Felix Ruiz Alonso, para quem tratar-se-ia "de medida padronizadora, que visa a evitar a cotação, em Bolsa ou no sistema de distribuição, de valores demasiado pequenos ou inusitados, que poderiam levar a engano investidores desavisados." (*In:* Vidigal, Geraldo de Camargo e Martins, Ives Gandra da Silva. *Comentários à lei das sociedades por ações: Lei nº 6.404, de 15.12.1976, atualizada pela Lei nº 9.457, de 5.5.1997.* Rio de Janeiro: Forense Universitária, 1999, p. 38). No entanto, como observa Nelson Eizirik, após mencionar que "a CVM ainda não emitiu ato normativo regulamentando o valor mínimo das ações conforme o disposto no §3º do art. 11 da Lei das S.A.", "o valor nominal da ação só tem sentido no momento da constituição da sociedade, pois a partir daí o valor real flutua (...)" (*A Lei das S/A Comentada.* V. I. São Paulo: Quartier Latin, 2011, p. 125). Sobre a não regulamentação pela CVM, após tecer considerações acerca da utilidade do valor nominal, assevera Roberto Papini que: "(...) longe de denotar negligência afina-se com a filosofia da lei (...)" (Papini, Roberto. *Sociedade Anônima e Mercado de Valores Mobiliários.* 2ª ed. Rio de Janeiro: Forense, 1988, p. 77).

[172] Porque, como observa Fran Martins, "o sucesso do mercado de capitais se deve, em parte, à facilidade com que podem ser transferidas as ações" (*Comentários à Lei das Sociedades Anônimas.* 4ª ed. Rio de Janeiro: Forense, 2010, p. 137).

[173] *A Lei das S/A Comentada.* V. II. São Paulo: Quartier Latin, 2011, p. 111.

[174] O Decreto-lei nº 2.627/40 não contemplava a possibilidade de diferentes classes para ações ordinárias, de modo que os comentários a respeito da norma da LSA focam mais na utilidade da inovação da lei de 1976, ao facilitar, por exemplo, a estruturação de *joint ventu-*

que deixou de ser aplicável com a permissão do voto plural pela Lei nº 14.195/21.

Outras regras já não dizem respeito a uma padronização, mas procuram resolver problemas decorrentes da grande dispersão de ações que pode ocorrer em companhias abertas. Esta qualidade se constata no art. 202, §3º, I, que restringe a possibilidade de aprovação, pela assembleia geral, da distribuição de dividendo inferior ao obrigatório ou da retenção de todo o lucro líquido nas companhias abertas[175]. Do mesmo modo, a possibilidade de redução de *quorum* pela CVM na forma prevista no art. 136, §2º.

A assembleia da companhia aberta pode autorizar a publicação da ata com omissão das assinaturas dos acionistas (art. 130, §2º), o que na verdade importa em dar publicidade a menos informações que na companhia fechada, e se justifica pelo elevado número de acionistas com que podem contar tais sociedades (e em todo caso a omissão tem pouca importância por conta das determinações de divulgação, pela CVM e pela LSA, de participações acionárias significativas e suas respectivas alterações).

Por fim, vale referir as regras específicas para as companhias abertas que não tratam diretamente do direito à informação, mas a respeito de certificados e cautelas (arts. 24, §2º, 25, parágrafo único, 37, 65, §1º[176]), do patamar de integralização para negociação (art. 29)[177], da vedação à emissão de partes beneficiárias (art. 47, parágrafo único) e da emis-

res – como menciona a exposição justificativa do projeto – do que nas razões para sua limita-ção às companhias fechadas.

[175] O fundamento neste caso, segundo Bruno Robert, decorre do pouco incentivo que os acionistas detentores de pequena participação acionária teriam para participar das assembleias, sobretudo nas companhias abertas (*Dividendo mínimo obrigatório nas sociedades por ações brasileiras: apuração, declaração e pagamento.* São Paulo: Quartier Latin, 2011, p. 108).

[176] Sustenta Nelson Eizirik estarem todos os dispositivos, nos artigos que dizem respeito a certificados e cautelas, derrogados pela Lei nº 8.021/1990 ou por desuso, exceto pelo art. 37 que, não obstante mencione a suspensão do serviço de certificados, tem sua interpretação ampliada para abranger os serviços de transferência, conversão e desdobramento de ações. (*A Lei das S/A Comentada.* V. I. São Paulo: Quartier Latin, 2011, pp. 190-191, 240-243 e 404).

[177] Segundo Modesto Carvalhosa, "[v]isa o preceito a assegurar a integridade do capital, a evitar a especulação sobre as ações no início da vida da companhia, a viabilizar a realização de um fluxo regular de capital e, também, a garantir a seriedade da subscrição" (*Comentários à Lei de Sociedades Anônimas*, v. 1, 6ª ed. São Paulo: Saraiva, 2011, p. 392).

são de debêntures pelo conselho de administração (art. 59, §§1º e 2º). O exemplo da forma dos livros (art. 100, §2º) citado na primeira edição desta obra, deixou de ser aplicável por força da adoção de regra equivalente para as companhias fechadas com a inclusão de parágrafo terceiro ao referido artigo pela Lei 14.195/21.

Outras regras aplicáveis apenas às companhias abertas, mas sem relação direta com a informação dos investidores, incluem o parágrafo único do art. 121, que permite a participação à distância do acionista na assembleia, a possibilidade de representação do acionista por instituição financeira na assembleia (art. 126, §1º) e a obrigatoriedade do conselho de administração (art. 138 §2º). Os acionistas de companhia aberta têm o direito de eleger membros do conselho de administração em separado (art. 141) e o art. 158, §2º restringe a responsabilidade dos seus administradores; o art. 172 estabelece regras específicas para o tratamento de sobras em aumento de capital e o art. 173 a possibilidade de exclusão do direito de preferência.

Muitas destas regras poderiam ser aplicadas, e eventualmente o são, a companhias fechadas (além daquelas que, com visto, passaram gradativamente a sê-lo por força de alterações legislativas). Tome-se, por exemplo, a obrigatoriedade do conselho de administração. Sua existência não é imposta apenas às companhias abertas[178], mas também às de capital autorizado e de economia mista, além de poder ser adotado facultativamente pelas demais companhias. Sua função principal não é o direito à informação, embora possa servir a tanto[179]. A rigor, o conselho de administração, tal como previsto originalmente na LSA, destinava-se a servir

[178] Modesto Carvalhosa afirma que o fundamento formal para a exigência do conselho de administração na companhia aberta é a conciliação dos interesses dos acionistas controladores e da "comunidade minoritária dos investidores de mercado", justificando-se também pelo grande porte que presumivelmente apresentam tais companhias, de sorte a demandar profissionalização por parte da administração (Carvalhosa, Modesto. *Comentários à Lei de Sociedades Anônimas*, v. 3, 5ª ed. São Paulo: Saraiva, 2011, p. 51).

[179] Neste sentido, quando atua "como intermediário entre os acionistas e os diretores, possibilitando àqueles um melhor conhecimento e visibilidade dos negócios sociais" (Eizirik, Nelson. *A Lei das S/A Comentada*. V. II. São Paulo: Quartier Latin, 2011, p. 260). Calixto Salomão Filho, por outro lado, ao analisar o conselho de administração na realidade brasileira, o considera como "instrumento de consolidação do poder de controle", afastando questões importantes da deliberação das assembleias e mesmo do conhecimento dos acionistas (*O novo direito societário*. 4ª ed. São Paulo: Malheiros, 2011, pp. 101-102).

como instância intermediária de representação dos acionistas, entre a assembleia e a diretoria, sendo por este motivo exigida de seus membros a qualidade de acionista. Para viabilizar tanto a participação no conselho de administração de representantes de acionistas que eram pessoas jurídicas, quanto para permitir a participação de conselheiros considerados independentes, adotou-se a prática da alienação fiduciária de uma ação, que passou a ser dispensada com a alteração do *caput* do art. 146 da LSA promovida pela Lei nº 12.431/11.

O amplo elenco de regras determinando a disponibilização de informações revela a importância do tema para as sociedades anônimas em geral e para as companhias abertas em particular. Desta constatação não se pode concluir, porém, que a informação é imposta de forma irrestrita, na medida em que a LSA também disciplina expressamente as hipóteses em que a mesma deve ser retida, como será examinado a seguir.

8. Dever de sigilo

Os deveres de informar não podem ser examinados sem levar em consideração o seu oposto: o dever de sigilo. O art. 155 da LSA, que trata do dever de lealdade do administrador, impõe em seu *caput* o dever de manter reserva a respeito dos negócios da companhia e, especificamente no parágrafo primeiro, o dever de sigilo a respeito de informações relevantes.

A previsão geral do dever de reserva no *caput* seria redundante caso se esgotasse nas hipóteses dos incisos e parágrafo primeiro. Há uma orientação geral para o sigilo, que guiará a atuação dos administradores em outras situações além daquelas expressamente previstas no restante do artigo, reforçada pela própria distinção nos conceitos empregados. Esta distinção foi considerada eloquente por Luiz Antonio de Sampaio Campos, para quem a LSA, ao falar em guardar reserva, daria "o tratamento exato da obrigação, que não é necessariamente de sigilo, a não ser quando o sigilo de fato se impuser pela natureza da informação."[180]

Este princípio tem fundamento na própria estrutura da sociedade anônima, cujos administradores são gestores do patrimônio de terceiros, não lhes cabendo propagar informações a não ser na medida em que atenda ao interesse dos titulares daquele patrimônio. Portanto, o dever

[180] *In:* Lamy Filho, Alfredo; Bulhões Pedreira, José Luiz (Coord.). *Direito das companhias*. Rio de Janeiro: Forense, 2009, p. 1147.

de manter reserva quanto aos negócios da companhia pode ser visto como um desdobramento do dever mais amplo dos administradores de agir em prol do interesse social[181].

Tal dever de reserva impõe-se, inclusive, em relação aos próprios acionistas individualmente considerados, na medida em que a LSA não contém "qualquer determinação no sentido de que o administrador da sociedade anônima preste informações diretamente a qualquer acionista em particular, seja ele controlador ou não"[182].

Os acionistas, embora sejam os proprietários da companhia, não têm ingerência direta sobre seus negócios. A restrição se justifica, do ponto de vista prático, pelo fato de que podem ser acionistas pessoas com interesses conflitantes com o da companhia, que poderiam empregar as informações obtidas para finalidade contrária ao interesse social. Neste sentido, Lacerda e Guerreiro mencionam o risco de atuação de "elementos menos escrupulosos, sob o conveniente disfarce de acionistas"[183].

Esta obrigação de reserva, naturalmente, aplicar-se-á unicamente em relação às informações cuja divulgação não é exigida pela lei. Para Luiz Antonio de Sampaio Campos, "[o] dever de informar apenas relaxa, em certa medida, a obrigação de reserva."[184] Por outro lado, este dever, como todos os demais constantes da LSA, será interpretado à luz do interesse da companhia, e o administrador que divulga informações não exigidas pela lei – como são, por exemplo, as entrevistas concedidas à imprensa – não estará descumprindo suas obrigações se o ato for praticado visando a fim legítimo (por exemplo a divulgação de seus produtos).

Questão controvertida é se o art. 157, §3º da LSA, que restringe o uso das informações ali previstas ao legítimo interesse da companhia ou do acionista, implicaria também hipótese de sigilo.

[181] A caracterização do conceito exato de interesse da companhia constitui um dos temas mais controversos do direito societário. No campo do dever de divulgar fato relevante sua aplicação é necessária para avaliar a possibilidade de manter determinada informação em sigilo. Isto será examinado no item 49 infra.

[182] França, Erasmo Valladão Azevedo e Novaes. *Temas de direito societário, falimentar e teoria da empresa*. São Paulo: Malheiros, 2009, p. 374.

[183] Teixeira, Egberto Lacerda e Guerreiro, José Alexandre Tavares. *Das sociedades anônimas no direito brasileiro*. v. 2. São Paulo: Bushatsky, 1979, pp. 476-477.

[184] *In:* Lamy Filho, Alfredo; Bulhões Pedreira, José Luiz (Coord.). *Direito das companhias*. Rio de Janeiro: Forense, 2009, p. 1144.

Para Modesto Carvalhosa não haveria sigilo neste caso, por conta do princípio da publicidade dos atos da assembleia, notando ainda que a divulgação dos fatos relevantes transcende o interesse dos acionistas[185].

Na medida, porém, em que se entenda que o fato relevante previsto no art. 157, §1º, "e" – a ser divulgado na assembleia – não corresponde, necessariamente, ao fato relevante previsto no art. 157, §4º (como se examinará no item 12 *infra*), a obrigação de revelar este não implicará necessariamente em um dever de difundir aquele.

Nesse contexto, e em vista das demais informações que devem ser prestadas, e que não necessariamente consistem em fatos relevantes (como os contratos celebrados com a administração e altos funcionários), a publicidade nem sempre será impositiva. Neste sentido, Gil Costa Carvalho sustenta que os esclarecimentos prestados na assembleia a pedido dos acionistas, na forma do art. 157, §1º, normalmente não deverão ser transcritos na ata da assembleia, porque poderiam causar embaraços e prejuízos à sociedade; esta seria, inclusive, a razão da previsão, contida no §2º[186] do mesmo artigo, de redução a escrito dos esclarecimentos prestados[187].

O dever de sigilo também é expressamente previsto especificamente para a oferta pública de aquisição do controle (art. 260 da LSA), conforme será exposto no item 49 *infra*, no qual será abordada a possibilidade de manter o fato relevante em sigilo.

[185] CARVALHOSA, Modesto. *Comentários à Lei de Sociedades Anônimas*, v. 3, 5ª ed. São Paulo: Saraiva, 2011, p. 405.

[186] "Art. 157 (...)

"§ 2º Os esclarecimentos prestados pelo administrador poderão, a pedido de qualquer acionista, ser reduzidos a escrito, autenticados pela mesa da assembléia, e fornecidos por cópia aos solicitantes."

[187] *In:* VIDIGAL, Geraldo de Camargo e MARTINS, Ives Gandra da Silva. *Comentários à lei das sociedades por ações: Lei nº 6.404, de 15.12.1976, atualizada pela Lei nº 9.457, de 5.5.1997.* Rio de Janeiro: Forense Universitária, 1999, pp. 488-489. Cf. no mesmo sentido Luiz Antonio de Sampaio Campos, afirmando que a regra do art. 157, §2º "pressupõe que as informações não constem da ata", e que "dada a delicadeza das informações que podem ser requeridas e prestadas, muitas vezes não convém que constem do corpo da ata" (*In:* LAMY FILHO, Alfredo; BULHÕES PEDREIRA, José Luiz (Coord.). *Direito das companhias.* Rio de Janeiro: Forense, 2009, p. 1177).

CAPÍTULO 3
FONTES DO DEVER DE INFORMAR

9. Legislação

Conforme examinado no primeiro capítulo, a intervenção estatal é considerada necessária para assegurar a difusão adequada de informações no âmbito do mercado de capitais. A imposição de normas pelo Estado apresenta-se como alternativa para superar os obstáculos decorrentes dos conflitos de interesses existentes nas relações privadas, mas a fórmula tradicional de regulação por meio de leis aprovadas pelo Poder Legislativo é considerada insuficiente para este mister.

Isto não significa, naturalmente, que não haja espaço para a imposição de deveres de informar por meio de lei. O extenso número de obrigações desta natureza existente na LSA, examinadas no capítulo anterior, comprova este fato. Não fosse o bastante, os deveres de informar que incidem sobre a sociedade anônima podem ser identificados em diversas normas. A companhia estará obrigada a prestar informações de diversas ordens ao Estado, para fins fiscais, ambientais ou trabalhistas. Companhias que atuem em setores regulados deverão prestar informações específicas para atender às autoridades supervisoras. Informações relativas a operações com moedas e investimentos no exterior também são exigidas. A informação recebe, ainda, tutela específica no âmbito da defesa do consumidor e seu uso poderá, em determinadas circunstâncias, caracterizar violação às regras concorrenciais.

No âmbito societário e de mercado de capitais a LSA estabelece, como visto no capítulo anterior, uma grande gama de regras específicas impondo deveres de informar da mais variada natureza. Além da LSA, a tutela da informação ao mercado no âmbito da sociedade anônima é contemplada também pela Lei nº 6.385/76 e pela legislação penal, que tipifica a divulgação de informações falsas, por exemplo, no art. 177, §1º, I[188] do Código Penal. Examinar em profundidade a eficiência da tutela penal neste caso extrapolaria os fins deste trabalho, mas, ainda que perfunctoriamente, o tema será abordado no item 59 *infra*.

A disciplina da informação não está restrita ao âmbito nacional: companhias cujos títulos são admitidos à negociação em mercados regulamentados estrangeiros podem ficar submetidas a regras de informação daqueles países, cujo exame extrapola o objeto do presente trabalho. Além disso, a globalização e a internacionalização dos mercados influenciam profundamente os ordenamentos jurídicos nacionais, muitas vezes alterados com o fim de adaptar-se a padrões mundiais. Neste sentido, merece destaque a atuação da Organização Internacional de Comissões de Valores Mobiliários – IOSCO, que procura estabelecer padrões para a regulamentação do mercado de valores mobiliários, e cujos estudos já foram citados pela CVM em consultas públicas a respeito de propostas de instruções[189].

Ainda no âmbito internacional, há regras específicas a respeito da divulgação de fato relevante no âmbito do Mercosul[190]: a Decisão 08/93 do Conselho de Mercado Comum do Mercosul aprovou o documento Regulação Mínima do Mercado de Capitais, cujo item 1.3 conceitua fatos relevantes, os exemplifica e determina sua divulgação imediata[191].

188 "Art. 177 – (...)
"§ 1º – Incorrem na mesma pena, se o fato não constitui crime contra a economia popular:
"I – o diretor, o gerente ou o fiscal de sociedade por ações, que, em prospecto, relatório, parecer, balanço ou comunicação ao público ou à assembléia, faz afirmação falsa sobre as condições econômicas da sociedade, ou oculta fraudulentamente, no todo ou em parte, fato a elas relativo;"

189 Por exemplo no Edital de Audiência Pública nº 05/09.

190 Para referência à estrutura do Mercosul, com foco na regulação do mercado de capitais, cf. PROENÇA, José Marcelo Martins. *Insider Trading: regime jurídico do uso de informações privilegiadas no mercado de capitais*. São Paulo: Quartier Latin, 2005, pp. 260-262.

191 "1.3. *Difusão de informação*
"1.3.1. *Fatos relevantes*: As sociedades abertas devem informar de imediato – tanto ao órgão competente como às bolsas de valores ou mercados autorizados – qualquer decisão da assembléia geral, dos órgãos de administração, e de qualquer fato ocorrido nos seus negócios que poderiam influir significativamente em:
"a) a cotização dos valores;

A necessidade de divulgação de tais fatos foi mencionada também na Decisão 13/94 do Conselho de Mercado Comum do Mercosul, que aprovou documento complementar àquele constante da Decisão 08/93. Tais regras são, como mencionam expressamente, propostas de regulamentação. No julgamento do Processo CVM nº RJ2007/6837[192] o Relator mencionou que embora as Decisões do Conselho de Mercado Comum sejam obrigatórias para os Estados Partes, dependem de norma de introdução no ordenamento jurídico nacional[193].

"b) a decisão dos investidores de negociar esses valores;
"c) a determinação dos investidores de exercer qualquer dos direitos inerentes à sua condição de titular desses valores;
Consideram-se fatos ou atos relevantes:
"a) mudanças no controle da sociedade;
"b) transformação de uma sociedade aberta em fechada;
"c) fusão, cisão, transformação ou dissoluções da sociedade;
"d) mudanças significativas na composição do ativo ou o passivo da sociedade;
"e) alteração nos direitos dos valores emitidos pela sociedade;
"f) aquisição por parte da sociedade de ações de sua própria emissão;
"g) atraso no pagamento de dividendos ou mudanças na política de distribuição dos mesmos;
"h) celebração, modificação substancial ou cancelamento de um contrato relevante para a sociedade;
"i) solicitação de concordata, pedido de autofalência, convocação de credores, falência, ou demandas contra a sociedade que, se prosperarem, podem afetar sua situação econômico-financeira;
"j) qualquer descobrimento ou mudança no desenvolvimento da tecnologia ou em recursos da companhia, que podem alterar significativamente seus resultados;
"k) qualquer outro fato relevante de caráter político, administrativo, técnico, de negociação, ou econômico-financeiro, que possa produzir qualquer dos efeitos previstos.
"A divulgação deve ser imediata nos países em que os valores são negociados."

192 Julgado em 14.06.2007, Relator Pedro Oliva Marcílio de Sousa.

193 "03. Antes de analisar o conteúdo dessas regras, é importante definir como elas se aplicam à CVM. Observo, desde logo que (i) as decisões do CMC são obrigatórias para os Estados Partes (art. 9º do Protocolo de Ouro Preto) e (ii) entre as suas funções está a "[formulação de] políticas e [a promoção de] ações necessárias à conformação do mercado comum" (art. 8º).
(...)
"07. Tendo em vista que as decisões do CMC não se equiparam aos Tratados, elas não podem ser consideradas leis, dependendo de uma norma de introdução no ordenamento jurídico nacional (a obrigatoriedade dessas decisões aos países membros, parece indicar a obrigatoriedade de edição de uma tal norma). Esse parece ser, também, o entendimento do

Tão fundamental quanto a importância da lei na regulação do mercado de capitais, porém, são as suas limitações, pois o conhecimento especializado e o dinamismo necessários para a intervenção adequada são vistos como incompatíveis com o processo parlamentar tradicional.

A necessidade de constituição de órgãos específicos para a regulação destes mercados tem sido amplamente defendida pela doutrina, e a atribuição de poder normativo é vista como condição de sua eficiência. Neste sentido, defende-se a incompatibilidade do processo legislativo com "a urgência das medidas próprias de intervenção e controle da economia."[194] Daí a atribuição em diversas jurisdições de competência normativa a órgãos reguladores especializados. Deve-se notar, porém que a extensão desta atribuição varia muito entre os países, não apenas no que se refere à atribuição de funções às agências reguladoras, mas aos próprios mercados organizados[195].

Como resposta a tais questões, foi criada no Brasil a CVM, à qual foi conferida competência para regular o mercado de capitais, como será exposto a seguir.

10. A regulamentação da CVM

A tutela da informação ao mercado não está restrita aos deveres impostos pela LSA, uma vez que a Lei nº 6.385/76 atribuiu competência ao CMN e à CVM para disciplinar a matéria. Referida lei não apresenta o mesmo rigor sistemático que a LSA, tendo sido, conforme aponta Nelson Eizirik, "o resultado da fusão de pelo menos três anteprojetos de

próprio CMC, conforme se infere da Decisão 91/93 (as Decisões 3/99 e 23/00, posteriores, confirmam esse entendimento).

"08. Quanto ao mérito da questão, começo minha análise pela Decisão 8/93, que procurou estabelecer uma regulação mínima do mercado de capitais. Por ela, a necessidade de norma interna advém do seu próprio texto, que diz que ela 'deve ser encarada como uma meta a alcançar pelos países membros também no mercado doméstico'. Outro objetivo da norma é 'evitar a duplicação de controles no âmbito dos países do MERCOSUL, não incluindo os títulos de dívida pública".

[194] TÁCITO, Caio. *Comissão de Valores Mobiliários. Poder regulamentar. In: Temas de Direito Público (Estudos e Pareceres)* 2º volume, São Paulo: Renovar, p. 1090.

[195] Para uma análise bastante ilustrativa destas diferenças, cf. GADINIS, Stavros; JACKSON, Howell E. *Markets as regulators: a survey. In: 80 S. Cal. L. Rev.* 1239 (2007).

lei, não tendo merecido, ademais, atenção mais acurada do Congresso Nacional, quando de sua tramitação."[196]

O art. 3º da Lei nº 6.385/76 atribuiu ao CMN competência de ordem geral para estabelecer a política do mercado de valores mobiliários e a orientação a ser observada pela CVM no exercício de suas atribuições.

Particularmente em relação à informação, o art. 4º, VI inclui, dentre as finalidades do CMN e da CVM "assegurar o acesso do público a informações sobre os valores mobiliários negociados e as companhias que os tenham emitido".

Para que este fim possa ser atingido, foi atribuída à CVM competência para regulamentar as matérias expressamente previstas na Lei nº 6.385/76 e na LSA (art. 8º, I), expedir normas sobre a natureza e periodicidade das informações a serem divulgadas (art. 22, § 1º, I, V, VI e VII), fiscalizar "a veiculação de informações relativas ao mercado, às pessoas que dele participem, e aos valores nele negociados" (art. 8º, IV) e determinar às companhias abertas que publiquem informações corrigidas ou aditadas (art. 9º, IV).

A própria CVM poderá, enfim, para prevenir ou corrigir situações anormais do mercado, divulgar informações ou recomendações (art. 9º, §1º, III).

Dentro dessas regras, o art. 22, § 1º, VI dispôs especificamente competir à CVM expedir normas a respeito da divulgação de fatos relevantes, praticamente nos mesmos termos empregados pelo art. 157, §4º, da LSA.

O art. 22, §1º da Lei nº 6.385/76 teve sua redação alterada, assim como diversos outros dispositivos, pelo Decreto 3.995/01[197] (embora no

[196] Eizirik, Nelson. *A urgente reforma da Lei 6.385/76. In: Revista de Direito Mercantil, Industrial, Econômico e Financeiro.* São Paulo, nº 98, p. 58.

[197] Segundo foi registrado na mensagem de veto à Lei nº 10.303/01: "A criação, estruturação e atribuições, inclusive a organização e funcionamento dos órgãos e entidades da administração pública eram, à época da propositura do projeto, matéria de iniciativa reservada ao Presidente da República (art. 61, § 1º, e, do texto original da Constituição Federal). Padecem de vício de iniciativa, portanto, as normas que, mediante iniciativa parlamentar, tem por objetivo atribuir competências à Comissão de Valores Mobiliários.

"Outrossim, tais matérias tornaram-se, por força da Emenda Constitucional nº 32, de 11 de setembro de 2001, questões reservadas a Decreto (CF, art. 84, VI, a, com redação da EC 32)."

que diga respeito à divulgação de fato relevante não tenha havido alteração substancial).

A legalidade do referido Decreto foi questionada, na medida em que altera a Lei, cria obrigações e restringe direitos[198], e O Conselho Federal da Ordem dos Advogados do Brasil ajuizou Ação Direta de Inconstitucionalidade nº 2601 contra o referido Decreto e a Medida Provisória nº 8, a qual foi julgada improcedente pelo Supremo Tribunal Federal em 19 de agosto de 2021.

Como visto no item anterior, as limitações do Poder Legislativo para editar normas sobre matérias específicas de direito do mercado de capitais levou à criação da CVM. Por outro lado, entende-se também que a atribuição de algum poder normativo seria condição para que o órgão administrativo pudesse atingir o fim para o qual foi criado[199].

A extensão dos poderes é controvertida. A doutrina, ao investigar a questão, dedica-se a refutar concepções absolutas do princípio da Separação de Poderes e tecer considerações a respeito da necessidade de reconhecer o poder normativo dos órgãos da administração indireta[200]. Identificar, porém, o fundamento constitucional para tanto é tarefa complexa.

Antes da Constituição de 1988, Bolívar B. M. Rocha, ao tratar do poder normativo da CVM, concluía seu trabalho com a sugestão de previsão expressa a este respeito, "como forma de selar as controvérsias

[198] Cf. Proença, José Marcelo Martins. *Insider Trading: regime jurídico do uso de informações privilegiadas no mercado de capitais.* São Paulo: Quartier Latin, 2005, pp. 101/102 e Chediak, Julian Fonseca Peña. *A Reforma do Mercado de Valores Mobiliários.* In: Lobo, Jorge. (coord.) *Reforma da Lei das Sociedades Anônimas.* Rio de Janeiro: Forense, 2002, p. 527-530.

[199] Rocha, Bolívar B. M. *O Poder Normativo de órgãos de administração o caso da comissão de valores mobiliários. In: Revista de Direito Mercantil, Industrial, Econômico e Financeiro.* São Paulo, nº 64, p. 59.

[200] Com relação ao poder regulamentar não apenas da CVM, mas em sentido amplo, há que se destacar também a referência frequente à distinção proposta por Eros Grau entre reserva da lei e reserva da norma, abordada, no âmbito específico da CVM, em conjunto com a exposição de diversas correntes por Lucena, José Waldecy. *Da Comissão de Valores Mobiliários e Alguns Temas Polêmicos. In*: Perin Junior, Ecio; Kalansky, Daniel; Peyser, Luis (Coord.) *Direito Empresarial – Aspectos Atuais de Direito Empresarial Brasileiro e Contemporâneo.* São Paulo: Método, 2005, pp. 131-155.

que hoje ainda existem, e com razão, dada a estrutura constitucional vigente"[201].

A opção da Constituinte parece ter seguido sentido oposto, pois o art. 25[202] do Ato das Disposições Constitucionais Transitórias revogou os dispositivos legais que delegavam competência normativa a órgão do Poder Executivo[203]. O fundamento para a atuação da CVM, por sua vez, já foi identificado pela doutrina[204] e pela própria autarquia[205] no art. 174[206] da Constituição Federal. O referido dispositivo, porém, menciona as funções a serem exercidas pelo "Estado" como agente normativo da atividade econômica. Se, por um lado, não se estabelece ali que tais funções serão exercidas especificamente pelo Poder Legislativo, por outro

[201] Rocha, Bolívar B. M. *O Poder Normativo de órgãos de administração: o caso da comissão de valores mobiliários. In: Revista de Direito Mercantil, Industrial, Econômico e Financeiro.* São Paulo, nº 64, p. 67.

[202] "Art. 25. Ficam revogados, a partir de cento e oitenta dias da promulgação da Constituição, sujeito este prazo a prorrogação por lei, todos os dispositivos legais que atribuam ou deleguem a órgão do Poder Executivo competência assinalada pela Constituição ao Congresso Nacional, especialmente no que tange a:
"I – ação normativa;
"II – alocação ou transferência de recursos de qualquer espécie."

[203] Sobre a questão do art 25 do ADCT frente à competência da CVM, Cf. Aragão, Paulo Cezar. *A CVM em juízo: limites e possibilidades. In: Revista de Direito Bancário.* São Paulo, nº 34, pp. 43/44.

[204] Santos, Alexandre Pinheiro dos, Wellisch, Julya Sotto Mayor, Barros, José Eduardo Guimarães. *Notas sobre o poder normativo da Comissão de Valores Mobiliários: CVM na atualidade. In: Revista de Direito Bancário e do Mercado de Capitais,* São Paulo, nº 34, p. 81.

[205] PAS CVM Nº 15/90, Relator Otavio Yazbek, julgado em 24.08.2010.

[206] "Art. 174. Como agente normativo e regulador da atividade econômica, o Estado exercerá, na forma da lei, as funções de fiscalização, incentivo e planejamento, sendo este determinante para o setor público e indicativo para o setor privado.
"§ 1º – A lei estabelecerá as diretrizes e bases do planejamento do desenvolvimento nacional equilibrado, o qual incorporará e compatibilizará os planos nacionais e regionais de desenvolvimento.
"§ 2º – A lei apoiará e estimulará o cooperativismo e outras formas de associativismo.
"§ 3º – O Estado favorecerá a organização da atividade garimpeira em cooperativas, levando em conta a proteção do meio ambiente e a promoção econômico-social dos garimpeiros.
"§ 4º – As cooperativas a que se refere o parágrafo anterior terão prioridade na autorização ou concessão para pesquisa e lavra dos recursos e jazidas de minerais garimpáveis, nas áreas onde estejam atuando, e naquelas fixadas de acordo com o art. 21, XXV, na forma da lei."

lado não se delega tampouco competência expressa a órgãos reguladores, como propunha Fábio Konder Comparato em seu projeto constitucional[207].

Extrapolaria os fins do presente trabalho examinar os limites do poder normativo da CVM em cada uma de suas manifestações. Como o que se pretende examinar é um dever imposto expressamente pela LSA, os poderes da CVM estariam, em princípio, limitados ao esclarecimento do conteúdo da norma, em típica função regulamentar[208].

É relevante notar que, assim como a LSA, a Lei nº 6.385/76 já estabelece o conceito de fato relevante, e este portanto não poderia ser alterado pela CVM.

Quanto ao tempo e às pessoas encarregadas da divulgação, porém, a situação é distinta. A Lei nº 6.385/76 não diz quem deve divulgar ou o tempo da divulgação. No que se refere, por exemplo, ao tempo da divulgação, ausente qualquer determinação da CVM no sentido de que esta não deve ser feita de forma imediata, como determina a LSA, examinar a possibilidade de uma disposição desta natureza seria um exercício meramente teórico. O quadro é outro quanto aos encarregados da divulgação, pois a Lei nº 6.385/76 não define o que a LSA delimitou. Em certa medida, esta questão pode ser aproximada à da remuneração dos administradores, em que se defendeu que a limitação da CVM para exigir a divulgação de informações decorria da disciplina da matéria pela LSA[209]. O conceito de fato relevante, equivalente em ambas as leis, será exami-

[207] Conforme menciona Rocha, Bolívar B. M. *O Poder Normativo de órgãos de administração: o caso da comissão de valores mobiliários. In: Revista de Direito Mercantil, Industrial, Econômico e Financeiro.* São Paulo, nº 64, p. 60, a proposta era a seguinte: "Art. 107. Lei complementar pode criar órgãos administrativos autônomos, dotados de poder normativo e de polícia, para regular a moeda e o crédito e outros setores determinados da ordem econômica e social.

"Parágrafo único. Além do poder normativo autônomo, exercido dentro dos limites fixados pela lei que os institui, a esses órgãos administrativos também pode ser atribuído, expressamente, o poder de regulamentar certas e determinadas leis."

[208] Para uma abordagem ampla do poder normativo da CVM, pode-se consultar Rosa, Maria Eduarda Fleck da. *O Poder Normativo da Comissão de Valores Mobiliários.* Dissertação (Mestrado em Direito Comercial). Faculdade de Direito, Universidade de São Paulo, São Paulo, 2012.

[209] Cf. Eizirik, Nelson. *Limites da atuação reguladora da CVM. Ilegalidade das regras da Instrução CVM nº 480/09 referentes à remuneração dos administradores de companhias abertas. In:* Carva-

nado na segunda parte deste trabalho, enquanto as questões do tempo e dos responsáveis pela divulgação, em que se constatam as mencionadas diferenças, serão abordadas na terceira parte.

A limitação do poder normativo da CVM para definir o conceito de fato relevante não parece ter sido reconhecida no julgamento do PAS CVM nº RJ2009/1365[210], no qual foi rejeitada alegação de que a sua regulamentação não poderia exigir a divulgação de fato relevante fora da hipótese prevista no art. 157, §4º da LSA. O voto do Relator afirmou que a questão remeteria à constitucionalidade do poder regulamentar dos órgãos e entidades do Poder Executivo, que já teria sido reconhecida pelo Supremo Tribunal Federal no julgamento do ADI-AgR 2950/RJ. No citado precedente, porém, foi reconhecido o caráter normativo de Decreto Estadual, para submetê-lo a controle concentrado de constitucionalidade, não se podendo daí inferir a possibilidade de a CVM estabelecer novas hipóteses de fato relevante que não se enquadrem na moldura fixada pela LSA e pela Lei nº 6.385/76[211].

LHOSA, Modesto e EIZIRIK, Nelson. *Estudos de Direito Empresarial*. São Paulo: Saraiva, 2010, p. 378-397.

[210] "2.8. Em sua defesa, o acusado argumenta que o art. 157, §4º, da Lei 6.404, de 1976, não o obriga a divulgar fato relevante noticiando a aquisição de participação acionária, e, por força do princípio da legalidade, um ato administrativo como a Instrução CVM nº 358, de 2002, não poderia fazê-lo.

"2.9. A meu ver essa tese remete a controvérsias já superadas sobre a constitucionalidade do poder regulamentar de órgãos e entidades do Poder Executivo. Como o Supremo Tribunal Federal já decidiu, a lei pode delegar competência regulamentar a órgãos do Poder Executivo. E foi isso justamente o que fez a Lei 6.385, de 1976, que é totalmente ignorada pelo acusado." (Relator Marcos Barbosa Pinto, julgado em 13.07.2010).

[211] "EMENTA: AGRAVO REGIMENTAL NA AÇÃO DIRETA DE INCONSTITUCIONALIDADE. AÇÃO DIRETA QUE QUESTIONA A CONSTITUCIONALIDADE DE DECRETO ESTADUAL. FUNÇÃO NORMATIVA, REGULAMENTO E REGIMENTO. ATO NORMATIVO QUE DESAFIA O CONTROLE DE CONSTITUCIONALIDADE CONCENTRADO. NEGATIVA DE SEGUIMENTO. ARTIGO 102, INCISO I, ALÍNEA "A", DA CONSTITUIÇÃO DO BRASIL. REFORMA DO ATO QUE NEGOU SEGUIMENTO À ADI. 1. Estão sujeitos ao controle de constitucionalidade concentrado os atos normativos, expressões da função normativa, cujas espécies compreendem a função regulamentar (do Executivo), a função regimental (do Judiciário) e a função legislativa (do Legislativo). Os decretos que veiculam ato normativo também devem sujeitar-se ao controle de constitucionalidade exercido pelo Supremo Tribunal Federal. 2. O Poder Legislativo não detém o monopólio da função normativa, mas apenas de uma parcela dela, a função legislativa. 3. Agravo regimental provido." (ADI 2950 AgR, Relator(a): Min. Marco Aurélio, Relator(a)

Em decisão posterior afirmou-se, contudo, que as hipóteses regulamentares constituiriam meras presunções de fatos relevantes, a serem apreciadas sempre diante dos casos concretos (PAS CVM nº RJ2010/1666[212]). Em artigo doutrinário, citado no mencionado julgamento, Marcelo Trindade sustenta que somente deste modo – ou seja, interpretando determinadas regras da CVM como presunções – seria possível admitir sua legalidade[213].

Por fim, vale notar que a eficácia da vasta competência atribuída à CVM é garantida pelo poder de punir atos ilegais dos participantes do mercado (art. 9º, V da Lei nº 6.385/76), tema a ser abordado na terceira parte deste trabalho.

11. A autorregulação do mercado e das companhias

O reconhecimento da necessidade de intervenção estatal na disciplina da divulgação de informações, objeto do primeiro capítulo, envolve a análise das limitações da autorregulação[214]. Ainda que se considere que a autorregulação não é suficiente, isto não a faz de todo dispensável. Pelo contrário, como expõe Calixto Salomão Filho, "tanto mais bem-sucedida será a tentativa auto-regulatória quanto mais bem-encaixada estiver em uma forte regulação", citando como exemplo de "experiência razoavelmente bem-sucedida" justamente o mercado de capitais[215].

Além das normas cogentes impostas pela lei e pela CVM, a divulgação de informações tem sido objeto de regras e recomendações editadas por diversas entidades, e as próprias companhias podem fazê-lo por meio de políticas de divulgação.

p/ Acórdão: Min. Eros Grau, Tribunal Pleno, julgado em 06/10/2004, DJ 09.02.2007, p. 16, Ement vol. 02263-01, p. 93).

212 Relatora Luciana Dias, julgado em 03.04.2012.

213 Trindade, Marcelo Fernandez. *Vedações à negociação de Valores Mobiliários por norma regulamentar; interpretação e legalidade. In:* Adamek, Marcelo Vieira Von (coord.). *Temas de Direito Societário e Empresarial Contemporâneos.* São Paulo: Malheiros, 2011, p. 463.

214 As referências à autorregulação são feitas em oposição à regulação estatal. Para o exame dos diferentes conceitos de autorregulação em direito e em economia, bem como das modalidades da autorregulação, cf. Dias, Luciana Pires. *Regulação e Auto-regulação no mercado de valores mobiliários.* Dissertação (Mestrado em Direito Comercial). Faculdade de Direito, Universidade de São Paulo, São Paulo, 2005, pp. 118-122.

215 *Regulação da atividade econômica (princípios e fundamentos jurídicos).* 2ª ed. São Paulo: Malheiros, 2008, p. 101.

Neste aspecto, destaca-se, inclusive pela importância histórica, o papel exercido pelas bolsas de valores.

O art. 8º, §1º da Lei nº 6.385/76 ressalva, após estabelecer as competências da CVM, a competência das "Bolsas de Valores, das Bolsas de Mercadorias e Futuros, e das entidades de compensação e liquidação com relação aos seus membros e aos valores mobiliários nelas negociados".

Dentre as iniciativas privadas, a de maior destaque é a implementação de níveis diferenciados de listagem pela B3, com a criação do Novo Mercado e dos Níveis 1 e 2, nos quais as companhias listadas assumem obrigações de governança corporativa adicionais àquelas estabelecidas pela lei e pela regulamentação.

No âmbito específico da divulgação de informações, a adesão a tais segmentos acarreta o dever de divulgar Fatos relevantes, informações sobre proventos (aviso aos acionistas ou comunicado ao mercado) e *press release* de resultados em inglês (no caso do Novo Mercado), demonstrações financeiras (Nível 2) de realizar reunião pública anual, divulgar calendário de eventos corporativos, bem como política de negociação de valores mobiliários e código de conduta.

As Companhias listadas no Novo Mercado devem, ainda, divulgar Regimentos do Conselho de Administração, de seus comitês de assessoramento e do Conselho Fiscal, quando instalado; políticas de (i) remuneração; (ii) indicação de membros do Conselho de Administração, seus comitês de assessoramento e diretoria estatutária; (iii) gerenciamento de riscos; (iv) transação com partes relacionadas; e (v) negociação de valores mobiliários, com conteúdo mínimo, exceto a de remuneração. Além disso, precisam fazer a divulgação (i) anual de relatório resumido do comitê de auditoria estatutário contemplando os pontos indicados no regulamento; ou (ii) trimestral de ata de reunião do Conselho de Administração, informando o reporte do comitê de auditoria não estatutário.

Outras entidades já buscaram estabelecer regras de divulgação complementares, como por exemplo a Associação Brasileira das Companhias Abertas - Abrasca, que aprovou, em 04.07.2007, o Manual Abrasca de Controle e Divulgação de Informações Relevantes, ao qual as companhias abertas poderiam aderir por meio da assinatura de termo de adesão. Documentos relacionados à divulgação de informações também foram elaborados pelo CODIM - Comitê de Orientação para Divulgação de Informações ao Mercado, composto por representantes de diversas entidades[216]. O IBGC – Instituto Brasileiro de Governança Corporativa lançou seu Código de Melhores Práticas em 1999 e tem elaborado novas versões periodicamente. A Associação de Investidores no Mercado de Capitais (AMEC) editou, tratando da divulgação de informações, as deliberações nº 2, de 22.02.2007, relativa a informações quanto a decisões judiciais ou arbitrais de mérito, e nº 4, de 23.10.2008, quanto a instrumentos financeiros derivativos.

No âmbito das próprias companhias abertas, as políticas de divulgação e negociação, examinadas no próximo item, permitem a formulação de regras internas sobre o tema.

11.1. Políticas de divulgação e negociação

O art. 17 da Resolução CVM nº 44 determina adoção de política de divulgação de fato relevante, e faculta a adoção de políticas de negociação (art. 15), obrigatórias para as companhias listadas no Novo Mercado, podendo ambas ser aprovadas em conjunto e reunidas em um único documento (art. 18, §2º).

A política de divulgação deve dispor, no mínimo, a respeito dos canais de comunicação utilizados para disseminar informações sobre fatos relevantes e os procedimentos relativos à manutenção de sigilo. A escolha do canal de comunicação é relativamente simples, bastando sua menção na política.

As regras de manutenção de sigilo se resumem, nos mais das vezes, a orientações de conduta para que se evitem discussões em lugares públi-

216 Abrasca – Associação Brasileira das Companhias Abertas; ABRAPP – Associação Brasileira das Entidades Fechadas de Previdência Privada; ANBIMA – Associação Brasileira das Entidades dos Mercados Financeiros e de Capitais; ANCORD – Associação Nacional das Corretoras de Valores, Câmbio e Mercadorias; ANEFAC – Associação Nacional dos Executivos de Finanças, Administração e Contabilidade; AMEC – Associação de Investidores no Mercado de Capitais; APIMEC – Associação dos Analistas e Profissionais de Investimento do Mercado de Capitais; BM&FBovespa – Bolsa de Valores, Mercadorias e Futuros; CFC – Conselho Federal de Contabilidade; IBGC – Instituto Brasileiro de Governança Corporativa; IBRACON – Instituto dos Auditores Independentes do Brasil; e IBRI – Instituto Brasileiro de Relações com Investidores. Participa ainda do CODIM, na qualidade de membro observador, a CVM, cf. http://www.codim.org.br/ocodim.asp, acesso em 01.mar.2013.

cos. Na prática, como parte dos procedimentos para garantia de sigilo de informações, é comum utilizar códigos para o nome de operações e das empresas envolvidas, bem como lista com as pessoas que podem ter acesso às informações.

De resto, as políticas devem ser admitidas como meio para o estreitamento dos direitos e deveres das empresas no âmbito da divulgação de informações. No entanto, a ausência de precedentes em que as suas regras tenham sido discutidas e aceitas acaba por reduzir o incentivo para maior detalhamento, tendo em vista que as obrigações adicionais aumentam o risco para os administradores.

Pode ser objeto disciplinada na política a postura a ser adotada na hipótese de rumores de mercado, inclusive limitando os deveres de se manifestar diante de informações genéricas. Outro aspecto que frequentemente enseja discussão em processos administrativos é a divulgação de informações sobre processos judiciais e sobre operações em andamento, que poderiam igualmente ser tratadas de forma específica, conforme as necessidades de cada empresa, nas respectivas políticas.

Há, por exemplo, políticas que vinculam a divulgação de processos a uma combinação entre o valor envolvido, comparado ao patrimônio líquido da companhia e a probabilidade de perda. Procedimento semelhante poderia ser adotado considerando aquisições societárias ou vendas, tendo por base os valores envolvidos e a fase das negociações.

Outro aspecto que pode ser tratado na política de divulgação é o prazo para a atuação no caso de omissão do Diretor de Relações com Investidores. O art. 3º, §2º[217] da Resolução CVM nº 44 determina a comunicação imediata à CVM. No entanto, não se define o momento em que se pode considerar caracterizada a omissão, o que pode ser feito pela política de divulgação.

Devem ser comunicados formalmente a respeito da política os acionistas controladores e as pessoas que ocupem ou venham a ocupar as

[217] Art. 3º, § 2º "Caso as pessoas referidas no § 1º tenham conhecimento pessoal de ato ou fato relevante e constatem a omissão do Diretor de Relações com Investidores no cumprimento de seu dever de comunicação e divulgação, inclusive na hipótese do parágrafo único do art. 6º desta Resolução, somente se eximem de responsabilidade caso comuniquem imediatamente o ato ou fato relevante à CVM."

funções referidas no art. 13 da Resolução CVM nº 44, quais sejam, diretores, membros do conselho de administração e do conselho fiscal.

A CVM já mencionou, no julgamento do PAS CVM nº 01/03, ocorrido em 01.02.2007, que antes da adoção de uma política de divulgação de informações ter sido tornada obrigatória pela Instrução CVM nº 358[218] não seria exigível dos membros do conselho de administração a supervisão da forma pela qual as informações eram prestadas.

Alterações à política de divulgação devem ser comunicadas à CVM, que poderá determinar sua modificação, e à bolsa. A companhia deverá igualmente indicar um diretor para ser responsável pela execução e acompanhamento da política (art. 18 da Resolução CVM nº 44).

Tendo sido vistos, de forma abrangente, os princípios que justificam e as regras que tratam do dever de divulgar, a próxima parte do presente trabalho busca detalhar o conceito de fato relevante.

[218] Conforme o voto do Presidente e Relator Marcelo Trindade: "Ademais, convém lembrar que apenas com a edição da Instrução 358/02 foi tornada obrigatória a adoção de uma Política de Divulgação pelas companhias abertas brasileiras, que era facultativa na vigência da Instrução 31/84. Isso confirma, a meu ver, que não há, nos autos, elementos que permitam concluir que os conselheiros de administração falharam no seu dever de diligência quanto à fiscalização da gestão dos negócios sociais, porque não me parece que lhes fosse exigível, ao menos àquele tempo (embora, insisto, pudesse ser recomendável), a supervisão do modo pelo qual a companhia prestava informações ao mercado."

PARTE II
O CONCEITO DE FATO RELEVANTE

CAPÍTULO 4
DEFINIÇÃO LEGAL

12. Sentidos da expressão fato relevante na Lei nº 6.404/76

A LSA utiliza a expressão "fato relevante" ao: (a) disciplinar a obrigação do agente fiduciário de informar os debenturistas; (b) estabelecer a matéria a ser revelada pelos administradores à assembleia geral ordinária; (c) determinar o dever de divulgar ato ou fato relevante ocorrido nos negócios da companhia e (d) delimitar o momento de apuração da titularidade das ações para o exercício do direito de recesso. A expressão "fato relevante" não se refere, contudo, aos mesmos eventos em todas estas normas.

O conceito informação relevante, por sua vez, (i) é empregado na vedação à negociação com valores mobiliários contida no art. 155, §4º da LSA, (ii) integra o tipo penal previsto no art. 27-D da Lei nº 6.385/76 e (iii) a omissão de sua divulgação é causa para a propositura de ação civil pública com fundamento na Lei nº 7.913/89[219].

[219] "Art. 1º Sem prejuízo da ação de indenização do prejudicado, o Ministério Público, de ofício ou por solicitação da Comissão de Valores Mobiliários – CVM, adotará as medidas judiciais necessárias para evitar prejuízos ou obter ressarcimento de danos causados aos titulares de valores mobiliários e aos investidores do mercado, especialmente quando decorrerem de: (...)"
"II – compra ou venda de valores mobiliários, por parte dos administradores e acionistas controladores de companhia aberta, utilizando-se de informação relevante, ainda não divulgada para conhecimento do mercado, ou a mesma operação realizada por quem a detenha em razão de sua profissão ou função, ou por quem quer que a tenha obtido por intermédio dessas pessoas;

O art. 155, §1º, ao impor o dever de sigilo e de não usar a informação "capaz de influir de modo ponderável na cotação de valores mobiliários", não usa as expressões "informação relevante" ou "fato relevante", mas a informação ali mencionada está claramente relacionada àquelas hipóteses.

Inicialmente, convém distinguir entre as hipóteses em que há uso da expressão "fato relevante".

O art. 68, §1º, "b"[220] insere, dentre os deveres do agente fiduciário, o de elaborar anualmente relatório – a ser disponibilizado aos debenturistas no prazo de 4 meses do encerramento do exercício social – no qual devem ser informados fatos relevantes relativos ao cumprimento das obrigações assumidas pela companhia, aos bens dados em garantia e à constituição e aplicação do fundo de amortização. A LSA faz referência, nesta hipótese, a fatos específicos de interesse dos debenturistas[221]. Haverá, por um lado, uma infinidade de fatos relevantes à luz do

"III – omissão de informação relevante por parte de quem estava obrigado a divulgá-la, bem como sua prestação de forma incompleta, falsa ou tendenciosa."

[220] "Art. 68. (...)

"§ 1º São deveres do agente fiduciário:

"(...)

"b) elaborar relatório e colocá-lo anualmente a disposição dos debenturistas, dentro de 4 (quatro) meses do encerramento do exercício social da companhia, informando os fatos relevantes ocorridos durante o exercício, relativos à execução das obrigações assumidas pela companhia, aos bens garantidores das debêntures e à constituição e aplicação do fundo de amortização, se houver; do relatório constará, ainda, declaração do agente sobre sua aptidão para continuar no exercício da função (...)".

[221] A particularidade é mencionada amplamente pela doutrina. De acordo com Beyla Esther Fellous e Carísia Baldioti Salles Vidal Celeste, "[a] expressão "fatos relevantes" diz respeito aos fatos sociais ou econômicos ensejadores de quaisquer modificações no cumprimento das obrigações assumidas pela companhia emissora perante os debenturistas, uma vez que estes ocupam posição de credores da referida sociedade" *(In:* Vidigal, Geraldo de Camargo e Martins, Ives Gandra da Silva. *Comentários à lei das sociedades por ações: Lei nº 6.404, de 15.12.1976, atualizada pela Lei nº 9.457, de 5.5.1997.* Rio de Janeiro: Forense Universitária, 1999, p. 211). José Edwaldo Tavares Borba faz referência a fatos "que possam, pela sua natureza, interessar aos titulares da emissão" (*Das Debêntures*. Rio de Janeiro: Renovar, 2005, p. 170). Roberto Barcellos de Magalhães menciona "os fatos mais importantes verificados no exercício, de interesse dos debenturistas" (*Lei das S/A: comentários por artigo*. V. II. 2ª ed. Rio de Janeiro: Freitas Bastos, 1997, p. 308). Francisco José Pinheiro Guimarães afirma que o relatório deve conter, "no mínimo, as informações relevantes sobre o cum-

art. 157, §4º, mas não para os debenturistas. É possível, por outro lado, um fato ser considerado relevante para o relatório anual elaborado pelo agente fiduciário, mas não para fins de divulgação ao mercado. Porém, na hipótese de intersecção dos requisitos para um e outro fato, seria, em princípio, necessária sua divulgação com fundamento nos dois dispositivos legais (ainda que, pelo lapso eventualmente decorrido entre a divulgação ao mercado e no relatório anual, sua utilidade neste último caso possa ser reduzida).

O fato relevante previsto no art. 157, §4º, porém, é o mesmo cuja divulgação serve como termo para o exercício do direito de recesso (quando realizada antes da convocação da assembleia respectiva), estabelecendo o momento até o qual deverá haver a propriedade das ações, conforme passou a prever o art. 137, §1º[222] da LSA após a reforma promovida pela Lei nº 9.457/97. Neste ponto, o cerne do conceito é a veiculação da informação acerca da futura deliberação que poderá ensejar o recesso – de modo a evitar a aquisição de ações com o fim de exercer o direito de retirada – e não a potencial influência desta decisão nas escolhas dos investidores (embora tal influência possa obviamente ocorrer).

A LSA menciona ainda "fato relevante" ao tratar das informações a serem prestadas pelos administradores na assembleia. Para Nelson Eizirik, a redação da norma poderia "causar interpretação equivocada", pois a divulgação de fatos relevantes deve ser imediata, conforme determina o art. 157, §4º e "não apenas por ocasião da assembleia geral"[223]. Modesto Carvalhosa parece admitir a existência de um tratamento diferenciado para cada uma das hipóteses ao examinar a recusa justificada

primento das obrigações da companhia emissora previstas na escritura de emissão e das garantias prestadas (...)" (*In:* Lamy Filho, Alfredo; Bulhões Pedreira, José Luiz (Coord.). *Direito das companhias.* V. I. Rio de Janeiro: Forense, 2009, p. 628). Nelson Eizirik indica como finalidade do relatório "informar aos debenturistas os fatos relevantes ocorridos com as debêntures durante o exercício (...)" (*A Lei das S/A Comentada.* V. I. São Paulo: Quartier Latin, 2011, p. 420).

[222] "Art. 137 (...)
"§ 1º O acionista dissidente de deliberação da assembléia, inclusive o titular de ações preferenciais sem direito de voto, poderá exercer o direito de reembolso das ações de que, comprovadamente, era titular na data da primeira publicação do edital de convocação da assembléia, ou na data da comunicação do fato relevante objeto da deliberação, se anterior."

[223] *A Lei das S/A Comentada.* V. II. São Paulo: Quartier Latin, 2011, p. 390.

de sua revelação[224]. No entanto, ao defender a publicidade das informações prestadas à assembleia por força do art. 157, §1º – pois a seu ver o fato relevante nas atividades da companhia transcenderia o interesse dos acionistas[225] – adota visão mais consistente com uma equiparação dos conceitos contidos nos dois parágrafos. A distinção entre o fato relevante previsto nos parágrafos primeiro e quarto do art. 157 é expressamente defendida por Luiz Antonio de Sampaio Campos, para quem as informações a serem prestadas à assembleia, "embora não sejam banais, não constituem fatos relevantes para efeitos do §4º do art. 157"[226].

O conceito de fato relevante previsto no art. 157, §4º é mais detalhado e restrito que aquele previsto no art. 157, §1º, "e". A rigor, na medida em que os fatos previstos no §4º devem ser divulgados imediatamente ao público, os fatos relevantes a serem divulgados para a assembleia não serão necessariamente capazes de influenciar a decisão dos investidores de mercado, podendo abranger outros fatos que, não obstante importantes para a companhia e para seus acionistas, não possuam aquele potencial. Nesse sentido, Luiz Antonio de Sampaio Campos estabelece de forma expressa tal distinção e afirma que o fato a ser informado na assembleia "é um fato relevante em grau menor"[227]. Desse modo, a menção a fato relevante neste dispositivo limita a informação a ser prestada pela administração a pedido dos acionistas, sem guardar relação de identidade com o conceito estabelecido no art. 157, §4º.

O art. 155, §1º menciona a vedação ao uso indevido de informação "capaz de influir de modo ponderável na cotação de valores mobiliários". A existência de identidade entre este conceito e o de fato relevante depende da interpretação de um e outro.

[224] "A recusa de informação legalmente admitida refere-se apenas a fatos negociais relevantes, quando solicitada pelos acionistas. Não se refere a informações que espontaneamente devam ser prestadas pelos administradores em face das alterações negociais relevantes na companhia" (*Comentários à Lei de Sociedades Anônimas*, v. 3, 5ª ed. São Paulo: Saraiva, 2011, p. 406).

[225] Carvalhosa, Modesto. *Comentários à Lei de Sociedades Anônimas*, v. 3, 5ª ed. São Paulo: Saraiva, 2011, p. 405.

[226] *In:* Lamy Filho, Alfredo; Bulhões Pedreira, José Luiz (Coord.). *Direito das companhias*. Rio de Janeiro: Forense, 2009, p. 1176.

[227] *In:* Lamy Filho, Alfredo; Bulhões Pedreira, José Luiz (Coord.). *Direito das companhias*. Rio de Janeiro: Forense, 2009, pp. 1175-1176.

Na Itália, onde a legislação nacional (seguindo a diretriz comunitária) adota também dois conceitos, Jaeger *et al.* apontam a inconveniência do excesso de definições e a possibilidade de um fato ser considerado relevante para fins de divulgação, mas não para fins de negociação vedada[228]. A CVM já decidiu serem sinônimos os conceitos do art. 155, §4º e do art. 13 da Instrução CVM nº 358 – este último mais próximo do contido no art. 157, §4º[229].

Menção à informação relevante consta ainda da Instrução CVM nº 400, no contexto da disciplina do prospecto, cujo conceito já se afirmou ser diferente do estabelecido no âmbito do dever de divulgar ora examinado[230]. O estudo proposto neste capítulo a respeito do conceito de fato relevante procura contribuir para a solução destes potenciais conflitos.

[228] JAEGER, Pier Giusto; DENOZZA, Francesco e TOFFOLETTO, Alberto. *Appunti di Diritto Commerciale. I – Impresa e Società*. 6ª ed. Milano: Giuffrè, 2006, pp. 433-434.

[229] "27. Quanto ao elemento da existência de fato relevante, convém reler as normas dos arts. 155, § 4º, da Lei 6.404/76, e do art. 13 da Instrução CVM 358: a primeira norma exige *"a utilização de* informação relevante *ainda não divulgada"* para a verificação do ilícito; a segunda, proíbe a negociação antes da *"divulgação ao mercado* de ato ou fato relevante *ocorrido nos negócios da companhia"*.

"28. As expressões, a meu ver, apesar da aparência mais específica da norma regulamentar, e mais genérica do tipo legal, devem ser tomadas como sinônimas, significando a vedação de negociar quando se está de posse de uma informação (i) relevante, no sentido de substancial (ou material, para homenagear o anglicismo tão em voga), porque capaz de influenciar, potencialmente, a cotação dos valores mobiliários de uma sociedade, e (ii) não divulgada, no sentido de que ainda não tornada pública, confirmada, pelo emissor ou terceiros que com ele se relacionem." (Voto do Diretor Relator Marcelo Trindade no PAS CVM nº 04/04, j. em 28.06.2006.)

[230] Nesse sentido manifesta-se Aline Menezes dos Santos Aragão: "Como se sabe, a Instrução CVM nº 358, de 3.1.2002, busca estabelecer o que se deve entender por "fato" ou "informação relevante", mas esse conceito está voltado para as negociações realizadas com valores mobiliários em mercados secundários, não se aplicando, em princípio, às distribuições públicas primárias ou secundárias. Mesmo o conceito da Instrução CVM nº 358 envolve um juízo subjetivo relativamente à relevância da informação, que, no caso da norma, é feito primeiramente pelo diretor de relações com investidores da companhia." (*Responsabilidade administrativa e civil do ofertante e do intermediário pelo conteúdo do prospecto. In:* ADAMEK, Marcelo Vieira Von (Coord.). *Temas de Direito Societário e Empresarial Contemporâneos*. São Paulo: Malheiros, 2011, p. 251).

13. A definição legal

No direito brasileiro, a divulgação de informações pelas sociedades por ações já havia sido disciplinada, de forma embrionária, tanto no Decreto-lei nº 2.627/40[231], antecessor da LSA, quanto na Lei nº 4.728/65, que regulou o mercado de capitais.

A Lei nº 4.728/65 atribuiu ao CMN competência para disciplinar a divulgação de informações pelas companhias com títulos negociados em bolsas de valores (art. 20[232]), e ao Banco Central para fiscalizar a observância de tais normas e a utilização de informações não divulgadas ao público (art. 3º[233]).

[231] Regras impondo a publicidade de atos, a prestação de informações a acionistas e mesmo criminalizando a promoção de falsa cotação das ações podem ser identificadas em leis anteriores ao Decreto-lei nº 2.627/40 (por exemplo, nos arts. 3º, 6º, 16 e 27 da Lei nº 3.150 de 1882). Neste capítulo, são abordadas apenas as leis imediatamente anteriores às de 1976, nas quais concentra-se este trabalho.

[232] "Art. 20. Compete ao Conselho Monetário Nacional expedir normas gerais sôbre o registro referido no inciso II do artigo anterior, e relativas a:
"I – informações e documentos a serem apresentados para obtenção do registro inicial;
"II – informações e documentos a serem apresentados periòdicamente para a manutenção do registro;
"III – casos em que o Banco Central poderá recusar, suspender ou cancelar o registro.
"§ 1º Caberá ainda ao Conselho Monetário Nacional expedir normas a serem observadas pelas pessoas jurídicas referidas neste artigo, e relativas a:
"a) natureza, detalhe e periodicidade da publicação de informações sôbre a situação econômica e financeira da pessoa jurídica, suas operações, administração e acionistas que controlam a maioria do seu capital votante;
(...)"

[233] "Art. 3º Compete ao Banco Central:
(...)
"VII – fiscalizar a observância, pelas sociedades emissôras de títulos ou valôres mobiliários negociados na bôlsa, das disposições legais e regulamentares relativas a:
"a) publicidade da situação econômica e financeira da sociedade, sua administração e aplicação dos seus resultados;
"b) proteção dos interêsses dos portadores de títulos e valôres mobiliários distribuídos nos mercados financeiro e de capitais.
(...)
"X – fiscalizar a utilização de informações não divulgadas ao público em benefício próprio ou de terceiros, por acionistas ou pessoas que, por fôrça de cargos que exerçam, a elas tenham acesso."

A definição de fato relevante, porém, só veio a ser estabelecida pela primeira vez na Resolução CMN nº 88, de 1968, podendo ser considerada "o nascedouro, no campo legislativo, do hoje denominado 'fato relevante"[234]. A referida Resolução condicionava o registro perante o Banco Central - necessário para negociação em bolsa - à assunção do compromisso de revelar prontamente ao público elementos relevantes que pudessem "afetar os preços dos títulos ou valores mobiliários de sua emissão ou influenciar as decisões dos investidores".

As exigências regulamentares da época, porém, não influenciaram o comportamento dos administradores. As funções atribuídas ao Banco Central teriam crescido sem o necessário ajuste em sua estrutura administrativa e, como menciona Nelson Eizirik, a regulação competia a diversas autoridades daquela autarquia, incluindo o Presidente e o Diretor de Mercado de Capitais, o Gerente de Mercado de Capitais e o Inspetor de Mercado de Capitais[235].

Em 1970 foi editada a Lei nº 5.589 determinando - diretamente e por meio de alterações ao Decreto-Lei nº 2.627/40 (que então regia as sociedades por ações) - a disponibilização de informações adicionais pelas companhias registradas em bolsa, com o que teria começado a se "reduzir a distância entre a realidade normal do Banco Central e a realidade do nosso dia a dia."[236]

A LSA tratou expressamente da matéria no art. 157, §4º, ao determinar a imediata divulgação de "*qualquer deliberação da assembléia-geral ou dos órgãos de administração da companhia, ou fato relevante ocorrido nos seus negócios, que possa influir, de modo ponderável, na decisão dos investidores do mercado de vender ou comprar valores mobiliários emitidos pela companhia*".

[234] PROENÇA, José Marcelo Martins. *Insider Trading: regime jurídico do uso de informações privilegiadas no mercado de capitais*. São Paulo: Quartier Latin, 2005, p. 276.

[235] EIZIRIK, Nelson. *O papel do Estado na Regulação do Mercado de Capitais*. Rio de Janeiro: IBMEC, 1977, pp. 129-130.

[236] TRUBEK, David M.; VIEIRA, Jorge Hilário Gouvêa; SÁ, Paulo Fernandes de. *Direito, Planejamento e Desenvolvimento do Mercado de Capitais Brasileiro (1965-1970)*. 2ª ed. José Rodrigo Rodriguez (org.). São Paulo: Saraiva, 2011, p. 179. A obrigação de "remeter às entidades junto às quais mantenham registro, até 30 (trinta) dias após o encerramento do primeiro e segundo semestres do seu exercício anual, um balanço econômico-financeiro provisório, demonstrativo dos resultados, com esclarecimentos necessários, que serão afixados pelas Bolsas" foi uma das disposições da referida Lei.

A Lei nº 6.385/76 adotou essencialmente a mesma redação (exceto pelas diferenças referidas no item 10 *supra*) ao determinar a competência da CVM para expedir normas a respeito da matéria[237].

A Comissão de Valores Mobiliários disciplinou a matéria inicialmente por meio da Instrução CVM nº 31/84, posteriormente revogada pela Instrução CVM nº 358/02, que por sua vez foi substituída pela Resolução CVM nº 44/21.

Nos próximos capítulos o conceito de fato relevante será examinado a partir dos seus elementos constitutivos. Tendo em vista a definição adotada pela LSA, serão analisados os conceitos de investidor de mercado, influência ponderável na decisão de investimento e fato ocorrido nos negócios da companhia. Antes disto, porém, convém examinar brevemente como a matéria é tratada no direito comparado.

14. Origens: a construção do conceito no direito norte-americano

A definição de fato relevante adotada pelo direito brasileiro inspira-se no conceito empregado pelo Direito norte-americano[238], notadamente no conceito de *material fact* da regra 10 b-5 da SEC[239]. A regra norte-

[237] "Art. 22. Considera-se aberta a companhia cujos valores mobiliários estejam admitidos à negociação na bolsa ou no mercado de balcão.

"§ 1º Compete à Comissão de Valores Mobiliários expedir normas aplicáveis às companhias abertas sobre:

(...)

"VI – a divulgação de deliberações da assembléia-geral e dos órgãos de administração da companhia, ou de fatos relevantes ocorridos nos seus negócios, que possam influir, de modo ponderável, na decisão dos investidores do mercado, de vender ou comprar valores mobiliários emitidos pela companhia;"

[238] A referência é recorrente, cf., por exemplo, Eizirik, Nelson *et al. Mercado de capitais – regime jurídico.* 3ª ed. Rio de Janeiro: Renovar, 2011, p. 485. Há quem identifique a inspiração para a norma no art. 94 do Código Civil então vigente (Papini, Roberto. *Sociedade Anônima e Mercado de Valores Mobiliários.* 2ª ed. Rio de Janeiro: Forense, 1988, p. 230). Dispunha o referido artigo que: "Art. 94. Nos atos bilaterais o silêncio intencional de uma das partes a respeito de fato ou qualidade que a outra parte haja ignorado, constitui omissão dolosa, provando-se que sem ela se não teria celebrado o contrato".

[239] "10b-5 Employment of manipulative and deceptive devices.

"It shall be unlawful for any person, directly or indirectly, by the use of any means or instrumentality of interstate commerce, or of the mails or of any facility of any national securities exchange,

"(a) To employ any device, scheme, or artifice to defraud,

-americana não impõe um dever de divulgar autônomo, buscando na verdade coibir práticas fraudulentas, e tampouco define o *material fact*, o que foi feito pela jurisprudência. Como mencionam Loss e Seligman, a partir de reduzida matéria-prima muito foi elaborado por meio da interação entre as normas legais, as regras administrativas e a jurisprudência[240].

No Estados Unidos, equivale ao conceito informação relevante o de *material information*. O conceito de *materiality*, já se disse alhures, é o "nome do jogo" para o advogado do mercado de valores mobiliários[241].

Materiality é adjetivo que corresponde à qualidade de ser *material*, no sentido de relevante. Em português, pode ser traduzido, como fez a LSA, por relevância, mas a referência a materialidade não é incomum, e diversas normas contábeis, incluindo o Pronunciamento Conceitual Básico (R1) – Estrutura Conceitual para Elaboração e Divulgação de Relatório Contábil-Financeiro[242], mencionam materialidade neste sentido.

"(b) To make any untrue statement of a material fact or to omit to state a material fact necessary in order to make the statements made, in the light of the circumstances under which they were made, not misleading, or

"(c) To engage in any act, practice, or course of business which operates or would operate as a fraud or deceit upon any person, in connection with the purchase or sale of any security."

[240] "(...) it is difficult to think of another instance in the entire *corpus juris* in which the interaction of the legislative, administrative rulemaking, and judicial processes has produced so much from so little" (LOSS, Louis; SELIGMAN, Joel. *Fundamentals of securities regulation*. 5ª ed. Aspen, 2004, p. 936).

[241] JENNINGS, Richard W.; MARSH JR., Harold. *Securities Regulation: Cases and Materials* 1023 (5ª ed. 1982) *apud* HAZEN, Thomas Lee. *The Law of Securities Regulation*. 6ª ed. West, 2009, p. 460.

[242] "Materialidade

"QC11. A informação é material se a sua omissão ou sua divulgação distorcida (misstating) puder influenciar decisões que os usuários tomam com base na informação contábil-financeira acerca de entidade específica que reporta a informação. Em outras palavras, a materialidade é um aspecto de relevância específico da entidade baseado na natureza ou na magnitude, ou em ambos, dos itens para os quais a informação está relacionada no contexto do relatório contábil-financeiro de uma entidade em particular. Consequentemente, não se pode especificar um limite quantitativo uniforme para materialidade ou predeterminar o que seria julgado material para uma situação particular."

A *materiality* se coloca como ponto fulcral da informação desde o registro inicial da companhia e de ofertas até a prática de *insider trading*, passando pela disciplina da solicitação de procurações.

O caso paradigmático na definição do conceito de *material information* analisou a informação a ser divulgada na solicitação de procuração. Trata-se do julgamento pela Suprema Corte em TSC Industries, Inc. v. Northway, Inc. (426 U.S. 438).

O fundador e principal acionista da TSC Industries, Inc. ("TSC"), Charles E. Schmidt alienou, em fevereiro de 1969, em conjunto com seus familiares, ações para a National Industries Inc. ("National"), renunciando, com seu filho, ao cargo de administrador da companhia. A National indicou cinco membros para o conselho de administração da TSC. Em outubro do mesmo ano, o conselho de administração aprovou proposta para liquidar e vender os bens da TSC para a National. No mês seguinte, TSC e National formularam pedido público de procuração aos seus acionistas, recomendando a aprovação daquela proposta, o que ao final ocorreu.

Um acionista da TSC (a Northway, Inc.) propôs ação judicial contra TSC e National, alegando serem substancialmente incompletas e enganadoras as informações do pedido de procuração, notadamente em razão da omissão a respeito da alienação das ações do Sr. Charles E. Schmidt e do consequente grau de controle da National sobre a TSC.

Naquele caso, o Tribunal *a quo* havia definido como fato relevante aqueles que um investidor razoável pudesse considerar importantes ("all facts which a reasonable shareholder might consider important")[243].

Para a Suprema Corte, não seria suficiente a mera possibilidade de o fato ser considerado importante, era preciso haver substancial probabilidade de o investidor considerar aquela informação ao decidir como votar ("an omitted fact is material if there is a substantial likelihood that a reasonable shareholder would consider it important in deciding how

[243] De acordo com o relato na decisão da Suprema Corte: "(...) The District Court denied respondent's motion for summary judgment, but the Court of Appeals reversed, holding that the claimed omissions of fact were material as a matter of law, and defining material facts as 'all facts which a reasonable shareholder might consider important."

to vote"), ainda que não necessariamente para alterar o sentido de seu voto[244].

O mesmo conceito de *materiality* foi adotado, já no campo específico de negociações com valores mobiliários (e não de exercício do direito de voto) no caso Basic Inc. v. Levinson (485 U.S. 224), julgado pela Suprema Corte em 1988.

Diversos outros julgamentos delimitaram o conceito de fato relevante, e serão referidos no momento em que o conceito for analisado.

Assim como o Brasil, outros países buscaram inspiração na prática norte-americana para conceituar a informação relevante, e não obstante compartilhem a mesma fonte, disciplinam alguns aspectos específicos de forma mais detalhada. Será feita referência a tais definições quando úteis à investigação do conceito no Brasil. Para contextualizar estas regras é útil realizar um exame, ainda que superficial, da forma de regulação da matéria nas jurisdições onde se encontram as maiores bolsas de valores do mundo. No caso particular da União Europeia, considerando que as legislações nacionais devem observar as balizas estabelecidas pela legislação comunitária, será feita uma breve exposição das diretivas relativas ao assunto.

15. União Europeia

O Direito Comunitário Europeu contemplou em diversas diretivas, emitidas desde 1979, regras relativas ao mercado de capitais[245]. A Diretiva 79/279/CEE, "relativa à coordenação das condições de admissão de

[244] "1. The general standard of materiality best comporting with Rule 14a-9's policies is not the standard applied by the Court of Appeals but is as follows: An omitted fact is material if there is a substantial likelihood that a reasonable shareholder would consider it important in deciding how to vote. This standard is fully consistent with the general description of materiality as a requirement that 'the defect have a significant propensity to affect the voting process.' Mills v. Electric Auto-Lite Co., 396 U.S. 375, 384. It does not require proof of a substantial likelihood that disclosure of the omitted fact would have caused the reasonable investor to change his vote, but contemplates a showing of a substantial likelihood that, under all the circumstances, the omitted fact would have assumed actual significance in the reasonable shareholder's deliberations."

[245] Para referência às primeiras regras editadas a respeito da matéria e, em particular, a respeito da repressão ao *insider trading*, cf. Proença, José Marcelo Martins. *Insider Trading: regime jurídico do uso de informações privilegiadas no mercado de capitais*. São Paulo: Quartier Latin, 2005, pp. 242-245.

valores mobiliários à cotação oficial de uma bolsa de valores" estabelecia – de forma semelhante com o que ocorre no Brasil a partir da Instrução CVM nº 480 – dois esquemas de regras, conforme as companhias tivessem ações ou títulos de dívida admitidos à negociação (art. 4º, 1).

O Esquema "C" da Diretiva dispunha sobre as "obrigações da Sociedade cujas acções são admitidas à cotação oficial numa bolsa de valores" e seu item 5, "a", incluía, dentre as informações suplementares, o dever de informar fatos com o potencial de "provocar uma variação importante do valor das suas acções." Obrigação semelhante era imposta no âmbito das companhias emitentes de títulos de dívida, mas em relação a informações "susceptíveis de afectar de modo significativo a sua capacidade de responder aos seus compromissos".

Em 2000 o Conselho Europeu instituiu o Comitê de Sábios sobre a regulamentação dos mercados europeus de valores mobiliários. O Relatório Final do Comitê, conhecido como Relatório Lamfalussy – por referência ao seu Presidente –, propôs a regulação do mercado de valores mobiliários no âmbito europeu seguindo uma estrutura de quatro níveis na especificidade das normas a serem editadas. Uma das conclusões do Relatório Lamfalussy, em relação às obrigações de divulgar fato relevante, foi a existência de falha da regulação neste aspecto, pois as regras variavam muito entre os Estados membros e frequentemente mais informações a respeito de companhias europeias estariam disponíveis nos Estados Unidos do que na Europa.

Um dos frutos do Relatório Lamfalussy e das iniciativas posteriores foi a edição da Diretiva nº 2003/6/CE, "relativa ao abuso de informação privilegiada e à manipulação de mercado (abuso de mercado)".

O considerando 16[246] da Diretiva nº 2003/6/CE contém o conceito de informação privilegiada, detalhado pelo art. 1º, 1 a partir da divisão em três categorias distintas: no sentido tradicional de informação rela-

[246] "(16) Informação privilegiada é toda a informação com carácter preciso, que não tenha sido tornada pública e diga respeito, directa ou indirectamente, a um ou mais emitentes de instrumentos financeiros ou a um ou mais instrumentos financeiros. Uma informação, que possa ter um efeito significativo sobre a formação e evolução dos preços de um mercado regulamentado enquanto tal, poderá ser considerada como uma informação indirectamente relacionada com um ou mais emitentes de instrumentos financeiros ou com um ou mais instrumentos financeiros derivados com eles relacionados."

cionada ao emissor ou a seus títulos[247], especificamente em relação a instrumentos financeiros derivativos de mercadorias[248] e em relação às informações dos intermediários a respeito das operações de seus clientes[249].

No mesmo ano foi aprovada a Diretiva 2003/124/CE, que estabeleceu as modalidades de aplicação da Diretiva 2003/6/CE especificamente quanto à definição e divulgação de informações relevantes. O art. 1º, 1 da Diretiva procurou definir o caráter preciso da informação, fazendo referência a fatos ocorridos ou razoavelmente previsíveis[250]. O nº 2 do mesmo artigo delimitou o conceito por meio da menção ao uso por um investidor razoável[251].

[247] "1. «Informação privilegiada», toda a informação com carácter preciso, que não tenha sido tornada pública e diga respeito, directa ou indirectamente, a um ou mais emitentes de instrumentos financeiros ou a um ou mais instrumentos financeiros e que, caso fosse tornada pública, seria susceptível de influenciar de maneira sensível o preço desses instrumentos financeiros ou dos instrumentos financeiros derivados com eles relacionados."

[248] "1. «Informação privilegiada» (...)
"Em relação aos instrumentos derivados sobre mercadorias, entende-se por «informação privilegiada» toda a informação com carácter preciso, que não tenha sido tornada pública e diga respeito, directa ou indirectamente, a um ou mais desses instrumentos derivados e que os utilizadores dos mercados em que esses instrumentos derivados são negociados esperariam receber em conformidade com práticas de mercado aceites nesses mercados."

[249] "1. «Informação privilegiada» (...)
"No caso das pessoas encarregadas da execução de ordens relativas a instrumentos financeiros, a expressão «informação privilegiada» significa também a informação veiculada por clientes e relativa a ordens pendentes dos mesmos, de natureza precisa, directa ou indirectamente relacionada com um ou mais emissores de instrumentos financeiros ou com um ou mais instrumentos financeiros e que, caso fosse tornada pública, seria susceptível de influenciar de maneira sensível o preço desses instrumentos financeiros ou dos instrumentos financeiros derivados com eles relacionados."

[250] "1. Para efeitos de aplicação no disposto no nº 1 do artigo 1º da Directiva 2003/6/CE, considera-se que uma informação possui um carácter preciso se fizer referência a um conjunto de circunstâncias existentes ou razoavelmente previsíveis ou a um acontecimento já ocorrido ou razoavelmente previsível e se essa informação for suficientemente precisa para permitir retirar uma conclusão quanto ao eventual efeito desse conjunto de circunstâncias ou acontecimentos a nível dos preços dos instrumentos financeiros ou dos instrumentos financeiros derivados com eles relacionados."

[251] "2. Para efeitos de aplicação do nº 1 do artigo 1º da Directiva 2003/6/CE, entende-se por «informação que, caso fosse tornada pública, seria susceptível de influenciar de maneira sensível o preço dos instrumentos financeiros ou dos instrumentos financeiros derivados

O significado da expressão "investidor razoável" suscita divergências na Europa como em outras jurisdições. Em 2007 o European Securities Markets Expert Group – ESME apresentou considerações a respeito da necessidade de melhor definição do conceito em relatório com uma primeira avaliação da Diretiva Market Abuse e sua implementação pelos Estados membros. Segundo o referido relatório, alguns reguladores interpretaram ser relevante a informação que afetasse a decisão de investimento de qualquer investidor individual, e tal interpretação não refletiria a menção à razoabilidade[252].

O elevado número de definições em diferentes normas gerou mais problemas que soluções, como expõem Jaeger *et al.*[253]. Nesse contexto, a implementação das regras das Diretivas no âmbito europeu tem sido marcada por inconsistências. Enquanto um único conceito de informação privilegiada foi transposto para a regulação francesa, italiana e alemã, mas com divergências na sua implementação, na Espanha há dis-

com eles relacionados», a informação que um investidor razoável utilizaria normalmente para basear em parte as suas decisões de investimento."

[252] "3.2. Definition (or definitions) of inside information: the reasonable investor test

"One of the conditions in order for a piece of information to be "inside" is that such piece of information is "likely to have a significant effect on the price". Level 2 directive 2003/124/EC specifies that this condition is met whenever a reasonable investor would use the information as part of the basis of his investment decision.

"Regulators have shown divergence of opinion as to the level at which inside information would be used by a reasonable investor in his investment decision-taking. One approach appears to be that information that may affect any individual investor's investment decision will be significant enough to require a regulatory release; this approach does not reflect the need for a "reasonableness" element in that decision. As a matter of fact, the reasonable investor test should be a criterion to distinguish between information that could be material for the market, that has to be disclosed, and non-material information that, if disclosed, could mislead the market. Therefore further guidance as to how to apply the "reasonable" investor test could be helpful to all market participants involved in making these determinations. The CESR level 3-draft guidance does not seem to properly address this issue in that it mostly relies upon historical precedents regarding the issuer.

"Suggested solution: Level 3 guidance should provide further indication on the "reasonableness" criterion. A professional investor test may be adopted as the relevant benchmark since it would provide a more suitable benchmark when assessing whether a piece of information would be appreciated by the market as a determinant of an investment decision."

[253] Jaeger, Pier Giusto; Denozza, Francesco e Toffoletto, Alberto. *Appunti di Diritto Commerciale. I – Impresa e Società*. 6ª ed. Milano: Giuffrè, 2006, p. 433.

tinção entre *información privilegiada*, para fins de *insider trading*, e *información relevante*, para fins de divulgação, e a Inglaterra apresentaria uma composição daqueles conceitos[254]. Em 2009 foram submetidas a consulta pública algumas questões relativas à eventual revisão da Diretiva nº 2003/6/CE, tendo sido mencionado que dificuldades surgiram da adoção do mesmo conceito de informação privilegiada para fins de coibir o *insider trading* e determinar a divulgação de informação, mas ressalvou-se expressamente não cogitar a alteração destes conceitos.

A Diretiva 2003/6/CE e suas medidas de execução, incluindo a citada Diretiva 2003/124/CE, foram revogadas pelo Regulamento EU nº 596/2014, de 16 de abril de 2014, e que entrou em vigor em 3 de julho de 2016. O artigo 7º do Regulamento conceitua informação privilegiada, recorrendo aos mesmos elementos fundamentais da legislação anterior: "informação com caráter preciso", não pública, e "idónea para influenciar de maneira sensível o preço"[255].

[254] Di Noia, Carmine; Gargantini, Matteo. *The Market Abuse Directive Disclosure Regime in Practice: Some Margins for Future Actions. In*: *Rivista delle Società*. nº 4/2009, 2009, pp. 801-805.

[255] "Artigo 7º

"Informação privilegiada

"1. Para efeitos do presente regulamento, a informação privilegiada engloba os seguintes tipos de informação:

"a) A informação com caráter preciso, que não tenha sido tornada pública e diga respeito, direta ou indiretamente, a um ou mais emitentes ou a um ou mais instrumentos e que, caso fosse tornada pública, seria idónea para influenciar de maneira sensível o preço desses instrumentos financeiros ou dos instrumentos financeiros derivados com eles relacionados;

"b) Em relação aos instrumentos derivados sobre mercadorias, toda a informação com caráter preciso que não tenha sido tornada pública e diga respeito, direta ou indiretamente, a um ou mais desses instrumentos derivados ou diga respeito diretamente ao contrato de mercadorias à vista com eles relacionado e que, caso fosse tornada pública, seria idónea para influenciar de maneira sensível o preço desses instrumentos derivados ou contratos de mercadorias à vista e se trate de informação que deveria normalmente ser divulgada ou que deve ser divulgada por força das disposições jurídicas ou regulamentares a nível da União ou a nível nacional, das regras do mercado, dos contratos, das práticas ou dos usos existentes nos mercados de derivados sobre mercadorias ou nos mercados à vista em causa;

"c) Em relação às licenças de emissão ou aos produtos leiloados com base nas mesmas, toda a informação com caráter preciso, que não tenha sido tornada pública e diga respeito, direta ou indiretamente, a um ou mais desses instrumentos e que, caso fosse tornada pública, seria idónea para influenciar de maneira sensível o preço desses instrumentos ou dos instrumentos financeiros derivados com eles relacionados;

"d) No caso das pessoas encarregadas da execução de ordens relativas a instrumentos financeiros, a expressão «informação privilegiada» significa também a informação veiculada por clientes e relativa a ordens pendentes dos mesmos respeitantes a instrumentos financeiros, de caráter preciso, direta ou indiretamente relacionada com um ou mais emitentes ou com um ou mais instrumentos financeiros e que, caso fosse tornada pública, seria idónea para influenciar de maneira sensível o preço desses instrumentos financeiros, dos contratos de mercadorias à vista conexos, ou dos instrumentos financeiros derivados com eles relacionados.

"2. Para efeitos do disposto no nº 1, considera-se que uma informação possui um caráter preciso se fizer referência a um conjunto de circunstâncias existentes ou razoavelmente previsíveis ou a um acontecimento já ocorrido ou razoavelmente previsível e se essa informação for suficientemente específica para permitir retirar uma conclusão quanto ao eventual efeito desse conjunto de circunstâncias ou acontecimentos a nível dos preços dos instrumentos financeiros ou dos instrumentos financeiros derivados com eles relacionados, dos contratos de mercadorias à vista com eles relacionados ou dos produtos leiloados com base nas licenças de emissão. Neste contexto, no caso de um processo continuado no tempo destinado a concretizar ou provocar uma determinada circunstância ou acontecimento, não só essa circunstância ou acontecimento futuros podem constituir informação com um caráter preciso como também os passos intermédios desse processo que estão relacionados com a concretização dessa circunstância ou acontecimento futuros.

"3. Um passo intermédio num processo continuado no tempo pode constituir informação privilegiada se, por si só, cumprir os requisitos da informação privilegiada referidos no presente artigo.

"4. Para efeitos de aplicação do disposto no n.o 1, entende-se por informação que, caso fosse tornada pública, seria idónea para influenciar de maneira sensível o preço dos instrumentos financeiros, dos instrumentos financeiros derivados, dos contratos de mercadorias à vista com eles relacionados ou dos produtos leiloados com base nas licenças de emissão, a informação que um investidor razoável utilizaria normalmente para fundamentar em parte as suas decisões de investimento. No caso de participantes no mercado das licenças de emissão com emissões agregadas ou potência térmica nominal no limiar estabelecido ou abaixo deste, nos termos do artigo 17º, nº 2, segundo parágrafo, deve considerar-se que a informação sobre as suas operações físicas não influencia de maneira sensível o preço das licenças de emissão, dos produtos leiloados baseados nestas ou nos preços dos instrumentos financeiros derivados.

"5. A ESMA deve emitir orientações que estabeleçam uma lista indicativa não exaustiva de informação que deveria normalmente ser divulgada ou que deve ser divulgada por força das disposições jurídicas ou regulamentares da legislação da União ou nacional, das regras do mercado, dos contratos, das práticas ou dos usos existentes nos mercados de derivados relativos a mercadorias ou nos mercados à vista em causa referidos no presente artigo, n.o 1, alínea b). A ESMA deve ter devidamente em conta as especificidades desses mercados."

16. Canadá

O Canadá apresenta uma estrutura particular na regulação do mercado de valores mobiliários, sendo uma das poucas economias de grande porte a não contar com uma autoridade reguladora federal. O Governo procurou implementar uma autoridade federal, mas a Suprema Corte canadense considerou que tal iniciativa seria inconstitucional. As autoridades Estaduais de Valores Mobiliários, organizadas na CSA - Canadian Securities Administrators, editam em conjunto regulamentos uniformes para disciplinar o mercado, e o dever de divulgar é tratado na National Policy 51-201 - *Disclosure Standards* (2002), 25 OSCB 4492 ("NP 51-201").

Desde 1999 as negociações de "senior equities" (ações de companhias estabelecidas) ocorrem unicamente na Toronto Stock Exchange. Ações de companhias em estágio inicial de crescimento (*junior equities*) são negociadas na TSX Venture Exchange[256].

O Business Corporation Act veda a prática do *insider trading*, fazendo menção à informação que "might reasonably be expected to affect materially the value of any of the securities of the corporation"[257]. O dever de divulgar fato relevante, por sua vez, é imposto pelas legislações estaduais de valores mobiliários.

A lei de Ontário determina a imediata divulgação de uma mudança relevante nos negócios da companhia[258]. O art. 1(1) da lei apresenta as

[256] TMX Group Anual Report 2011, disponível em http://www.tmx.com/en/pdf/TMXGroup2011AnnualReport.pdf, acesso em 17.fev. 2013.

[257] "131. (...)

"(4) An insider who purchases or sells a security of the corporation with knowledge of confidential information that, if generally known, might reasonably be expected to affect materially the value of any of the securities of the corporation is liable to compensate the seller of the security or the purchaser of the security, as the case may be, for any damages suffered by the seller or purchaser as a result of the purchase or sale, unless the insider establishes that

"(*a*) the insider reasonably believed that the information had been generally disclosed;

"(*b*) the information was known, or ought reasonably to have been known, by the seller or purchaser; or

"(*c*) the purchase or sale of the security took place in the prescribed circumstances."

[258] "*Publication of material change*

"75. (1) Subject to subsection (3), where a material change occurs in the affairs of a reporting issuer, it shall forthwith issue and file a news release authorized by a senior officer dis-

definições e conceitua "Material change" – quando utilizado em relação a um emissor de valores mobiliários (excluídos os fundos de investimento) – como "a change in the business, operations or capital of the issuer that would reasonably be expected to have a significant effect on the market price or value of any of the securities of the issuer"[259].

A citada lei conceitua também "material fact" – quando usado em relação a valores mobiliário emitidos ou cuja emissão foi proposta – como "a fact that would reasonably be expected to have a significant effect on the market price or value of the securities". A menção tanto a *price* quanto a *value* destina-se a abordar a questão quanto à informação precisar ter efetiva influência nas cotações de mercado, retomada adiante neste trabalho. O art. 56 (1) determina que o prospecto deve conter a divulgação completa, verdadeira e clara de todos os "material facts" relativos aos respectivos valores mobiliários[260].

A definição de fato relevante como aquele com potencial impacto no preço dos valores mobiliários é adotada pelos demais Estados do Canadá, com exceção de Québec, que teria adotado a referência à decisão do investidor razoável, conforme registrado na NP 51-201[261].

A relevância da distinção entre *material fact* e *material change* foi destacada na Decisão da Comissão de Valores Mobiliários de Ontário no caso Coventree Inc., julgado em 28.09.2011, em que foi mencionada a maior abrangência do conceito de "material fact" *vis-à-vis* o de "material

closing the nature and substance of the change. R.S.O. 1990, c. S.5, s. 75 (1); 1994, c. 11, s. 349."

[259] A definição contém um segundo elemento especificando que também caracterizará "material change" uma decisão tomada por administradores que acreditam ser provável sua confirmação pelo conselho de administração: "(ii) a decision to implement a change referred to in subclause (i) made by the board of directors or other persons acting in a similar capacity or by senior management of the issuer who believe that confirmation of the decision by the board of directors or such other persons acting in a similar capacity is probable (...)".

[260] *"Full, true and plain disclosure required*

"56. (1) A prospectus shall provide full, true and plain disclosure of all material facts relating to the securities issued or proposed to be distributed and shall comply with the requirements of Ontario securities law. R.S.O. 1990, c. S.5, s. 56 (1); 1994, c. 11, s. 367."

[261] Conforme o art. 5º da *Loi sur les Valeurs Mobilières,* "«information privilégiée»: toute information encore inconnue du public et susceptible d'affecter la décision d'un investisseur raisonnable;"

change", dado que nem todos os fatos relevantes decorrem de mudanças nos negócios, operações ou no capital do emissor[262].

17. Austrália

Na Austrália, a supervisão do mercado de valores mobiliários é conduzida pela Australian Securities & Investments Commission – ASIC, que fiscaliza o cumprimento, dentre outras normas, do *Corporations Act 2001* e do *Australian Securities and Investments Commission Act 2001.*

O *Corporations Act* de 2001 impõe a obrigação de divulgar a informação que uma pessoa razoável anteciparia produzir efeito relevante no valor ou no preço dos valores mobiliários. Segundo a Seção 677 uma pessoa razoável deveria esperar efeito relevante no preço – em razão da divulgação de determinada informação – se esta influenciasse ou provavelmente pudesse influenciar pessoas que normalmente investem em valores mobiliários na sua decisão de comprar ou vender[263].

O dever de divulgar fatos relevantes é disciplinado também pelas regras de listagem da Australian Securities Exchange – ASX e objeto específico da Guidance Note nº 8[264]. De acordo com a atual redação da Guidance Note nº 8 o conceito de investidor razoável seria indicativo de uma avaliação objetiva[265]. No capítulo 5 a indicação de avaliação objetiva será retomada.

[262] "[148] The definition of "material fact" is broader than that of "material change". Not all material facts will arise from a "change in the business, operations or capital of the issuer". This distinction is fundamental to the application of section 75 of the Act, which applies only to material changes, and is a key consideration in this proceeding."

[263] *"677 Sections 674 and 675 – material effect on price or value*
"For the purposes of sections 674 and 675, a reasonable person would be taken to expect information to have a material effect on the price or value of ED securities of a disclosing entity if the information would, or would be likely to, influence persons who commonly invest in securities in deciding whether to acquire or dispose of the ED securities."

[264] A referida norma foi revisada diversas vezes (em 1998, 2001, 2002, 2003, 2005, 2013, 2014, 2015, 2016, 3 vezes em 2018, 2019, 2020 e 2021), a última revisão consultada quando da primeira edição havia sido feita em 01 de maio de 2013, por ocasião da segunda edição a última revisão é de 6 de maio de 2021.

[265] "The reasonable person test is an objective one. It is to be judged from the perspective of an independent and judicious bystander and not from the perspective of someone whose interests are aligned with the listed entity or with the investment community."

Na Guidance Note nº 8 a ASX destacou ainda a relevância da menção feita pela norma ao termo "reasonable person", no sentido de que o critério de julgamento deve ser baseado em uma pessoa sem interesses particulares seja para com o emissor seja para com os investidores.

18. Japão

No Japão, a Lei de Instrumentos Financeiros e Bolsas determina às companhias a divulgação de uma série de informações que enumera[266]. O regulamento de listagem da bolsa de valores de Tóquio impõe a divulgação imediata de informações adotando uma estrutura singular: o art. 402 estabelece a obrigação de divulgar diversos fatos, excetuados aqueles cujo efeito na decisão dos investidores seja considerado menos significativo pela bolsa. O art. 402 (1) dispõe sobre decisões da administração, apresentando uma longa série de hipóteses ensejadoras da divulgação, enquanto o art. 402 (2) traz uma relação de fatos a serem divulgados. Ao final de ambas as disposições, cláusulas gerais determinam a divulgação de decisões e fatos relacionados às operações, negócios e ativos que tenham um efeito notável nas decisões dos investidores[267]. À versão consultada para a primeira edição desta obra, atualizada até maio de 2012,

[266] FUNDO MONETÁRIO INTERNACIONAL. *Japan: IOSCO Objectives and Principles of Securities Regulation – Detailed Assessment of Implementation*. 2012.

[267] "*Rule 402. Disclosure of Corporate Information*

"Where a listed company falls under any of the following items (excluding those which the Exchange deems as matters whose effect on investors' investment decisions is of minor significance, such as cases which fall under the criteria specified by the Enforcement Rules), the listed company must disclose details immediately pursuant to the provisions of the Enforcement Rules:

"(1) Where a body which decides a listed company's business execution makes a decision on carrying out any of the matters enumerated in the following a. through ap. (including cases where the body makes a decision that it will not carry out matters pertaining to such decision):

(...)

"ar. In addition to the matters referenced in a. through the preceding aq., important matters related to operation, business or assets of such listed company or such listed stock, etc. which have a remarkable effect on investors' investment decisions.

"(2) Where any of the facts referenced in the following a. through x. occurs:

"x. In addition to the facts referenced in a. through the preceding w., matters relating to operation, business or assets of such listed company or important matters related to a listed stock, etc. which have a remarkable effect on investors' investment decisions."

foram acrescidas duas hipóteses de decisões sujeitas a divulgação, conforme a versão de 16 de julho de 2019[268].

Como visto, a divulgação não é considerada necessária quando assim entender a bolsa, e a "regra para aplicação das regras de listagem" especifica tais hipóteses, com riqueza de detalhes que a diferencia da prática de outros países. A título de exemplo, o art. 401 (1) "r" do regulamento de listagem determina a divulgação de decisão da administração relativa à transferência de determinados ativos, enquanto o art. 401. 1. (6) das "regras para aplicação das regras de listagem" estabelece os critérios segundo os quais a divulgação não é necessária. Quando se tratar da alienação de ativos, é preciso atender a todos os critérios estabelecidos nos subitens (a) a (d): o valor contábil dos ativos deve ser inferior a 30% do total de ativos líquidos; a expectativa de aumento ou redução do lucro devido à alienação deve ser inferior a 30% do lucro para o ano mais recente; a expectativa de aumento ou redução da receita deve ser inferior a 30% da receita do ano mais recente; e ainda devem ser satisfeitos os requisitos enumerados no art. 49, Item 12, Sub-item (i) do regulamento disciplinador de transações.

19. China continental

A China abriga duas das maiores bolsas de valores do mundo sob regimes jurídicos diferentes: as bolsas de valores de Xangai e de Hong Kong.

A lei chinesa de valores mobiliários aplicável a Xangai determina a imediata divulgação de eventos com potencial efeito considerável sobre o preço de negociação de uma companhia listada, enunciando uma série de hipóteses de publicidade obrigatória, bem como dispondo que deverão ser divulgados também quaisquer fatos determinados pela autoridade reguladora do mercado de valores mobiliários[269].

[268] "ap. Acquisition of all shares of a classified stock with a whole acquisition clause (meaning classified stock with a whole acquisition clause prescribed in Article 171, Paragraph 1 of the Companies Act; the same shall apply hereinafter);
"aq. Approval or disapproval of demand for share, etc. cash-out (meaning demand for share, etc. cash-out prescribed in Article 179-3, Paragraph 1 of the Companies Act; the same shall apply hereinafter); or".

[269] "Article 67 If a major event occurs that may have a considerable effect on the share trading price of a listed company and such event has not become known to investors, the listed company shall immediately submit a provisional report about the situation of such event

A regulação do mercado é conduzida pela Comissão Regulatória do Mercado de Valores Mobiliários da China. A bolsa de valores de Xangai determina, no item 2.3 de suas regras de listagem, a divulgação de informações que provavelmente terão impacto significativo nos preços de suas ações e derivativos, especificando (1) quando os órgãos da administração adotam uma deliberação em assunto relevante; (2) quando as partes envolvidas firmam uma carta de intenções ou estabelecem acordo em assunto relevante (independentemente da existência de condição ou limite temporal) e (3) quando um administrador toma conhecimento, ou deveria tomar conhecimento, de assunto relevante. Desde a

to the securities regulatory authority under the State Council and the stock exchange and release the same, explaining the causes, current status and possible legal consequences of such event.
"One of the following circumstances shall constitute a major event referred to in the preceding paragraph:
"(1) a major change in the company's business policy or scope of business;
"(2) a decision made by the company concerning a major investment or asset purchase;
"(3) an important contract concluded by the company which may have a significant effect on the assets, liabilities, rights and interests, or business results of the company;
"(4) the incurrence of significant debts by the company, or its default on significant debts at maturity through its breach of contract;
"(5) the incurrence by the company of a major deficit or a major loss;
"(6) a major change in the external conditions relating to the production or business operation of the company;
"(7) replacement of the directors, one-third or more of the supervisors or managers of the company;
"(8) a considerable change relating to the respective shareholdings of the persons who hold 5% or more of the shares of the company, or to the control of the company by the persons in practical control;
"(9) a decision made by the company to reduce its share capital, to merge, to divide, to dissolve or to apply for bankruptcy;
"(10) a major litigation in which the company is involved, or a resolution made by the shareholders general assembly or the board of directors of the company is rescinded or nullified pursuant to law;
"(11) the initiation of an investigation by a judiciary organ on grounds of a suspected crime involving the company, or the imposition of a compulsory measure by a judiciary organ on grounds of a suspected crime involving a director, supervisor or senior manager of the company; and
"(12) such other events as may be so prescribed by the securities regulatory authority under the State Council."

primeira edição deste livro, as regras de listagem foram alteradas, para exigir a elaboração de código de conduta relativo à divulgação de informações[270], a realização de due diligence por parte que quem elabore opiniões legais, relatórios de auditoria ou avaliações, bem como o dever de cooperar quando da realização de inspeções pela bolsa.

20. Hong Kong

Hong Kong é uma região administrativa especial da China, com regime jurídico próprio. A supervisão do mercado de valores mobiliários é feita pela Comissão de Valores Mobiliários e Futuros. A lei societária e a lei de mercado de capitais não impunham o dever de divulgar fato relevante até 2012, imposição esta que decorria unicamente das regras da bolsa de valores. A lei de valores mobiliários foi alterada e, desde 01.01.2013, há obrigação de divulgar informação privilegiada. O art. 245-(1) define informação privilegiada como aquela (a) relativa (a.i) à companhia (a.ii) a acionista ou administrador da companhia ou (a.iii) aos valores mobiliários da companhia e seus derivativos e (b) que não é de conhecimento geral das pessoas que usualmente negociam os valores mobiliários admitidos à negociação da companhia, ou das pessoas que provavelmente negociariam, se fosse do seu conhecimento a probabilidade de alteração relevante do preço.

A Comissão de Valores Mobiliários e Futuros publicou em junho de 2012 um manual com orientações para a divulgação de informações, mencionando que o novo conceito de informação privilegiada, adotado para a regra de divulgação imediata, equivalia ao pré-existente conceito de "informação relevante", utilizado na definição de *insider trading*. Desse modo, as decisões sobre o conceito de informação relevante definidas no âmbito dos casos de *insider trading* serviriam para elucidar o conceito para a divulgação imediata. Em Hong Kong, há um Tribunal específico para o julgamento dos casos de *insider trading* e outras práticas irregulares no mercado, composto por um membro do Poder Judiciário e dois proeminentes integrantes da comunidade profissional e de negó-

[270] "2.11 Listed companies shall establish a code of conduct for directors, supervisors and senior managers in respect of information disclosure, and shall make clear the circumstances in which they may not disclose information without the permission of the Board of Directors of the company."

cios, prolator de diversas decisões enfrentando o problema da conceituação de informação relevante, a serem oportunamente citadas.

A seguir retomaremos a análise da realidade brasileira abordando o conceito de investidor de mercado.

CAPÍTULO 5
O INVESTIDOR DE MERCADO

21. Referência legal

O art. 157, §4º da LSA faz referência aos "investidores de mercado", mas não define o conceito de investidores ou de investidores de mercado. Em nenhum outro momento a LSA utiliza tal expressão, e a adequada compreensão de seu significado é fundamental para a delimitação do conceito de fato relevante, pois influencia a concepção de decisão de investimento (apenas por uma questão metodológica o exame de um e outro será feito separadamente). A Lei nº 6.385/76, por sua vez, ora menciona "investidores", ora "investidores de mercado" e, ainda, "público investidor", e tampouco os define. A mesma omissão se verifica em outras legislações[271].

A LSA emprega no art. 117, §1º, "b" a expressão "investidores em valores mobiliários emitidos pela companhia" ao mencionar, como hipótese de abuso de poder de controle, atos praticados visando a prejudicá-los[272]. A referência a "investidores de mercado" é mais abrangente,

[271] Cf. Rodrigues, Sofia Nascimento. *A Protecção dos Investidores em Valores Mobiliários*. Coimbra: Almedina, 2001, p. 16. A autora registra ainda que a "[a] palavra 'investir', derivada do verbo latino '*investire*', significa 'vestir' ou 'adornar' no sentido de conferir determinados poderes a certa pessoa. O termo vem mais tarde a ganhar nova conotação, surgindo o verbo 'investir' para indicar a aplicação de dinheiro da qual se esperam determinados rendimentos".

[272] A mesma referência é feita na alínea seguinte, quando são apresentadas como exemplos de conduta abusiva a promoção de alteração estatutária, emissão de valores mobiliários ou adoção de políticas ou decisões que não tenham por fim o interesse da companhia.

pois inclui não apenas os titulares atuais de tais valores, mas também os potenciais[273].

No direito comparado, identificam-se questões envolvendo a abrangência de tal conceito, seja para avaliar se a legislação menciona investidores em particular ou um investidor médio, seja para avaliar se devem ser levados em consideração todos os investidores do mercado, ou apenas aqueles da companhia em questão.

A definição da LSA é abrangente, porém isto não significa ser necessário considerar qualquer pessoa que compre ou venda valores mobiliários como um investidor, razão pela qual convém examinar a amplitude do conceito.

Para definir o conceito, a primeira questão a ser examinada é se devem ser levados em consideração cada investidor em particular, ou um investidor médio. Em segundo lugar, dado que o investidor é, frequentemente, conceituado a partir do seu objetivo de auferir lucro, convém ponderar se esta característica é essencial. A seguir, porque tradicionalmente se faz distinção entre investidor e especulador, cabe indagar se este último estaria incluído no conceito.

Outros aspectos considerados no direito estrangeiro e pela doutrina brasileira para definir o conceito de investidor, como a profissionalidade, o volume de operações e sua sofisticação, são também determinantes para o conceito de investidor qualificado, cuja importância para a regulação do mercado de capitais em geral tem sido crescente, e serão abordados neste contexto. Convém verificar também se o investidor de mercado abrange todos os investidores do mercado de valores mobiliários, ou somente os investidores para os títulos de emissão de determinada companhia.

22. Público investidor e investidor individual

Para Siegfried Kümpel, o termo "proteção ao investidor" comporta dois significados: a proteção do conjunto dos investidores – abrangendo tanto os atuais titulares quanto os futuros adquirentes – e o sentido de proteção dos interesses individuais dos investidores, requisito para que

[273] A questão de abranger também investidores em valores mobiliários não emitidos pela companhia será abordada no item 30 *infra*, quando se tratar da referência feita pelo art. 157, §4º da LSA aos "valores mobiliários emitidos pela companhia".

exista obrigação de indenizar[274]. A referência ao investidor de mercado na regra legal sob exame não se destina a fixar os destinatários da proteção conferida pela norma, e sim os agentes cuja decisão de investimento determina a natureza do fato como relevante ou não. A distinção, porém, pode ser aplicada, *mutatis mutandis*, ao presente caso, para identificar se o conceito do art. 157, §4º deve abranger apenas os atuais detentores de valores mobiliários ou também os potenciais.

A segunda questão diz respeito a considerar qualquer investidor ou um investidor individual. Não se trata efetivamente de perquirir a intenção de um ou outro investidor particular, mas sim de um investidor ideal. Esta é a interpretação da doutrina e da jurisprudência norte-americana ao analisar a regra inspiradora da legislação brasileira[275]. Ao definir *material information* no caso Texas Gulf Sulphur Co., fez-se referência à informação considerada relevante por um investidor médio[276]. No entanto, a norma aplicada pelo Tribunal não impunha um dever geral de divulgar, mas aplicava-se a negociações específicas. Nesse contexto, a despeito da objetividade da regra, há decisões judiciais considerando a sofisticação do investidor para avaliar a relevância de um fato: C. Edward Fletcher III cita jurisprudência norte-americana tomando por evidência da importância da informação o fato de um investidor, financeiramente sofisticado, ter negociado logo após obtê-la[277].

Conforme mencionado quando se tratou da matéria no âmbito da União Europeia, de acordo com o entendimento expressado no relatório de 2007 do European Securities Markets Expert Group - ESME a ideia de razoabilidade afastaria a caracterização como relevante da informação que influenciasse qualquer investidor. Na Austrália, a Guidance Note nº 8 também identifica na menção a investidor razoável a referência a um teste objetivo. O investidor razoável poderia ser compreendido também como investidor racional, cuja decisão é formada com base em

[274] KÜMPEL, Siegfried. *Direito do Mercado de Capitais*. Rio de Janeiro: Renovar, 2007, pp. 36-37.

[275] FLETCHER III, C. Edward. *Sophisticated Investors Under the Federal Securities Laws. In: Duke Law Journal*, nº 6, Vol. 1988:1081, p 1098.

[276] PROENÇA, José Marcelo Martins. *Insider Trading: regime jurídico do uso de informações privilegiadas no mercado de capitais*. São Paulo: Quartier Latin, 2005, p. 230.

[277] FLETCHER III, C. Edward. *Sophisticated Investors Under the Federal Securities Laws. In: Duke Law Journal*, nº 6, Vol. 1988:1081, p 1098.

uma avaliação da companhia, e a este tema retornar-se-á no próximo capítulo, ao se tratar da decisão de investimento.

É possível estabelecer uma distinção, ainda que sutil, entre os conceitos de investidor médio e razoável. O investidor médio seria aquele que não está nem no extremo de desconsiderar qualquer informação acerca da companhia, nem no de ter sua decisão influenciada por todo dado ou mínima oscilação em um ou outro indicador financeiro. A ideia de investidor razoável remete a um conceito abstrato. De toda sorte, a LSA não menciona investidor médio ou razoável, mas a necessidade de considerar tais padrões se mostra imperativa porque, como expõe Gonçalo Castilho dos Santos, "o critério do investidor *in concreto* é inoperante, já que potencia a incerteza e a insegurança jurídicas"[278]. Com efeito, atribuir relevância a todo fato passível de ser considerado importante por qualquer investidor acarretaria a necessidade de divulgação de toda e qualquer informação relativa à companhia.

Alguma uniformidade nas decisões dos investidores é inerente ao próprio funcionamento do mercado. A literatura econômica tem reconhecido, como fator preponderante do preço bursátil, a percepção dos demais investidores em relação ao preço daquele ativo. Desse modo, importaria menos ao investidor quanto, em sua opinião, valeria determinada companhia (a partir, por exemplo, dos retornos futuros esperados), e mais descobrir qual o seu valor para os demais participantes de mercado.

Esta circunstância já fora observada por John Maynard Keynes, em sua comparação entre o mercado de ações e um concurso de beleza típico veiculado nos jornais da época, no qual o participante deveria escolher a pessoa que seria a mais bela segundo o juízo dos demais participantes do concurso[279].

Ainda que se pudesse cogitar de uma categoria de investidores comuns com métodos particulares, os investidores profissionais não passariam ao largo daqueles em seus julgamentos. Keynes já observara, em sua Teoria Geral, ser equivocada a crença de que investidores profissio-

[278] *O dever de informação sobre factos relevantes pela sociedade cotada*. Lisboa: Associação Acadêmica Faculdade de Direito Lisboa, 1998, p. 63.

[279] KEYNES, John Maynard. *The General Theory of Employment, Interest, and Money*. Harvest: New York, 1991(edição original de 1935), pp. 155-156.

nais corrigiriam o "indivíduo ignorante", pois aqueles não se preocupariam com um suposto valor intrínseco do investimento a longo prazo, mas sim com o valor a ser determinado pela psicologia das massas no curto prazo[280].

Neste quadro, desvendar as motivações precisas dos demais é o desafio de cada investidor, que busca antecipar-se aos movimentos do mercado, e à forma como este irá refletir as informações disponibilizadas.

No presente caso, portanto, haveria que se considerar um conceito de investidor abstrato, formulado a partir do comportamento dos investidores de mercado em geral[281]. Ainda assim é preciso definir se por investidores de mercado entende-se todos que negociam (ou, de forma mais ampla, poderiam negociar) valores mobiliários, ou um grupo mais restrito dentro destes universos.

23. Finalidade

O intuito de lucro não está expresso na legislação, mas decorre da própria referência a investidor, ou seja, àquele que faz um investimento. Esta é certamente a situação da imensa maioria dos agentes no mercado de valores mobiliários. Não se pode, todavia, descartar as exceções, e por conseguinte a possibilidade de negociações com valores mobiliários sem o intuito de auferir lucro.

Ações de uma companhia podem ser adquiridas com outra finalidade, como, por exemplo, para permitir o acesso à assembleia de acionistas por um jornalista que queira noticiar os fatos ali ocorridos. A presença na assembleia pode ser desejada por outras razões, tais como o acesso ao discurso de um administrador – cujas observações podem ser consideradas úteis independentemente de sua relação com os negócios sociais –, ou ao simples conhecimento do funcionamento da assembleia. Pode-se, também, buscar o acesso à assembleia para obter informações

[280] KEYNES, John Maynard. *The General Theory of Employment, Interest, and Money*. Harvest: New York, 1991(edição original de 1935), pp. 154-155.

[281] Com clara correlação com os conceitos de *homo oeconomicus*, incluindo as críticas aplicáveis a ele, e de "homem médio". Para uma exposição objetiva sobre o assunto cf. REGO, Anna Lygia Costa. *Aspectos Jurídicos da Confiança do Investidor Estrangeiro no Brasil. Tese* (Doutorado em Direito Econômico). Faculdade de Direito, Universidade de São Paulo, São Paulo, 2010, pp. 30-56.

a serem utilizadas em outros negócios (prática que pode eventualmente ser considerada irregular, à luz do disposto no art. 155, §3º[282] da LSA).

A aquisição de ações pode ser feita ainda com o intuito de interferir, seja por meio de manifestação, seja por meio do voto, em aspectos da atuação empresarial sem conexão com os resultados econômicos dos negócios sociais ou o consequente efeito nos valores mobiliários. Este é o caso daqueles que adquirem ações com o fim de afetar o impacto da atuação empresarial no âmbito ecológico ou social. Tornaram-se célebres nos Estados Unidos a Campanha GM – em que um grupo buscou incluir nove propostas nos documentos dos pedidos públicos de procuração da companhia, sete delas a respeito de questões sociais como segurança, poluição e contratação de minorias (o pedido de inclusão das propostas foi considerado improcedente pela SEC)[283] e o caso Dow, no qual um grupo de ação social (o Medical Committee for Human Rights), titular de ações recebidas por doação[284], submeteu à administração pedido de alteração do estatuto social para proibir a fabricação de napalm pela Dow Chemical Company[285].

A despeito da nobreza das intenções que podem impulsionar a negociação sem o intuito de lucro, nestes casos não haverá investidores na acepção mais restrita do termo, e via de regra o preço da ação, atual ou futuro, será um aspecto secundário nas decisões de negociar valores mobiliários.

A importância de considerar outros aspectos além do mero retorno financeiro no investimento em ações orientou a criação de índices destinados a agrupar companhias que adotem práticas de sustentabilidade. Seguindo exemplos estrangeiros, em 2005 a BM&FBOVESPA criou o

[282] "Art. 155 (...)
"§ 3º A revelação dos atos ou fatos de que trata este artigo só poderá ser utilizada no legítimo interesse da companhia ou do acionista, respondendo os solicitantes pelos abusos que praticarem."

[283] Manne, Henry G. *The collected works of Henry G. Manne.* V. 1.Indianapolis: Liberty Fund, 2009. p. 275.

[284] O recebimento das ações a título gratuito poderia afastar a situação do conceito de investidor, mas o exemplo vale mesmo na hipótese de se considerar que as ações tenham sido compradas.

[285] Manne, Henry G. *The collected works of Henry G. Manne.* V. 1.Indianapolis: Liberty Fund, 2009. p. 277.

ISE – Índice de Sustentabilidade Empresarial, destinado a servir de *benchmark* para o investidor socialmente responsável. Não caberia aqui examinar em profundidade o conceito de um índice completamente indiferente à lucratividade, e o próprio ISE procura avaliar, dentre outros critérios, a eficiência econômica[286].

Na primeira edição desta obra, afirmávamos que, se houver companhias cujos valores mobiliários tenham suas cotações determinadas por fatores de todo estranhos à rentabilidade, serão certamente exceções. Desde então, fatores ambientais, sociais e de governança, agrupados sob a sigla ESG, ganharam importância, e a possibilidade de outros fatores alheios à lucratividade influenciarem cotações torna-se mais palpável. No entanto, mecanismos vinculando a própria vida da companhia à observância de tais princípios fazem com que seja desnecessário pensar em consequências financeiras decorrentes de juízos exclusivamente morais. A Nasdaq, por exemplo, adotou recentemente regra de comply or explain sobre diversidade nos conselhos, e companhias vêm cada vez mais emitindo títulos nos quais à remuneração dos investidores é vinculada à observância de regras sociais pelas empresas, como no caso do *sustainability linked bond* emitido pela B3.

Considerados apenas os investidores que negociam valores mobiliários com o intuito de lucro, restaria ainda um universo grande e heterogêneo de pessoas, e distintas formas de perseguir este objetivo. É usual a distinção entre investidores conforme exerçam o controle da companhia, detenham participação suficiente para determinada influência política ou simplesmente negociem os valores sem qualquer participação na vida social.

Examinando os acionistas sob a perspectiva dos interesses e relações mantidos com a companhia da qual detém títulos, Rizzo e Almeida os classificam em acionistas controladores, investidores estratégicos e investidores de mercado ou especulativos[287]. Na primeira hipótese, inferem que o acionista, tendo controle da sociedade, controla igualmente

[286] Cf. Marcondes, Adalberto Wodianer; Bacarj, Celso Dobes. *ISE: sustentabilidade no mercado de capitais.* São Paulo: Report Editora, 2010.

[287] Rizzo, Valdo Cestari de; Almeida, Marco La Rosa de. *Do direito do Acionista à Informação em Companhias Abertas e Fechadas. In:* Adamek, Marcelo Vieira Von (Coord.). *Temas de Direito Societário e Empresarial Contemporâneos.* São Paulo: Malheiros, 2011, pp. 596-597.

as informações a ela relativas. No segundo caso, a participação do investidor integraria sua atividade empresarial, tendo o mesmo interesse em conhecer o andamento dos negócios da companhia. No último caso, o investidor tem por foco o "valor intrínseco" da sua participação, "como bem negociável *per se*".

A distinção é particularmente útil quando se considera, para fins de definição de fato relevante, os critérios para a aquisição de ações. Para o investidor de mercado, os retornos esperados da ação serão os fluxos de caixa a que farão jus[288] e a possibilidade de ganho com a revenda do título. Outros acionistas podem decidir comprar ou vender ações não em razão da perspectiva de mudança no preço dos títulos, mas sim tendo em vista precipuamente o aumento ou a manutenção de sua participação acionária e da correspondente influência política. O acionista controlador e acionista estratégico podem, também, ampliar ou reduzir suas participações acionárias sem que isto acarrete maior ou menor influência política na sociedade, tendo em vista tão somente as perspectivas de valorização da companhia, e nesta hipótese estarão atuando como investidores de mercado.

O acionista controlador pode obter outras vantagens da propriedade das ações, de forma mais ou menos legítima, extraindo benefícios privados por meio do controle exercido. Através de inúmeros expedientes, como a contratação direta com a companhia, pode auferir mais ganhos individualmente do que por meio do recebimento de dividendos, efetivamente desviando recursos em seu favor[289]. No entanto, negociações envolvendo as ações de controle via de regra se processam fora do ambiente bursátil, razão pela qual sua importância para o conceito de fato relevante pode ser discutida, como mencionado no item 26 *infra*. Além disso, embora se possa presumir o acesso ilimitado do acionista controlador às informações – tornando a tutela do art. 157, §4º irrelevante para ele –, já se observou, com propriedade, ser possível verificar

[288] Dividendos, juros sobre capital próprio, remuneração das debêntures, etc.

[289] Há uma vasta bibliografia a respeito do assunto. A título de exemplo, R. Gilson e J. Gordon, classificam tais benefícios como obtidos (i) na direção da empresa (ii) na alienação do controle e (iii) em operações que levam à diluição dos minoritários (*Controlling controlling shareholders*. *In: University of Pennsylvania Law Review*, vol. 152, nº 2, pp. 785-843, 2003).

a superioridade da administração no domínio da informação mesmo em relação ao acionista controlador[290].

O acionista estratégico também avaliará sua participação na sociedade tendo em conta outros fatores. Exemplo disto seria o do acionista que, tendo sido capaz de determinar a eleição de um membro do conselho de administração como minoritário, vê tal possibilidade em risco por força da concentração de ações nas mãos de outro acionista minoritário. A relevância de decisão de investimento ligada a estes fatores torna-se, todavia, discutível quando o conceito de fato relevante inclui, como na LSA, referência a fatos ocorridos nos negócios da companhia, como será abordado no próximo capítulo.

Mesmo no caso dos chamados "investidores de mercado", há uma importante distinção que se faz entre investidores e especuladores, examinada a seguir.

24. Investidor e especulador

A existência ou não de finalidade de lucro não é um problema quando se cogita do especulador, que certamente a tem, mas há quem entenda não ser o caso de considerá-lo como investidor. O termo investidor é empregado frequentemente com sentido restrito, abrangendo tão somente quem negocia valores mobiliários a partir de determinada forma de análise, privilegiando a segurança e retornos de longo prazo. Nesta acepção, o conceito de investidor opõe-se ao de especulador[291]. O especulador,

[290] "21. Adicionalmente, o conhecimento privilegiado de informações internas, sobre os meandros e pormenores dos negócios e da organização, confere ao *managerial power* uma relevância *de fato* muito importante, no contexto da estrutura de poder da sociedade anônima. É freqüente o caso de acionistas, mesmo controladores, que não conseguem se assenhorear por completo dessa espécie de *inside information*, cuja disponibilidade é vital para a empresa e sua direção. Os meios legais de obter informações, tais como o *full disclosure* dos fatos relevantes, a divulgação das demonstrações financeiras e a instalação do conselho fiscal, são reconhecidamente insuficientes para revelar, de forma satisfatória, a enorme complexidade da gestão das grandes companhias." (GUERREIRO, José Alexandre Tavares. *Sociedade Anônima: Poder e Dominação. In: Revista de Direito Mercantil, Industrial, Econômico e Financeiro*, nº 53, jan-mar 84, p. 79).

[291] É o que se registra em uma das mais renomadas obras sobre investimento: "O que queremos dizer com o termo "investidor"? Ao longo de todo este livro, o termo será usado em oposição a especulador." (GRAHAM, Benjamin. *O investidor inteligente*. Rio de Janeiro: Nova Fronteira, 2007, p. 37.)

por sua vez, embora possa ser considerado, também em sentido lato, de modo a abranger toda pessoa que aplica recursos no mercado de capitais[292], é costumeiramente associado à intenção de obter lucros elevados a curto prazo e mesmo a práticas desonestas. A operação de investimento, para Benjamin Graham, por exemplo, "é aquela que, após análise profunda, promete a segurança do principal e um retorno adequado."[293] Prossegue o referido autor sustentando serem especulativas as demais operações[294].

No entanto, o citado autor identifica "mudanças radicais" no uso do termo investidor, notadamente após a quebra de 1929, quando todos os investimentos em ações ordinárias teriam sido considerados especulativos por natureza. A sua preocupação com o desaparecimento da distinção – por ele considerada útil – entre investimento e especulação[295] não foi capaz, todavia, de evitar seu acontecimento. O conceito de investidor tem sido utilizado de forma ampla para abranger quaisquer pessoas que comprem ou vendam títulos em bolsa, independentemente de seus critérios e objetivos[296].

A distinção entre investidor e especulador, no entanto, parece menos algo que tenha se perdido ao longo do tempo, e mais o resultado do reconhecimento da respeitabilidade nos investimentos em bolsa. Na verdade, investimentos tanto de longo quanto de curto prazo eram, na primeira metade do século XIX, denominados especulativos no mundo

[292] A referência é sempre ao mercado de capitais por ser este o foco da análise, mas o termo é igualmente aplicado em outros mercados (e em outros contextos, como o filosófico).

[293] Graham, Benjamin. *O investidor inteligente*. Rio de Janeiro: Nova Fronteira, 2007, p. 37.

[294] Deve-se registrar, porém, que o autor não critica a especulação em si, reconhecendo inclusive que "(...) alguma especulação é necessária e inevitável (...)" (Graham, Benjamin. *O investidor inteligente*. Rio de Janeiro: Nova Fronteira, 2007, p. 39).

[295] Graham, Benjamin. *O investidor inteligente*. Rio de Janeiro: Nova Fronteira, 2007, p. 37-39.

[296] Ao tratar da proteção de emissores e investidores, Hertig, Kraakman e Rock definem investidores – no âmbito do mercado de capitais – como "passive shareholders (or debtholders) who enter and exit the market by purchasing and selling securities" (Kraakman, Reinier R. et al. *The Anatomy of Corporate Law*. 2nd ed. New York: Oxford University Press, 2009, 275).

anglo-saxão[297]. Atualmente, tais operações são também referidas em conjunto como investimento.

Mais do que reconhecer o investidor como categoria distinta do especulador, foi reconhecida na atuação do especulador uma atividade de relevante interesse social. Não surpreende a palavra especulador comportar sentido tanto de operação visando ao lucro por conta das flutuações de preço de ativos quanto de negócios desonestos, porque em seu início investir em bolsa, com qualquer perspectiva temporal era, efetivamente, considerado reprovável, como visto na primeira parte deste trabalho. Atualmente, os benefícios sociais do investimento especulativo – excluída a acepção de negócio realizado com o emprego de artifícios e intuito manipulativo ou fraudulento – são amplamente reconhecidos[298]. Há, contudo, quem considere a necessidade de tratamento diferenciado dos interesses especulativos em determinadas circunstâncias[299].

A distinção entre investidores de curto e longo prazo pode ser crucial para a análise dos efeitos da regra de divulgação imediata de fatos relevantes, pois é possível argumentar, como faz Georgakopoulos, que esta regra beneficia investidores de curto prazo e a liquidez do mercado, e na sua ausência o mercado seria dominado por investidores do longo prazo[300].

Nesse contexto, caberia cogitar se a regra de divulgação de informações, tomando por base os investidores em geral, poderia servir como incentivo à atuação de negociadores de curto prazo. De certo modo, isto

[297] BANNER, Stuart. *Anglo-American Securities Regulation*. Cambridge: Cambridge University Press, 1998, p. 219.

[298] Neste sentido, cf. PROENÇA, José Marcelo Martins. *Insider Trading: regime jurídico do uso de informações privilegiadas no mercado de capitais*. São Paulo: Quartier Latin, 2005, pp. 137-140; ADIERS, Leandro Bittencourt. Valores mobiliários, especulação e conseqüências jurídicas. *In: Revista de Direito Mercantil, Industrial, Econômico e Financeiro*. São Paulo, v. 40, nº 121, p. 173, jan/mar 2001.

[299] Em um contexto mais abrangente que o aqui analisado, Calixto Salomão Filho menciona ser "(...) aconselhável que a regulação desincentive os agentes especuladores, aqueles que, por hipótese, têm interesse em entrar, fazer lucro em curto prazo e depois se retirar, vendendo sua participação com lucro" (*Regulação da atividade econômica (princípios e fundamentos jurídicos)*. 2ª ed. São Paulo: Malheiros, 2008, p. 103.

[300] GEORGAKOPOULOS, Nicholas L. *Why Should Disclosure Rules Subsidize Informed Traders? In: 16 Int'l Rev. L. & Econ*. 417, 418 (1996).

é reconhecido tanto por Georgakopoulos quanto por John C. Coffee[301]. Na verdade, a atuação de negociadores de curto prazo sempre foi verificada nos mercados de capitais, independentemente da obrigação das companhias abertas de divulgar informações[302]. Por outro lado, o dever de divulgar fato relevante é importante mesmo para investidores com horizontes de longo prazo, seguindo um padrão de relevância diferenciado: fatos que acarretem pequenas oscilações nas cotações não influenciariam a decisão relativa a um investimento destinado a ser mantido por décadas, mas mesmo esta decisão seria afetada pelo conhecimento de uma informação causadora de elevado e duradouro impacto, como a destruição da principal unidade produtiva de uma indústria. A Guidance Note nº 8, emitida pela ASX, foi precisa neste aspecto ao incluir referência à manutenção dos valores mobiliários por determinado período de tempo no conceito de pessoas que normalmente investem no mercado.

25. Investidor qualificado

Se a distinção entre investidor e especulador parece perder importância ao longo do tempo, em sentido oposto caminha a distinção entre investidores de varejo, institucionais e qualificados.

O tratamento indistinto dos investidores é a marca do modelo regulatório adotado nos Estados Unidos na década de 1930 e, como mencionou o Juiz Douglas, as regras quando os gigantes jogam são as mesmas de quando os pigmeus entram no mercado[303].

O tratamento igualitário foi objeto, após a edição das leis do mercado de capitais norte-americano, de inúmeras críticas, porque serviria apenas aos investidores sofisticados.

O mesmo entendimento foi adotado pela doutrina brasileira. Tendo em vista a Lei nº 4.728/65 e a edição das Resoluções CMN nº 88 e 214

[301] Coffee, John C. Jr. *Market Failure and the Economic Case for a Mandatory Disclosure System. In:* 70 *Va. L. Rev.* 717 (1984), p. 718.

[302] Cf. Banner, Stuart. *Anglo-American Securities Regulation.* Cambridge: Cambridge University Press, 1998, pp. 216-217.

[303] "The Act does not speak in terms of "sophisticated" as opposed to "unsophisticated" people dealing in securities. The rules when the giants play are the same as when the pygmies enter the market.", citado por Fletcher III, C. Edward. *Sophisticated Investors Under the Federal Securities Laws. In: Duke Law Journal*, nº 6, Vol. 1988:1081, p 1083.

(estas últimas, mais que a própria Lei, teriam introduzido o regime de *disclosure* no Brasil), Nelson Eizirik afirmava em 1977 ser bastante discutível a validade do princípio no Brasil, por não haver aqui o público investidor habituado à análise das informações como nos Estados Unidos[304]. Prossegue o referido autor afirmando servirem as informações "quase que exclusivamente, às instituições financeiras capazes de analisá-las tecnicamente e a determinados investidores institucionais"[305].

Nos Estados Unidos, a doutrina entendeu que as informações divulgadas pelas companhias não seriam diretamente utilizadas pelos investidores em geral, mas de forma indireta. Este processo ocorreria por meio da atuação de analistas, consultores e investidores institucionais[306]. Os analistas, a partir daquelas informações, formulariam as recomendações de investimento[307]. Estas recomendações, por seu turno, serviriam para os investidores em geral. Já os investidores institucionais empregariam recursos para a análise das informações, e sua atuação informada influenciaria o preço de mercado, de modo a beneficiar de forma indireta os investidores em geral.

Curiosamente, porém, há autores sustentando exatamente o contrário, no sentido de que as regras de divulgação não beneficiariam diretamente apenas os grandes investidores, pois estes seriam capazes de obter informações por conta própria, e sim os demais. Nesse sentido é a lição de Darcy Arruda Miranda Jr.: logo após a edição da LSA, em obra de 1977, sustentava destinar-se a regra "a proteger os interesses dos pequenos aplicadores que, por sua própria condição, não têm acesso fácil aos acontecimentos internos da sociedade (...)"[308]. No mesmo sentido, para Eduardo Paz Ferreira as exigências de informação no âmbito

[304] EIZIRIK, Nelson. *O papel do Estado na Regulação do Mercado de Capitais*. Rio de Janeiro: IBMEC, 1977, pp. 120-121.

[305] EIZIRIK, Nelson. *O papel do Estado na Regulação do Mercado de Capitais*. Rio de Janeiro: IBMEC, 1977, p. 121.

[306] LOSS, Louis; SELIGMAN, Joel. *Fundamentals of securities regulation*. 5ª ed. Aspen, 2004, p. 157.

[307] Há preocupação com a disponibilização de informações apenas aos analistas, em detrimento do mercado em geral, o que nos Estados Unidos levou à edição da regulação *Fair Disclosure*.

[308] MIRANDA JR., Darcy Arruda. *Breves Comentários à Lei de Sociedades por* Ações. São Paulo: Saraiva, 1977, p. 222.

do mercado de capitais seriam uma "forma de tutela dos investidores mais fracos e que disporiam de menor capacidade de obter o conhecimento necessário", ressalvando, porém, tratar-se de proteção que "se alarga, também, aos investidores institucionais"[309].

Para Modesto Carvalhosa – referindo-se especificamente ao conceito de fato relevante – a LSA consideraria como tal o ato ou fato que pudesse ser "levado em conta pela coletividade dos investidores comuns e, portanto, não profissionais"[310]. A LSA, contudo, não estabelece tal distinção entre investidores comuns e profissionais[311]. Além disso, para esta diferenciação alterar o conceito de fato relevante seria preciso distinguir os critérios utilizados por uma ou outra espécie de investidor em suas decisões de investimento, quando tanto investidores profissionais quanto aqueles que não o são podem utilizar os mesmos critérios.

A partir notadamente da década de 1980, todavia, começa a ganhar relevo a ideia de que a determinados investidores deveria ser facultado abrir mão da proteção conferida pelas regras de divulgação. Neste contexto torna-se relevante examinar as categorias de investidor institucional e de investidor qualificado[312].

309 FERREIRA, Eduardo Paz. *A informação no mercado de valores mobiliários. In: Direito dos Valores Mobiliários*. V. III. Coimbra: Coimbra Editora, 2001, p. 146.

310 CARVALHOSA, Modesto. *Comentários à Lei de Sociedades Anônimas*, v. 3, 5ª ed. São Paulo: Saraiva, 2011, p. 411.

311 Nesse sentido, Aline Menezes dos Santos Aragão (no âmbito específico da disciplina da informação com relação ao prospecto), menciona que deve ser levado em consideração "o impacto da falha informacional em um tipo de investidor específico, que na doutrina norte-americana costuma ser o *reasonable investor*. Trata-se, aqui, do investidor comum, cuja conduta deve ser examinada sob perspectiva bastante diversa da do investidor qualificado segundo o conceito normativo." A seguir, fazendo referência à regulamentação aplicável ao prospecto, afirma que "a referência, como se constata, é aos investidores de maneira geral, sem especificar a que categoria. Daí por que, a nosso ver, o termo deve ser entendido como se referindo a qualquer tipo de investidor, independentemente de seu nível de qualificação." (*Responsabilidade administrativa e civil do ofertante e do intermediário pelo conteúdo do prospecto. In:* ADAMEK, Marcelo Vieira Von (Coord.). *Temas de Direito Societário e Empresarial Contemporâneos*. São Paulo: Malheiros, 2011, p. 250).

312 O papel destes investidores no mercado de capitais tem sido objeto de inúmeros estudos, mas a análise no presente trabalho está centrada na sua relação com o dever de divulgar fato relevante. Para uma síntese das questões e referência bibliográficas recentes pode-se consultar o artigo de RIBEIRO, Marcia Carla Pereira e AGOSTINHO, Eduardo Oliveira. *Os investidores Institucionais e o Desenvolvimento do Mercado de Capitais no Brasil. In:* WALD,

O conceito de investidor institucional é empregado de longa data, e o uso da expressão congrega os investidores que atuam de forma habitual e profissional no mercado de capitais. Identifica-se no direito brasileiro a tentativa de incentivar sua atuação – vista como relevante para a garantir estabilidade e desenvolvimento do mercado – desde 1975[313].

Relacionado, mas sem necessariamente confundir-se com a ideia de investidor institucional, o conceito de investidor qualificado tem ganhado relevo nas regulações de mercados de valores mobiliários do mundo.

Neste cenário, é oportuno notar o aumento da participação dos investidores institucionais no mercado acionário[314].

Nos Estados Unidos, segundo expõe Roberta Karmel, o conceito de investidor qualificado ("accredited investor") foi incluído em 1980 no Securities Act de 1933, por um Congresso impaciente com a recusa da SEC em adotar uma interpretação mais flexível quanto à isenção em relação a determinadas regras no caso de ofertas privadas[315]. A identificação de uma categoria própria de investidores, que dispensaria total ou parcialmente a tutela estatal no âmbito dos investimentos no mercado

Arnoldo; GONÇALVES, Fernando; SOARES DE CASTRO, Moema Augusta (coord.); FREITAS, Bernardo Vianna; CARVALHO, Mário Tavernard Martins de (org.). *Sociedades Anônimas e Mercado de Capitais*. São Paulo: Quartier Latin, 2011, pp. 375-400.

313 EIZIRIK, Nelson. *O papel do Estado na Regulação do Mercado de Capitais*. Rio de Janeiro: IBMEC, 1977, p. 127. O citado autor menciona ainda a ausência de atuação significativa de investidores institucionais como explicação para o reduzido desenvolvimento do mercado acionário brasileiro à época.

314 Cf., citando o crescimento da participação dos investidores institucionais nas companhias listadas na NYSE de, aproximadamente, 7,2% em 1950 para 46% em 2000, LOSS, Louis; SELIGMAN, Joel. *Fundamentals of securities regulation*. 5ª ed. Aspen, 2004, p. 4. Para referências ao mesmo fenômeno no Brasil, cf. RIBEIRO, Marcia Carla Pereira e AGOSTINHO, Eduardo Oliveira. *Os investidores Institucionais e o Desenvolvimento do Mercado de Capitais no Brasil. In:* WALD, Arnoldo; GONÇALVES, Fernando; SOARES DE CASTRO, Moema Augusta (coord.); FREITAS, Bernardo Vianna; CARVALHO, Mário Tavernard Martins de (org.). *Sociedades Anônimas e Mercado de Capitais*. São Paulo: Quartier Latin, 2011, pp. 379-380.

315 KARMEL, Roberta S. *Regulation by Exemption: The Changing Definition of an Accredited Investor. In: Rutgers Law Journal*, v. 39:681, p. 681.

de valores mobiliários, foi seguida em outras jurisdições, inclusive a brasileira[316].

A regulação com foco no investidor foi objeto de propostas abrangentes de reforma do modelo de regulação do mercado de valores mobiliários, como visto no item 4 *supra*, que influenciaram em certos aspectos o tratamento da matéria.

No Brasil, o investidor qualificado tem acesso a investimentos vedados aos investidores em geral, seja por meio da participação em determinados fundos de investimento, seja pelo acesso às ofertas de distribuição com esforços restritos.

O investidor qualificado é aquele que presumidamente possui conhecimentos superiores a respeito do funcionamento do mercado de capitais, de sorte a dispensar a atuação protetora da regulamentação estatal. A hoje revogada Instrução CVM nº 409, que disciplinava os fundos de investimento, relacionava no art. 109[317] os investidores considerados como qualificados (outras normas da CVM faziam referência a tal conceito ou, ainda, estabeleciam requisitos adicionais, como o investimento mínimo de R$ 1.000.000,00 para determinadas pessoas, como por exemplo o art. 4º, II da Instrução CVM nº 476, definindo o que se convencionou denominar de investidor superqualificado, até ter sido revogado pela ICVM nº 554).

[316] Cf. Wald, Arnoldo. *O investidor qualificado no Direito Comparado. In: Revista de Direito Mercantil, Industrial, Econômico e Financeiro,* nº 139, 01/09/2005, pp. 7-28 e Wald, Arnoldo. *O investidor qualificado no mercado de capitais brasileiro. In: Revista de Direito Bancário e do Mercado de Capitais,* nº 32, 01/06/2006, pp. 15-34.

[317] "Art. 109. Para efeito do disposto no artigo anterior, são considerados investidores qualificados:

"I – instituições financeiras;

"II – companhias seguradoras e sociedades de capitalização;

"III – entidades abertas e fechadas de previdência complementar;

"IV – pessoas físicas ou jurídicas que possuam investimentos financeiros em valor superior a R$ 300.000,00 (trezentos mil reais) e que, adicionalmente, atestem por escrito sua condição de investidor qualificado mediante termo próprio, de acordo com o Anexo I;

"V – fundos de investimento destinados exclusivamente a investidores qualificados;

"VI – administradores de carteira e consultores de valores mobiliários autorizados pela CVM, em relação a seus recursos próprios;

"VII – regimes próprios de previdência social instituídos pela União, pelos Estados, pelo Distrito Federal ou por Municípios."

O Edital de Audiência Pública SDM nº 03/14 contém proposta de alteração do conceito de investidor qualificado no âmbito do mercado de valores mobiliários, bem como a criação do conceito de investidores profissionais, e resultou na Instrução CVM nº 554, que alterou a Instrução CVM nº 539 tratando dessas categorias, bem como outros normas.

O conceito de investidor qualificado adota essencialmente uma presunção de conhecimento superior, apurada a partir de critérios variados, como o porte do investimento ou do patrimônio do investidor, a habitualidade e profissionalidade da atividade de investimento e a formação acadêmica. Cada um destes critérios é mencionado pela doutrina ao definir o investidor para fins da determinação da informação relevante.

Considerando-se a sofisticação atribuída aos investidores qualificados, ao lado destes podem ser incluídos também os "high frequency traders" ou "algo traders".

A atuação desses negociadores foi autorizada pela Comissão de Valores Mobiliários quando da implementação de novos modelos de negociação de Acesso Direto ao Mercado (Processo CVM SP 2009/0125, julgado em 03.08.2010). Além das questões relacionadas à higidez dos mercados, ressaltadas na respectiva manifestação da área técnica, a implementação de tais técnicas de negociação apresenta outros desafios. O desenvolvimento destes métodos de negociação pode ser associado à proliferação, em outros países, das *dark pools*, nas quais valores mobiliários são negociados sem a transparência de preços característica das bolsas de valores. Particularmente no âmbito da divulgação de fato relevante, é possível que o próprio conceito de investidor, integrante do de fato relevante, deva ser revisto, para considerar a medida em que a divulgação de um fato relevante pode, ou não, influenciar uma decisão de investimento baseada, essencialmente, em um algoritmo pré-determinado[318].

Em todo caso, como a finalidade do dever de divulgar fato relevante é justamente eliminar a assimetria informacional, o fato de alguns

[318] Um relato amplo da atuação destes investidores pode ser consultado em PATTERSON, Scott. *Dark Pools: high-speed traders, AI bandits, and the threat to the global financial system.* New York: Crown Business, 2012, que noticia inclusive experimentos de programas que possam interpretar notícias divulgadas para com base nelas decidir os investimentos a serem realizados.

investidores terem maior acesso à informação não muda o conceito da lei. Além disso, os investidores qualificados também são tutelados pelo dever de divulgar fato relevante, como se pode inferir da imposição desta obrigação no âmbito das companhias que realizam ofertas sob a égide da Instrução CVM nº 476, como exposto no item 6 *supra*.

26. De mercado

A CVM, ao regulamentar o dever de divulgar fato relevante na Resolução CVM nº 44, empregou no conceito tão somente a expressão investidores[319] (assim como fizera nas Instruções CVM nº 358 e 31/84), sem a referência a "de mercado".

Esta qualificação dos investidores como "de mercado" apresenta algumas dimensões que convém examinar. Em primeiro lugar, pode ser tão abrangente quanto possível. Esta parece ser a visão refletida na Resolução CVM nº 44, que a suprimiu, talvez por considerá-la supérflua. Em segundo lugar, pode-se distinguir mercado como no mercado de valores mobiliários, referindo-se a quem usualmente negocia ali. Em terceiro lugar, pode-se considerar somente mercados regulamentados, excluindo, portanto, negociações privadas. Em quarto lugar, pode-se considerar o mercado para os valores mobiliários do emitente em particular, como já se debateu em Hong Kong.

Uma vez que o investidor, aqui considerado, é relevante no contexto de sua decisão de comprar ou vender valores mobiliários, seria difícil conceber investidor que não fosse de mercado. A questão, porém, foi abordada expressamente na legislação societária australiana, que men-

[319] "Art. 2º Considera-se relevante, para os efeitos desta Resolução, qualquer decisão de acionista controlador, deliberação da assembleia geral ou dos órgãos de administração da companhia aberta, ou qualquer outro ato ou fato de caráter político-administrativo, técnico, negocial ou econômico-financeiro ocorrido ou relacionado aos seus negócios que possa influir de modo ponderável:
"I – na cotação dos valores mobiliários de emissão da companhia aberta ou a eles referenciados;
"II – na decisão dos investidores de comprar, vender ou manter aqueles valores mobiliários; ou
"III – na decisão dos investidores de exercer quaisquer direitos inerentes à condição de titular de valores mobiliários emitidos pela companhia ou a eles referenciados."

ciona o potencial de influenciar as pessoas que usualmente investem em valores mobiliários, conforme mencionado no item 17 *supra*.

É possível cogitar a possibilidade de a legislação ter pretendido excluir os investidores que negociem fora dos mercados regulamentados. Com efeito, as companhias abertas são, pela definição legal, aquelas que têm seus valores mobiliários admitidos a negociação em mercados regulamentados. Esta admissão, contudo, não torna imperativo que todas as negociações se deem no âmbito destes mercados, sendo possível a negociação de títulos fora destes ambientes, por meio de negociações privadas (esta é, inclusive, a forma usual quando se cogita de alienação do controle acionário).

Uma interpretação restritiva da expressão mercado empregada no art. 157, §4º permitiria excluir do escopo legal os investidores que realizassem operações privadas. Vale notar, por outro lado, que embora atualmente a LSA faça referência aos mercados de valores mobiliários quando pretende disciplinar os mercados regulamentados, não continha em sua redação original tal ressalva, e o parágrafo único do art. 4º dispunha que "somente os valores mobiliários de companhia registrada na Comissão de Valores Mobiliários podem ser distribuídos no mercado e negociados em bolsa ou no mercado de balcão". Mesmo com as reformas introduzidas, ainda há referências a mercado em diversos dispositivos legais, tal como no próprio §2º do art. 4º, segundo o qual "nenhuma distribuição pública de valores mobiliários será efetivada no mercado sem prévio registro na Comissão de Valores Mobiliários".

Em todo caso, para que tal segregação pudesse ter efeito prático, seria preciso haver diferença no elemento seguinte (a decisão de investimento) para os investidores em ambos os casos, e para tanto existirem investidores realizando apenas negociações privadas, e formando suas decisões de investimento com base em outros critérios. A distinção não deixa, em todo caso, de ser válida quando se consideram outros aspectos da regulação do mercado, tais como o próprio direito a indenização e a responsabilidade por negociações. A questão ganha outro contorno se consideradas companhias que possuem apenas alguns dos valores mobiliários de sua emissão admitidos à negociação em mercado regulamentados, como será visto no item 29 *infra*.

Em Hong Kong, o manual com orientação para divulgação de informações divulgado pela Comissão de Valores Mobiliários e Futuros menciona ser importante, ao avaliar a probabilidade de determinada informação afetar os preços de um valor mobiliário, considerar os investidores habituais daquele título em particular, ou que poderiam investir se tivessem conhecimento da informação[320]. O manual faz referência à Decisão do Tribunal de *Insider Dealing* (antiga denominação do *Market Misconduct Tribunal*) no caso Hong Kong Parkview Group Limited, no qual foi mencionado ser possível, à luz do conceito de informação privilegiada naquela jurisdição, considerar determinados valores mobiliários como fora da esfera de interesses de alguns investidores. Desse modo, seria possível inferir não ter cabimento considerar a decisão de tais investidores para conceituar determinada informação como relevante. Como, porém, sustentou o Tribunal naquele caso, e parece ser possível sustentar em muitos outros, tal argumento apenas raramente seria aplicável (e não era, de acordo com a decisão, naquela hipótese).

[320] "26. The standard by which materiality is to be judged is whether the information on the particular share is such as would influence persons who are accustomed or would be likely to deal in the share, in deciding whether or not to buy or whether or not to sell that share. A movement in price which would not influence such an investor may be termed immaterial. Price is, after all, to a large extent determined by what investors do. If generally known, it is the impact of the information on persons who are accustomed or would be likely to deal in the share, and thus on price, which has to be judged."

CAPÍTULO 6
DECISÃO DE INVESTIMENTO

27. Decisão de investimento

O conceito de investidores de mercado, objeto do capítulo precedente, circunscreve o conjunto de agentes cuja decisão de investimento deve ser considerada com a finalidade de definir o fato relevante.

Diversos são os processos de decisão de investimentos e, por consequência, diversos serão os fatos capazes de influir em cada um destes processos.

Convém, para fins de análise, empregar a distinção usualmente estabelecida entre duas grandes correntes nos chamados sistemas de análise de ações, a partir do qual são tomadas as decisões de investimento: a análise fundamentalista e a análise gráfica. Os métodos não são estanques, e frequentemente são utilizados de forma combinada nas decisões de investimento.

A análise fundamentalista leva em conta os dados econômicos das companhias para avaliar o valor das suas ações e, comparando este valor com o de mercado, formula as decisões de compra ou venda a partir da relação entre tais preços. A análise gráfica busca identificar, com base nas cotações das ações, seus movimentos futuros, e a partir desta previsão decidir os investimentos.

A análise gráfica atribui papel secundário aos dados financeiros da companhia, tendo por base antes o desempenho pretérito de suas ações[321]. Nos Estados Unidos, Robert C. Clark sustenta que a classe de

[321] MALKIEL, Burton G. *A Random Walk Down Wall Street*. New York: W. W. Norton, 2007, p. 102.

investidor razoável inclui especuladores e *chartists* (investidores que empregam a análise gráfica em suas decisões de investimento), não apenas investidores conservadores[322].

A análise gráfica foca antes nos movimentos das ações do que nos negócios da companhia, e parece discutível sua utilidade para o conceito de fato relevante estabelecido na LSA. Os analistas gráficos "[n]ão se preocupam, em termos de análise, com os fatos que provocam as oscilações nos preços, e sim com as próprias oscilações"[323]. Portanto, para o conceito abstrato de investidor de mercado, este método de análise não forneceria maiores indicações para fins de definição de fato relevante.

Partindo da premissa anteriormente adotada de que investidor de mercado é, necessariamente, quem negocia valores mobiliários com o intuito de lucro, pode-se afirmar que a decisão de investimento seria decorrente da relação entre o valor de mercado e o valor estimado pelo investidor. Logo, a decisão de investimento parte da avaliação da companhia emissora e, conforme o investidor estime o valor da companhia como superior ou inferior ao valor atribuído pelo mercado, comprará ou venderá ações[324].

A decisão de investimento, portanto, depende do valor atribuído à companhia, de modo que afetarão essa decisão os fatos aptos a influenciar tal valor. Não há, porém, uma única forma de avaliar uma companhia, e a disparidade de visões a este respeito é elemento inerente à dinâmica do mercado.

A própria LSA reconhece diversos critérios de avaliação de uma companhia. O art. 4º, §4º, ao condicionar o cancelamento do registro de companhia aberta à realização de oferta pública por valor justo, menciona de forma exemplificativa os seguintes critérios: (i) patrimônio líquido contábil; (ii) patrimônio líquido avaliado a preço de mercado; (iii) fluxo de caixa descontado; (iv) comparação por múltiplos e (v) cotação das ações no mercado de valores mobiliários.

[322] Clark, Robert C. *Corporate Law*. Boston: Little, Brown and Company: 1986, p. 328.

[323] Campos, Roberto da Cunha. *Técnicas Correntes de Análise e Avaliação de Títulos e Seleção de Carteira*. *In:* Castro, Helio O. Portocarrero de. (coord.) *Introdução ao Mercado de Capitais*. Rio de Janeiro: IBMEC, 1979, p. 167.

[324] A questão apresenta nuances quando se trata de outros valores mobiliários, como será visto no item 29 infra

Ao empregar outros critérios além do valor de cotação em bolsa para avaliar a companhia aberta, o legislador reconheceu a inexistência de uma única forma para mensurar a empresa.

Por outro lado, a racionalidade dos investidores em suas decisões de investimento tem sido objeto de ampla discussão. A possibilidade de decisões ilógicas já havia chamado a atenção da doutrina, que logo após a edição da LSA a apresentava como dificuldade para a atuação dos administradores[325].

Reconhecer, porém, a dificuldade de definir como deve ser avaliada a companhia e o funcionamento da decisão de investimento não pode ser a última etapa do processo, pois a lei exige do administrador da companhia aberta a ponderação destes fatores na avaliação da necessidade de divulgação de fatos, de modo que ele carece de uma base mínima para esta decisão.

Neste contexto, é possível que o único critério passível de ser adotado acarrete a vinculação entre a decisão de investimento e a avaliação da companhia, de acordo com os critérios adotados habitualmente pelos investidores de mercado. Como visto, os investidores de mercado são necessariamente um todo heterogêneo. No entanto, há que se conceber para fins de aplicação da lei um tipo ideal de investidor, o investidor médio, correspondente àquele que influencia as negociações com ações.

Desse modo, excluir-se-iam os investidores que empregam a informação de modo incomum, seja atentando para dados ignorados pelos estudos de finanças[326], seja processando número muito maior de informações do que a maioria dos investidores. Neste caso, os extremos são definidos não com base em um conceito teórico, mas sim com base na observação daquilo que efetivamente ocorre na prática.

Inicialmente podem ser incluídos os dados econômicos que afetam a avaliação de companhia pelos critérios mais usuais. Assim, a relevância

[325] "Também aqui cabe assinalar quão difícil será aos administradores prever eventuais reflexos, no mercado, de certos atos ou fatos da sociedade, sabendo-se que as reações daquele nem sempre são ditadas pela lógica e pelo bom senso." (TEIXEIRA, Egberto Lacerda e GUERREIRO, José Alexandre Tavares. *Das sociedades anônimas no direito brasileiro*. v. 2. São Paulo: Bushatsky, 1979, pp. 477/488).

[326] Os exemplos pitorescos citados por Malkiel incluem a observação de manchas solares, observação das fases da lua e medição das vibrações na Falha de San Andreas (MALKIEL, Burton G. *A Random Walk Down Wall Street*. New York: W. W. Norton, 2007, p. 101).

dos fatos pode ser medida, mesmo sem uma regra fixa, tendo em vista os efeitos patrimoniais na companhia.

A CVM já considerou a relação entre o valor de determinadas operações e certos dados financeiros da companhia para avaliar a relevância da informação. No julgamento do PAS RJ2007/1079[327] o percentual de endividamento que empréstimos tomados pela companhia representavam sobre o patrimônio líquido (4,04% e 3,42% conforme a data considerada) foi levado em consideração para decidir não se tratar de fato relevante, dentre outros fatores (tais como a ausência de oscilação atípica no volume ou preço das ações negociadas). Por serem empresas ligadas, considerou-se ainda não haver efeitos sobre o saldo contábil consolidado.

O vulto econômico do mesmo empréstimo para fins de caracterização como fato relevante foi examinado em outro processo (PAS CVM nº RJ2006/4776[328]), sob a perspectiva do dever de divulgar por parte da companhia mutuante. Neste caso, a CVM entendeu serem relevantes os empréstimos, por representarem 38,07% do patrimônio líquido da companhia e 81% da carteira administrada[329].

Considerou-se, ainda, na decisão, não constituir garantia de solvabilidade o *rating* excelente da mutuária, o aumento do risco em razão da concentração do montante do crédito concedido a uma única instituição, a concessão em desconformidade com as normas de empréstimos da companhia e o fato de tratar-se de empréstimo concedido ao acionista controlador, abaixo do custo de captação do próprio controlador.

Em determinados casos, certas deliberações não teriam nenhum impacto direto sobre o valor da companhia, mas sim na forma como tal valor é representado pelos títulos emitidos, como ocorre no caso de grupamentos ou desdobramentos de ações. No entanto, a mudança do número de títulos emitidos pela companhia pode afetar seu valor, pois alteram a própria dinâmica das negociações. O aumento do número de ações por meio de desdobramento, reduzindo seu valor, pode elevar

[327] Julgado em 10.07.2007, Relator Eli Loria.

[328] Julgado em 17.01.2007, Relator Pedro Oliva Marcilio de Sousa.

[329] Conforme mencionado no voto do Relator, "(...) essa carteira administrada é utilizada como critério pela Norma de Empréstimos para fixar certos limites de concentração de créditos e será chamada neste voto simplesmente de "*disponibilidades ajustadas*".

em termos percentuais as oscilações mínimas[330]. Sob outra perspectiva, eventual grupamento, ao elevar substancialmente o valor de cada ação, pode afastar investidores que pretendam aplicar montantes reduzidos. A alteração, portanto, no número de títulos tem o potencial de alterar o próprio valor da companhia. Trata-se de um caso em que a alteração quantitativa possibilita diferenças qualitativas, como já observara no âmbito do direito societário (especificamente quanto ao tamanho das empresas), e citando obra de Hegel, Fábio Konder Comparato[331].

Já se discutiu se certas operações seriam capazes, independentemente de apresentar impacto financeiro direto, de influenciar investidores por conta de outros aspectos, como sua aderência às boas práticas de governança corporativa. No julgamento do PAS CVM Nº RJ2006/4776[332], ao avaliar determinados empréstimos feitos por uma companhia à sua acionista controladora, o Relator entendeu residir a sua relevância no aspecto qualitativo, de modo que a decisão dos investidores seria afetada "pela incerteza quanto ao alinhamento de interesses desses administradores com os da CAEMI no desempenho futuro de suas funções"[333]. Em nota de rodapé ao mesmo voto, foi feita men-

[330] Tais operações podem, desse modo, alterar a volatilidade dos ativos, e a perspectiva de volatilidade futura pode influenciar a decisão de investimento. Algumas operações com derivativos são montadas com o intuito de obter ganhos com o aumento de volatilidade. O *stradle*, por exemplo, consiste na compra de opção de compra e de uma opção de venda, ambas com o mesmo preço de exercício e data de vencimento, de modo que o ganho a ser auferido com a operação será proporcional à oscilação do preço do ativo subjacente, independentemente desta oscilação representar aumento ou redução de seu preço (sobre o *stradle*, cf. Barbedo, Claudio; Araújo, Gustavo Silva e Lion, Octavio Manuel Bessada. *Mercado de derivativos no Brasil: conceitos, operações e estratégias*. 2ª ed. Rio de Janeiro: Record, 2007, pp. 226-228).

[331] *Aspectos Jurídicos da Macro-empresa*. São Paulo: RT, 1970, p. 1.

[332] Relator Pedro Oliva Marcilio de Sousa, julgado em 17.01.2007.

[333] Deste mesmo voto vale destacar o seguinte trecho, a respeito de fatos poderem ser considerados relevantes mesmo sem impacto econômico direto ou potencial: "51. Fatos podem ser relevantes independentemente de sua natureza (operacionais, patrimoniais, financeiros ou societários) e mesmo que não tenham impacto direto ou potencial relevantes sobre a operação, o patrimônio, as finanças da companhia ou os direitos dos acionistas. Isso porque um determinado fato pode fornecer elementos sobre a capacidade dos administradores (e, conseqüentemente, o rumo de longo prazo da companhia e a maneira com que os negócios sociais serão tratados no longo prazo) ou, ainda, pode demonstrar a forma de tratamento pela administração da companhia de cada uma das classes interessadas (acionista

ção à existência de relatórios de análise apontando preocupações com governança corporativa, o que para o Relator demonstraria a relevância da informação. Posteriormente, no julgamento do PAS CVM Nº RJ2007/1079[334], foi apreciada a questão da divulgação dos mesmos fatos (mútuos da controlada para a controladora), contudo desta vez sob a perspectiva dos deveres dos administradores da controladora. Neste processo, o então Presidente Marcelo Trindade destacou em sua declaração de voto a percepção, pela acusação, de relevância no fato relacionada às práticas de governança corporativa, porém neste caso ponderou que "a avaliação prévia da relevância de um fato pela administração de uma companhia raramente será sensível a argumentos de natureza tão subjetiva, quanto percepções indiretas de aspectos de governança".

Ao delimitar o dever de divulgar a partir da influência sobre as decisões dos investidores de mercado, a LSA circunscreveu o conceito de fatos relevantes àqueles relacionados às operações no mercado de valores mobiliários. Portanto, não caberia recomendação de divulgação de outros fatos, situados fora do espectro legal, não obstante sua elevada importância sob outros aspectos.

Determinadas orientações emitidas por entidades cuja finalidade precípua não é a tutela do mercado de capitais parecem adotar outros critérios que não a influência sobre a decisão dos investidores. Vale mencionar a inclusão, dentre as metas no combate a cartéis definidas durante o 2º Encontro da Estratégia Nacional de Combate a Cartéis, de recomendação à Comissão de Valores Mobiliários para exigir a publicação de fato relevante por companhias "com oferta pública de ações em caso de instauração de processo administrativo em seu desfavor para apurar ocorrência de infração à ordem econômica, nos termos da Lei

controlador, acionistas não controladores, acionistas sem direito a voto, credores, empregados, administradores, comunidade – vide art. 116, § único) e, com isso, alterar o valor relativo entre os tipos e espécies de valores mobiliários (a relação de preços entre as ações e os valores mobiliários de renda fixa, por exemplo, ou entre as ações ordinárias e as preferenciais) ou mesmo quanto ao valor absoluto do valor mobiliário (maior interesse em ajudar a comunidade ou compartilhar lucros com os empregados pode resultar em diminuição dos lucros distribuíveis aos acionistas e, com isso, prejudicar o valor das ações). Por esses motivos, também as características qualitativas do fato, e não apenas as quantitativas, devem ser utilizadas na definição sobre a relevância de um dado fato empresarial."

[334] Relator Eli Loria, julgado em 10.07.2007.

n. 8.884, de 11 de junho de 1994"[335]. Merece referência também a edição, pela Procuradoria Geral da Fazenda Nacional, da Portaria PGFN 947/2008, disciplinando a comunicação de fatos relevantes à CVM e apresentando outros exemplos, além daqueles contidos na Instrução CVM nº 358, de fatos potencialmente relevantes[336].

28. Comprar ou vender

A LSA faz referência à decisão de comprar ou vender valores mobiliários. Apesar de a lei não mencionar a manutenção de valores mobiliários, tal omissão, para fins do art. 157, §4º da LSA, não afeta o conceito, pois sua motivação não é distinta. Se a informação afeta a decisão do investidor, e ele muda a intenção de manter seus títulos, está afetando também a intenção de vender, que ele não tinha e passou a ter. Da mesma forma o investidor que, diante do novo fato, decide manter títulos que antes não manteria, teve afetada sua decisão de vender. Neste aspecto a CVM, ao mencionar expressamente a decisão de manter no art. 2º, "ii" da Resolução CVM nº 44, apenas exerceu típica função regulamentar, explicitando o já contido na norma e sem inovar o ordenamento jurídico.

[335] Disponível em: <http://portal.mj.gov.br/data/Pages/MJDF282882ITEMID176A05B8411546B49487C6567D4832CEPTBRIE.htm> Acesso em: 18 out. 2010. A Lei nº 8.884/94 foi substancialmente revogada pela Lei nº 12.529/11.

[336] "Art. 2º (...)

"Parágrafo único. Observada a definição do *caput*, são exemplos de ato ou fato potencialmente relevante, além dos previstos no parágrafo único do art. 2º da Instrução CVM nº 358, de 03 de janeiro de 2002: I - impetração de concordata, requerimento ou confissão de falência ou recuperação judicial; II propositura de ação judicial que possa vir a afetar a situação econômico-financeira da companhia; III - apresentar, em processo judicial, demonstração quanto ao comprometimento da situação econômico-financeira da companhia; IV - restabelecimento da cobrança de débitos de valor expressivo, nas hipóteses em que as causas de suspensão de exigibilidade não subsistem; V - distribuição de proventos em dinheiro, tais como dividendos, juros sobre capital próprio e bonificações, sem que seus débitos, tributários ou não tributários, inscritos em dívida ativa da União, estejam em situação de regularidade fiscal, nos termos do art. 52 da Lei 8.212, de 24.07.1991 e art. 32 da Lei 4.357, de 16.07.1964; VI - existência de débitos de valor expressivo, considerado o patrimônio líquido da empresa, capaz de comprometer seu funcionamento regular."

Esta portaria é mencionada por Áureo Natal de Paula (*Crimes Contra o Sistema Financeiro Nacional e o Mercado de Capitais*. 6ª ed. Curitiba: Juruá, 2012, p. 42).

A distinção entre comprar, vender ou manter é útil no âmbito da repressão ao *insider trading*, especialmente tendo em vista a menção feita pelo art. 155, §1º da LSA a comprar e vender. De forma semelhante, a definição penal da Lei nº 6.385/76 cita a negociação. O *insider* que pretendia vender seus títulos, mas decide mantê-los com base em informação privilegiada, poderia utilizar aquela informação sem modificar a composição de sua carteira de investimentos, suscitando debates a respeito da conveniência de punir tal prática. O primeiro problema neste caso é a prova[337]: se a prova do *insider* já é considerada difícil quando há efetivamente negociação – obstáculo invocado como fundamento para estabelecer presunções na matéria – quando há mera manutenção, seria preciso, além de provar o acesso à informação privilegiada, provar a prévia intenção de vender. Isto só seria possível na hipótese de a intenção de vender ter sido exteriorizada. A questão, enfim, só é importante no âmbito do *insider trading* porque ali apura-se a conduta efetivamente praticada, e não a mudança na decisão de investimento, como ocorre quando da divulgação de fato relevante.

Nos Estados Unidos as regras relativas ao uso de informações relevantes fazem referência à palavra *sale*. Desse modo, tais normas não se aplicam a presentes (*gifts*), mas já se admitiu demanda contra o réu que havia feito doação de valores mobiliários, cujo valor teria sido levado fraudulentamente a acreditar ser superior ao real[338].

Outras operações com valores mobiliários não estão contempladas na lei, ainda que possuam importância crescente no mercado brasileiro, como o empréstimo de ações[339]. No entanto, para vislumbrar falha na definição legal seria necessário identificar operações cuja decisão de investimento seguisse critérios apartados dos da compra e venda de valores mobiliários. O empréstimo de ações, por exemplo, na sua utiliza-

[337] Cf., no âmbito do direito inglês, afirmando ser difícil defender tal exclusão, e considerando ter sido feita presumivelmente como resultado de uma decisão pragmática decorrente da dificuldade probatória, DAVIES, Paul L. *Gower's Principles of Modern Company Law.* 6th ed. London: Sweet & Maxwell: 1997, p. 468.

[338] HAZEN, Thomas Lee. *The Law of Securities Regulation.* 6ª ed. West, 2009, p. 453.

[339] Sobre o empréstimo de ações, cf. KALANSKY, Daniel; PEYSER, Luis. *Empréstimo de Ações e o Mercado de Capitais. In*: PERIN JUNIOR, Ecio; KALANSKY, Daniel; PEYSER, Luis (Coord.) *Direito Empresarial – Aspectos Atuais de Direito Empresarial Brasileiro e Contemporâneo.* São Paulo: Método, 2005, pp. 19-37.

ção mais frequente serve como uma aposta na desvalorização dos ativos: o investidor toma os valores mobiliários emprestados para vendê-los, com a obrigação de devolvê-los posteriormente. Neste caso, o faz com a expectativa de que no momento da devolução o preço seja inferior ao preço no momento da venda. Embora o empréstimo não seja operação de compra e venda, na hipótese de o mutuário proceder à venda da ação recebida no empréstimo e à sua posterior recompra para devolução ao mutuante, a decisão de tomar o empréstimo provavelmente terá sido afetada pelas mesmas razões que influenciam uma decisão de compra ou venda. A posição do mutuante, porém, pode ser mais complexa de ser analisada, pois a rigor não está comprando nem vendendo a ação[340]. Não difere a decisão relativa à subscrição de ações, pois embora a subscrição não se confunda com compra e venda, como expõe José Alexandre Tavares Guerreiro[341], será habitualmente pautada pelos mesmos critérios que a orientam.

A regulamentação da CVM faz referência, ainda, às informações com impacto sobre a decisão do investidor de exercer direitos "inerentes à condição de titular de valores mobiliários emitidos pela companhia ou a eles referenciados" (Resolução CVM nº 44, art. 2º, III).

O exercício de direitos inclui o exercício de bônus de subscrição ou conversão de debêntures em ações, atos que estão diretamente vinculados ao valor das ações. Neste caso, a decisão de converter seguirá os mesmos princípios da decisão de comprar ou vender valores mobiliários. Da mesma forma, o exercício do direito de recesso, por envolver o reembolso do valor das ações por um preço determinado no estatuto, poderá ser influenciado pela expectativa do valor destas ações em bolsa.

Outros direitos passíveis de serem exercidos pelos acionistas, porém, não guardam necessariamente relação direta com a decisão de investimento, como o direito de voto.

A informação para o direito de voto é objeto de disciplina específica na LSA, e foi regulamentada pela CVM por meio da Instrução CVM nº

[340] Cf. TRINDADE, Marcelo Fernandez. *Mútuo de Ações e Insider Trading. In*: CASTRO, Rodrigo Rocha Monteiro de. WARDE JÚNIOR, Walfrido Jorge; GUERREIRO, Ana Carolina Dias Tavares (coord.). *Direito Empresarial e Outros Estudos em Homenagem ao Professor José Alexandre Tavares Guerreiro*. São Paulo: Quartier Latin, 2013, pp. 519-535.

[341] *Regime jurídico do capital autorizado*. São Paulo: Saraiva, 1984, pp. 108-111.

481. Esta detalha as informações a serem prestadas relativas às matérias deliberadas.

Informações concernentes exclusivamente ao direito de voto, mas que não alterem a decisão de investimento, não são, pela redação do art. 157, §4º da LSA, fatos relevantes. Como mencionado no item 5 *supra*, já se considerou o desenvolvimento da disciplina da informação relacionada ao direito de voto nos Estados Unidos, especificamente quanto aos pedidos públicos de procuração, como consequência da ausência de outras regras mais efetivas de divulgação de informações. A Resolução CVM nº 44, todavia, ao definir fatos relevantes, inclui aqueles aptos a influir de forma ponderável "na decisão dos investidores de exercer quaisquer direitos inerentes à condição de titular de valores mobiliários emitidos pela companhia ou a eles referenciados." Interpretar o conceito desta Instrução de sorte a considerar mesmo fatos neutros que não alterassem a decisão de investimento – mas somente a decisão relativa ao direito de voto (e presumindo a possibilidade de tal distinção ocorrer na prática) – também relevantes levaria à já mencionada questão da competência da CVM para regulamentar a matéria.

29. Ações e outros títulos

O anteriormente analisado parte da premissa das negociações com ações. A companhia aberta, entretanto, pode emitir outros títulos. Por este motivo o legislador faz referência a valores mobiliários[342]. Alguns

[342] A Lei nº 6.385/76 originalmente enunciava determinados títulos como valores mobiliários, outorgando ao Conselho Monetário Nacional competência para definir outros. A Medida Provisória nº1.637/98 – objeto de sucessivas reedições, até a Medida Provisória 2.110-40/01, afinal convertida na Lei 10.198/01 – acrescentou ao rol de valores mobiliários uma definição de títulos e contratos de investimento coletivo. A Lei nº 10.303/01 incluiu tais títulos ou contratos na definição do art. 2º, e deixou de prever a possibilidade de reconhecimento de novos valores mobiliários pelo Conselho Monetário Nacional. A definição abrangente de contrato de investimento coletivo, porém, pode ser interpretada como um conceito geral, apto a abarcar novos valores mobiliários que venham a ser criados. Sobre o assunto, cf. NORONHA NAJJARIAN, Ilene Patricia de. *Das ações de sociedades anônimas como originadoras de outros valores mobiliários. In:* FINKELSTEIN, Maria Eugênia Reis e PROENÇA, José Marcelo Martins. *Direito societário: sociedades anônimas.* São Paulo: Saraiva, 2007, pp. 136-176; CHEDIAK, Julian Fonseca Peña. *A Reforma do Mercado de Valores Mobiliários.* In: LOBO, Jorge. (coord.) *Reforma da Lei das Sociedades Anônimas.* Rio de Janeiro: Forense, 2002, p. 527-530.

destes títulos terão seu valor atrelado de forma mais ou menos direta ao preço das ações, como os bônus de subscrição e outros títulos conversíveis em ações. Outros não apresentarão a mesma correlação.

O valor de um título de dívida não conversível, como uma debênture não conversível, não está relacionado ao valor da companhia da mesma forma que o valor de uma ação. Fatos reveladores, por exemplo, de aumento ou decréscimo no valor da companhia ou dos dividendos a serem distribuídos podem ser relevantes para os titulares de ações, mas não necessariamente o serão para os titulares de debêntures não conversíveis – que não se beneficiarão de dividendos maiores ou menores – e para quem a informação só importaria se indicasse uma alteração na capacidade da companhia de pagar suas dívidas.

Esta distinção não mereceu atenção pelo legislador brasileiro na edição da LSA, e tampouco pela regulamentação. A Diretiva 79/279/CEE a estabelecia, como visto no item 15 *supra*. Em linha com tal orientação, o Código de Valores Mobiliários de Portugal contemplava em seu art. 248[343], de forma distinta, o dever de divulgar para ações e para obrigações ou outros títulos de dívida, dispondo ser necessária, neste último caso, a divulgação de fatos que afetassem a capacidade da companhia cumprir seus compromissos. O referido artigo foi alterado, seguindo a nova orientação comunitária europeia, e faz referência geral à divulgação de informação privilegiada, sem distingui-la conforme os títulos emitidos.

A inexistência até o momento de um mercado secundário ativo para títulos de dívida terá tido seu papel fundamental neste aspecto. Há esforços com o intuito de mudar esta situação, e parte das reformas pro-

[343] "1 – As sociedades emitentes de acções admitidas à negociação informam imediatamente o público sobre quaisquer factos ocorridos na sua esfera de actividade que não sejam do conhecimento público e que, devido à sua incidência sobre a situação patrimonial ou financeira ou sobre o andamento normal dos seus negócios, sejam susceptíveis de influir de maneira relevante no preço das acções.
"2 – Os emitentes de obrigações ou de outros valores mobiliários representativos de dívida admitidos à negociação informam imediatamente o público sobre quaisquer factos ocorridos na sua esfera de actividade que não sejam do conhecimento público e que sejam susceptíveis de afectar de maneira relevante a capacidade de cumprir os seus compromissos.
"3 – A prestação de informação sobre factos relevantes que não seja completa, verdadeira, clara e objectiva é considerada facto relevante."

movidas pelas Leis nº 10.303/01 e 12.431/11 pode ser entendida como tal, a exemplo da autorização concedida à CVM para classificar as companhias abertas em categorias, constante do art. 4, §3º da LSA. A Instrução CVM nº 480, no exercício desta competência, dividiu os emissores conforme os títulos admitidos à negociação nos mercados de valores mobiliários.

A despeito da ausência de detalhamento na legislação brasileira, a companhia que somente tiver debêntures admitidas à negociação terá, na decisão dos investidores a respeito destes títulos, o parâmetro para a definição do fato relevante para fins do dever de divulgar. Apesar disso, este não parece ter sido o entendimento adotado pela CVM no julgamento do PAS CVM Nº 12/05[344].

Nesse caso, informações sem repercussão sobre a decisão dos investidores de comprar ou vender ações não deverão ser divulgadas, a menos que influenciem a decisão de negociar os valores mobiliários admitidos à negociação nos mercados regulamentados. Os investidores em ações, nesta hipótese, não são investidores "de mercado".

30. Valores de emissão da companhia

A informação, segundo a definição legal, será relevante se afetar a decisão de comprar ou vender os valores de emissão da companhia, e não quaisquer valores mobiliários.

[344] "87. Os conselheiros não negam que tinham conhecimento do fato, porém defendem-se com a alegação de que a regulamentação da CVM, no que concerne à divulgação de fatos relevantes, não se aplicaria aos aumentos de capital procedidos pela Encomind. Alegam que (i) os únicos valores mobiliários da Encomind que foram publicamente distribuídos eram as debêntures; e que (ii) "os aumentos de capital realizados em nada alteraram as condições das debêntures", não havendo que "se falar em influência na cotação de valores mobiliários e na decisão de investidores".
"88. Discordo deste argumento da defesa, uma vez que ele ignora que o legislador (e o regulador), ao disciplinar os chamados fatos relevantes, estabeleceu o potencial de influir de modo ponderável no valor de mercado de determinado valor mobiliário como um parâmetro abstrato, ideal. Assim, não se exige, para a conceituação de um fato relevante, que aquele fato tenha a potencialidade de impactar as decisões de investimento relacionadas ao(s) valor(es) mobiliário(s) daquela sociedade em particular. Basta, para que se faça necessária a sua divulgação, que o fato, em abstrato, tenha o potencial de influenciar as cotações, se elas existissem." (Relator Otavio Yazbek, julgado em 04.09.2012).

Informações relativas a uma companhia podem influenciar a decisão de investimento em outras companhias. A primeira hipótese a ser considerada é a de negócios envolvendo outra companhia. Não se trata, sequer, das hipóteses envolvendo relações entre duas companhias: se a companhia "A" incorpora a companhia "B", pode haver aí um fato relevante para ambas, mas cada qual será influenciada por um ato que lhe diz respeito diretamente. No entanto, a falência de uma companhia pode ser considerada relevante, por exemplo, para outra companhia que era sua fornecedora, não apenas porque a falência afetará do ponto de vista jurídico os direitos desta última perante a falida, mas também porque a situação econômica da falida irá impactar os negócios dos fornecedores.

Um outro exemplo é o da companhia que pode afetar a cotação de outra mesmo sem qualquer relação comercial entre elas, pelo simples fato de servir como base para avaliação da outra, ou porque é um indicativo do setor econômico. Por conta de tais relações, informações relevantes de determinada companhia podem ser utilizadas na negociação com ações de outras companhias[345].

Este é um dos efeitos da publicidade dos preços bursáteis, cuja utilidade da informação extrapola os limites das negociações diretamente com títulos cotados. Nestes casos não há informação relevante para a companhia se isto não afetar a decisão dos investidores de negociar os títulos de sua emissão. Seria possível considerar útil para a sociedade um regime mais amplo de divulgação, mas neste caso o ônus – incluindo o custo – da informação seria atribuído aos acionistas em benefício de terceiros.

A Resolução CVM nº 44 ampliou o conceito da LSA ao fazer referência também ao exercício de direitos relativos à condição de titular de valores mobiliários referenciados aos valores mobiliários emitidos pela companhia (art. 2º, III).

Valores mobiliários referenciados aos da companhia são aqueles não emitidos pela companhia, mas cujo valor está relacionado ao dos valores mobiliários emitidos pela própria companhia. São exemplos disto

[345] Cf., citando Ian Ayres, SZTAJN, Rachel. *Regulação e o Mercado de Valores Mobiliários. In: Revista de Direito Mercantil, Industrial, Econômico e Financeiro.* São Paulo: Malheiros, nº 135, p. 140.

opções de compra ou de venda de ações. Neste caso, não se trata das opções de compra de ações outorgadas na forma do art. 168, §3º da LSA, mas de títulos emitidos por participantes do mercado, pelos quais se obrigam a comprar ou vender ações da companhia no futuro, por um preço pré-determinado.

Se os valores são referenciados, eles oscilarão de forma relacionada com os valores mobiliários. Mas podem em alguns casos oscilar mais. Portanto, uma influência ponderável para eles pode não ser ponderável para os valores mobiliários emitidos pela companhia. Como o legislador mencionou expressamente os títulos emitidos pela companhia, caberia indagar se a regulamentação da CVM não extrapolou o conceito legal.

31. Influência ponderável

Ainda que se defina um conceito razoavelmente preciso de investidor, e o processo de decisão seja compreendido, permitindo a identificação dos fatos que podem alterar tais decisões, haverá outro elemento fundamental para o conceito de fato relevante a ser analisado: o caráter *ponderável* de sua influência na decisão de investimentos. A referência ao caráter ponderável da informação já foi considerada uma imprecisão da lei[346]. Há duas acepções fundamentais para ponderável em vernáculo, aplicáveis à análise jurídica do conceito: substancial ou aferível concretamente.

Para Luiz Antonio de Sampaio Campos, a referência feita ao caráter ponderável da informação "impõe um nível maior de certeza por parte dos administradores da companhia."[347]

Da referência feita pela LSA à influência ponderável do fato pode-se inferir, inicialmente, não ser qualquer influência apta a tornar um fato relevante. Esta influência qualificada poderia, por exemplo, ser consi-

[346] "A análise objetiva do conceito [de fato relevante] esbarra na expressão *de modo ponderável* imprecisão que a Instrução procura sanar no art. 2º ao enumerar 22 situações em que se configurariam modalidades de ato ou fato relevante (...)" Amendolara, Leslie. *Direito dos Acionistas minoritários*. 2ª ed. São Paulo: Quartier Latin, 2002, pp. 158-159.

[347] *In:* Lamy Filho, Alfredo; Bulhões Pedreira, José Luiz (Coord.). *Direito das companhias*. Rio de Janeiro: Forense, 2009, p. 1184.

derada como uma influência substancial[348], elevada. Não há, porém, elementos expressos na lei para definir como isto se caracterizaria.

Em todo caso, o dever de divulgar, não obstante destinado a promover a igualdade na distribuição de informação no mercado, não se destina a assegurar absoluta igualdade de informações que, em última instância, determinaria aos administradores a divulgação de toda e qualquer informação relativa à companhia aberta. Cabe aqui repetir a afirmação de Hayek acerca do homem de negócios em geral ("the man on the spot", na expressão dele): "[t]here is hardly anything that happens anywhere in the world that *might* not have an effect on the decision he ought to make"[349].

Como expõe Paul Davies na sexta edição da conhecida obra de Gower: "[p]lacing investors 'on an equal footing' cannot mean that all those who deal on a market should have the same information."[350] Por outro lado, o simples fato de uma informação não ser de conhecimento dos investidores não a faz relevante. Na verdade, a administração da companhia sempre terá mais informações, como expôs Luiz Gastão Paes de Barros Leães ao comentar o caso Texas Gulf[351].

Nos Estados Unidos, adota-se para esta finalidade o conceito de *materiality*. Há critérios objetivos para este conceito, mas em outros contextos. Dessa forma, a regra 14a-8 (i) (5) da SEC define como não

[348] Nesse sentido, BATALHA, Wilson de Souza Campos. *Comentários à Lei das sociedades anônimas: Lei nº 6.404, de 15 de dezembro de 1976*. v. 3. Rio de Janeiro, Forense, 1977, menciona "(...) fatos relevantes, desde que possam influir de maneira substancial na decisão dos investidores (...)".

[349] HAYEK, Friedrich A. *Individualism and Economic Order*. Chicago: The University of Chicago Press, 1948, p. 84.

[350] DAVIES, Paul L. *Gower's Principles of Modern Company Law*. 6th ed. London: Sweet & Maxwell: 1997, p. 460.

[351] "Mas quais são essas informações de divulgações obrigatórias por parte dos *insiders*? São informações reputadas necessárias para que esse "grau de igualdade de posição" frente ao mercado se formalize. É claro que essa igualdade é relativa, visto que o acionista nunca poderá igualar-se aos *insiders* no tocante ao conhecimento da empresa emissora: *the outside stockholder can never match the knowledge of an insider who necessarily knows more about the company and is in a better position of evaluating its prospects*. O que se requer, porém, é revelação de informações reputadas necessárias (*material information*) a um investidor médio, que o habilite a realizar investimentos criteriosos." (Leães, Luiz Gastão Paes de Barros. *Mercado de Capitais & "Insider Trading"*. São Paulo: Editora Revista dos Tribunais, 1982, p. 171).

relevantes[352] operações que representem menos de 5% dos ativos da companhia e das receitas líquidas e vendas brutas. A regra foi estabelecida como parâmetro para a companhia deixar de incluir a proposta de um acionista em um pedido público de procuração. Sua utilidade no direito norte-americano como parâmetro para a avaliação da relevância no âmbito de negociações com ações é contestada, inclusive porque faz referência a dados financeiros da companhia e não às cotações de seus valores mobiliários[353].

Fábio Konder Comparato, quando defendia a vedação ao *insider trading*, antes da edição da LSA, propunha percentuais determinados de oscilação na cotação das ações da companhia que permitiriam presumir a ocorrência de tal prática (e, por consequência, a existência de uma informação relevante não divulgada que teria permitido o ganho do *insider*)[354], mas sua proposta não foi adotada pela LSA.

O significado do caráter ponderável da influência, porém, revela-se mais importante quando considerado no sentido de influência que pode ser verificada e medida objetivamente. O reflexo objetivo da influência na decisão de investimento será, portanto, a alteração da cotação dos valores mobiliários emitidos pela companhia[355].

A partir desta constatação, cabe indagar se o fato relevante estaria definido de forma distinta nos arts. 155, §1º e 157 da LSA, pois o primeiro faz referência a influência ponderável nas cotações e o segundo

[352] " (5) *Relevance:* If the proposal relates to operations which account for less than 5 percent of the company's total assets at the end of its most recent fiscal year, and for less than 5 percent of its net earnings and gross sales for its most recent fiscal year, and is not otherwise significantly related to the company's business;" (Disponível em http://ecfr.gpoaccess.gov/cgi/t/text/text-idx?c=ecfr&sid=f47962527194d684fa55893e6a2d8f6b&rgn=div8&view=text&node=17:3.0.1.1.1.2.80.200&idno=17, acesso em 20/02/2012, 01h54m).

[353] Loss, Louis; Seligman, Joel. *Fundamentals of securities regulation*. 5ª ed. Aspen, 2004, p. 589.

[354] Comparato, Fábio Konder. *Insider Trading*: sugestões para uma moralização do nosso mercado de capitais. Originalmente publicado na *Revista de Direito Mercantil, Industrial, Econômico e Financeiro*, nº 2, Ano X, nova série, 1971, p. 41.

[355] "A definição de fato relevante pode ser condensada em todo aquele acontecimento com o poder de mudar, de pronto, o julgamento dos investidores em relação a determinado ativo, alterando, ato contínuo, o seu preço" (Proença, José Marcelo Martins. *Insider Trading: regime jurídico do uso de informações privilegiadas no mercado de capitais*. São Paulo: Quartier Latin, 2005, p. 144).

a influência ponderável na decisão de investimento, o que suscita o problema da distinção entre influência efetiva e potencial, examinada no próximo item.

32. Influência efetiva e potencial

A CVM afirmou em diversas decisões, citadas a seguir, que um fato poderia ser considerado relevante a despeito de sua divulgação não acarretar alteração das cotações dos valores mobiliários da companhia respectiva. Um dos argumentos para esta conclusão é a menção pela LSA a fato que "possa influir"[356].

Não são poucos os exemplos em que a lei utiliza a expressão "possa" quando na verdade impõe obrigação. Mas no presente caso, não se cogita de imprecisão linguística. O conceito de fato relevante, é preciso lembrar, está definido no art. 157, §4º (dever de divulgação). Portanto, no momento em questão o administrador irá julgar se, no futuro, o ato poderá influenciar as decisões dos investidores, para decidir se deverá divulgar. Se não influenciou tais decisões, não era fato relevante[357]. Não se pode, enfim, considerar como fato relevante aquele que não tiver exercido a influência sobre a decisão dos investidores.

Ora, a alteração na cotação dos valores mobiliários pressupõe, de modo necessário, uma mudança na decisão de investimento dos investidores[358] e o inverso é igualmente verdadeiro: a mudança na decisão dos investidores deveria, igualmente, influir na cotação dos valores mobiliá-

[356] No mesmo sentido, afirmando que a lei e a regulamentação apresentam *standards*, SANTOS, Alexandre Pinheiro dos; OSÓRIO, Fábio Medina; WELLISCH, Julya Sotto Mayor. *Mercado de Capitais*. São Paulo: Saraiva, 2012, p. 144.

[357] Neste sentido, Aline de Menezes Santos Aragão – discorrendo especificamente a respeito da responsabilidade pela informação no prospecto – menciona a verificação de queda na cotação das ações como critério para apurar a ocorrência de prejuízo pela falha na divulgação de informações, com a ressalva de que tal teste nem sempre seria conclusivo justamente porque distorções do mercado poderiam afetar a reação dos preços. (*Responsabilidade administrativa e civil do ofertante e do intermediário pelo conteúdo do prospecto. In:* ADAMEK, Marcelo Vieira Von (Coord.). *Temas de Direito Societário e Empresarial Contemporâneos*. São Paulo: Malheiros, 2011, pp. 247-248).

[358] Neste sentido, mencionando tal relação ao considerar a menção à mudança das cotações prevista na Instrução CVM nº 358 como implícita no art. 157 da LSA, SANTOS, Alexandre Pinheiro dos; OSÓRIO, Fábio Medina; WELLISCH, Julya Sotto Mayor. *Mercado de Capitais*. São Paulo: Saraiva, 2012, p. 144.

rios. A legislação australiana adota, como visto no item 17 *supra*, tal premissa, ao considerar relevante a informação que afete o preço, por ter influenciado a decisão dos investidores.

Nas hipóteses em que uma informação altere a decisão de investimento, mas não altere as cotações, a preocupação com a prática do *insider trading* poderia ser minimizada, porque sem a alteração na cotação o *insider* não seria capaz de obter ganhos com negociações com ações. Neste sentido, as orientações da Comissão de Valores Mobiliários e Futuros de Hong Kong mencionam expressamente a possibilidade de fatos influenciarem alguns investidores a comprar e outros a vender sem, contudo, afetarem o preço de forma relevante em um ou outro sentido[359] (citando decisão do Tribunal de Insider Dealing no caso HKCB Bank Holding Company Ltd. & Hong Kong China Ltd.). Nesta hipótese, porém, seria de se esperar alteração de volume, prevista pela Resolução CVM nº 44, embora a lei não a mencione.

Alterações da cotação dos valores mobiliários poderão decorrer de outros fatos além daqueles relevantes ocorridos nos negócios das companhias. Isto porque a decisão de investimento não é tomada com base exclusivamente nas informações a respeito da companhia, sendo influenciado por outros fatores, como dados de desempenho do setor. Além disso, de forma ainda mais afastada das particularidades da companhia, alterações na taxa de juros ou no câmbio conseguem afetar as cotações.

É possível cogitar de um fato que alteraria a decisão de investimento, mas não teria por reflexo uma mudança na cotação. Basta imaginar a hipótese de um fato com o potencial de elevar o valor das ações, divulgado para o conhecimento do público no mesmo momento em que outros fatores acarretem a depreciação das ações como um todo. Neste caso, considerada individualmente, a ação daquela companhia não apre-

[359] "24. Generally information that is likely to have a material effect on the price of the listed securities is important information concerning a corporation. But the converse is not necessarily true. Some important information or information of great interest concerning a corporation may excite comment but may not be information that would be likely to have a material effect on the price of the securities. Similarly, some important information may be of a neutral or mixed nature that may influence some investors to buy and others to sell, but which would not be likely to affect the price either up or down to a material degree."

sentou oscilação em suas cotações, mas em vista da queda geral, esta manutenção da cotação poderia ser vista como uma valorização. No Canadá, a referência da legislação de Ontário à mudança no preço ou no valor dos valores mobiliários endereça e resolve esta questão: uma informação poderá ser considerada relevante se não alterar os preços após divulgada, desde que, porém, haja alteração no valor, e esta hipótese ocorreria justamente quando outros fatores afetassem as cotações, como mencionou expressamente a Decisão da Comissão de Valores Mobiliários de Ontário no já citado caso Coventree Inc.[360].

A CVM, na apreciação da caracterização de fatos relevantes, costumava fazer referência à existência de oscilação na cotação ou volume de negociação das ações. No julgamento do IA CVM TA/RJ2001/1950[361], foi mencionado o fato de não terem ocorrido oscilações incomuns após a divulgação de informação a respeito do resultado da companhia, posteriormente desmentida por esta.

Também já se considerou a oscilação como indício da relevância no IA CVM Nº 22/99[362], no qual o Relator Marcelo Trindade afirmou que "a existência de oscilações das cotações e do volume de ações no mercado é um *indício*, mas não uma prova de falta de informação, informação defeituosa ou *insider trading*." Nessa mesma linha, no julgamento

[360] "[354] The legal question we are addressing is whether the DBRS January Release would reasonably be expected to have had a significant effect on the "market price or value" of Coventree shares. That is applying an objective test that focuses on both the market price *and value* of Coventree shares. Clearly, if disclosure when made actually has a significant effect on the market price of securities, that is strong evidence suggesting that the test for materiality may have been satisfied at an earlier time. One cannot assume, however, that the lack of impact on market price means that the information disclosed was not material. There may be a number of different explanations why particular disclosure has no market impact (such as those referred to in paragraphs 348 to 351 of these reasons). In any event, one must also consider whether particular information would reasonably be expected to have a significant effect on the "value" of securities even if that disclosure would not, for some reason, be expected to affect the market price of the securities. We find in these circumstances that the DBRS January Release would reasonably be expected to have had a significant effect on the value of Coventree shares."

[361] Inquérito Administrativo CVM nº TA/RJ2001/1950, julgado em 12.12.2001, Relator Wladimir Castelo Branco.

[362] Relator Marcelo F. Trindade, julgado em 16.08.2001.

do IA Nº 33/00[363] a ocorrência de oscilação nas cotações, diante da notícia de interesse na transferência do controle, teria demonstrado o enquadramento da hipótese analisada no conceito de informação relevante.

A inexistência de oscilações significativas quando da divulgação de determinada informação foi considerada determinante para a não caracterização da existência de fato relevante no PAS CVM Nº 06/2003[364]. Naquele processo, após relatar que os efeitos patrimoniais da operação já vinham sendo retratados nas informações trimestrais divulgadas pela companhia, a Relatora afirmou ser mais pertinente, dentre os critérios definidos para caracterizar a informação sujeita a uso indevido, a oscilação dos valores mobiliários. Considerando tratar-se à época de uma das ações mais líquidas do mercado brasileiro, entendeu ser impossível a divulgação de informação relevante sem a ocorrência de correspondente oscilação nas ações. Diante deste cenário, e a despeito de efetivamente as cotações terem apresentado oscilação positiva de 7,46% em um dia e negativa de 11,11% em outro, tais oscilações não se desviavam do padrão da companhia, cujas ações apresentaram volatilidade anualizada inferior à média em outros períodos próximos. Por tais razões, concluiu a CVM haver apenas mero reforço do que já era de domínio público com a divulgação do suposto fato relevante.

A esse julgamento seguiram-se dois outros versando a respeito da realização de negociações com ações na pendência da divulgação de decisão de recompra de ações pelas Companhias. No primeiro caso, PAS CVM NºRJ2003/5627[365], decidiu-se haver impedimento para o

[363] "34. Observamos que, em março, mês em que as cotações das ações Atlas sofreram forte oscilação, o mercado teve acesso a informações acerca da mera possibilidade da transferência de controle ocorrer, de que haveria um *interesse* nesse sentido. Tal fato era o que havia de relevante acerca da Atlas naquele momento, o que naturalmente o vincula às oscilações, as quais obviamente não foram motivadas pela concretização do negócio, já que este só veio a se consumar dois meses depois.
"35. Assim temos que a simples intenção do negócio gerou oscilações nas cotações, preenchendo o pré-requisito suficiente à caracterização do fato da existência de interesse no negócio como relevante, o que contraria a tese das defesas e reafirma uma das bases da acusação." (Relator Wladimir Castelo Branco, julgado em 20.12.2002).

[364] Relatora Norma Jonssen Parente, julgado em 14.09.2005.

[365] Relatora Norma Jonssen Parente, julgado em 28.01.2005.

membro do conselho de administração negociar ações após a deliberação de recomprar ações. Tal impedimento seria de natureza objetiva, como observou a Relatora, e a vedação vigoraria "independentemente de ocasionar ou não modificação no valor das ações ou mesmo da obtenção de vantagem patrimonial". No julgamento do PAS CVM Nº RJ2003/5669[366], entendeu-se também que a alteração da cotação ou volume não seriam excludentes de ilicitude, embora tenha sido mencionado no voto do Relator serem importantes indícios para a caracterização do ilícito.

Na decisão proferida no PAS CVM Nº RJ2007/3639[367], ao apreciar determinadas informações veiculadas em entrevista à imprensa, o Relator julgou serem relevantes porque "poderiam influenciar na cotação dos valores mobiliários de emissão da companhia e na decisão dos investidores de comprar, vender ou manter os valores mobiliários em questão", mencionando a seguir que efetivamente influenciaram, "já que foi constatada a elevação da cotação das ações a partir do dia 11/09". No julgamento do PAS CVM Nº RJ2007/1079[368], o Relator, ao avaliar a relevância de determinados mútuos, cuja divulgação não havia sido realizada, considerou correta a decisão de não divulgar, por não ter havido oscilação atípica no volume ou nos preços.

Orientação distinta, porém, foi adotada em outros processos, nos quais foi atribuída importância secundária à ocorrência de oscilações. Nesse sentido, decidiu-se no julgamento do PAS CVM nº RJ2006/4776[369], no qual o então Presidente Marcelo Trindade mencionou em declaração de voto não se confundirem o impacto efetivo nas cotações e o impacto potencial. Tendo ressalvado a ocorrência de tal impacto no caso concreto, afirmou ser requerido pela lei apenas o impacto potencial, pois o efetivo poderia não ocorrer por outras razões, inclusive externas à companhia, como em função da condição geral do

366 Relator Sergio Weguelin, julgado em 11.07.2006.

367 Relator Eli Loria, julgado em 31.10.2007.

368 Relator Eli Loria, julgado em 10.07.2007.

369 Relator Pedro Oliva Marcilio de Sousa, julgado em 17.01.2007.

mercado[370]. No julgamento do PAS CVM nº RJ2008/8976[371], no qual se discutira a demora na divulgação da existência de estudos para fechamento de capital, entendeu o Relator não ser crucial a ocorrência de oscilação para a caracterização de determinado fato como relevante. Na mesma linha, entendeu o Relator do PAS CVM nº RJ 2008/6023[372], em que se analisou a não divulgação de decisão do Tribunal de Contas da União.

Em decisões mais recentes, o Colegiado tende a deixar de atribuir importância, mesmo que secundária, à ocorrência de oscilações relacionadas ao fato supostamente relevante.

No julgamento do PAS CVM nº RJ2008/12124[373] entendeu-se não ser necessário, para a caracterização de determinado fato como relevante, que sua divulgação acarrete a ocorrência de oscilação. No voto do Relator afirmou-se, ainda, ser prejudicial à capacidade de indução de condutas esperada da norma a exigência de produção de efeitos de mercado para a caracterização do fato relevante. O mesmo entendimento, quanto à não necessidade de oscilação, foi reiterado no PAS RJ2008/12216[374], no PAS CVM Nº RJ2009/9439[375] e no PAS CVM Nº RJ2012/3168[376].

A definição legal, ao mencionar a alteração na decisão de investimento, pressupõe a modificação nas cotações, ainda que tal modificação

[370] "No tocante ao impacto no mercado – embora o voto do Relator esclareça que, no caso concreto, as cotações das ações da CAEMI foram afetadas – é sempre bom lembrar (como também foi dito pelo Relator) que o "impacto efetivo" na cotação das ações não se confunde com o impacto potencial de que trata a lei. O impacto efetivo poderá não se verificar na prática e, muitas vezes, por razões externas à própria companhia. O mercado pode estar num momento tão aquecido a ponto de notícias que, em outros cenários, poderiam afetar a cotação das companhias, não a afetem, porque há outras notícias melhores fazendo com que aquelas cotações não sejam afetadas. (...)".

[371] Relator Eliseu Martins, julgado em 15.09.2009.

[372] Relator Eliseu Martins, julgado em 20.05.2009.

[373] "Caso a produção de efeitos de mercado fosse necessária para a caracterização de fato relevante, tanto a capacidade de indução de condutas que se espera da norma, quanto a produção de quaisquer outros efeitos seria prejudicada." Relator Otavio Yazbek, julgado em 22.06.2010.

[374] Relator Otavio Yazbek, julgado em 13.04.2010.

[375] Relator Alexsandro Broedel Lopes, julgado em 06.12.2011.

[376] Relator Roberto Tadeu Antunes Fernandes, julgado em 13.11.2012.

corresponda à mera manutenção de seus patamares quando, por força de outras informações, seria esperada sua movimentação.

A partir desta conclusão, convém retomar a problemática da distinção entre os conceitos contidos nos arts. 157, §4º e 155, §1º da LSA, na medida em que o primeiro fala em influência ponderável nas cotações e o segundo na decisão dos investidores de mercado de comprar e vender. O art. 155, §1º excluiria casos nos quais as cotações não mudaram, a despeito de mudança na decisão dos investidores de mercado, ou porque outros fatores influenciaram as cotações das ações, ou porque as decisões foram em sentidos opostos, com potencial efeito sobre o volume (porém sem influenciar as cotações de modo sensível). Há, ainda, outros dispositivos mencionando a possibilidade de obter vantagem, à qual pode ser atribuído em determinados casos sentido mais abrangente, mas por dizerem respeito antes às restrições à negociação que ao dever de divulgar, extrapolam os limites deste trabalho.

Questão distinta consiste em identificar se o ilícito de *insider trading* é crime de resultado ou de mera conduta. A questão da natureza do ilícito de *insider trading* coloca-se tanto no âmbito de sua vedação na LSA quanto no crime tipificado na Lei nº 6.385/76 (alterada pela Lei nº 10.303/01[377]).

Por um lado, há quem entenda ser o crime de *insider trading* crime formal, cuja caracterização dispensa a efetiva obtenção de vantagem. Esta posição fundamenta-se na definição do crime não como "obtenção de vantagem indevida", mas como uso de informação privilegiada[378].

[377] O anteprojeto de Código Penal propõe a expressa revogação dos arts. 27-C a 23-F da Lei nº 6.385/76, e tipifica o insider trading como crime expressamente material:
"*Informação privilegiada*
"Art. 367. Utilizar informação relevante, ainda não divulgada ao mercado, de que tenha conhecimento e da qual deva manter sigilo, ou deixar de repassar informação nos termos fixados pela autoridade competente, que, de qualquer forma, propicie, para si ou para outrem, vantagem indevida, mediante negociação, em nome próprio ou de terceiro, com valores mobiliários:
"Pena – prisão, de dois a cinco anos."

[378] Proença, José Marcelo Martins. *Insider Trading: regime jurídico do uso de informações privilegiadas no mercado de capitais.* São Paulo: Quartier Latin, 2005, pp. 321-322.

Por outro lado, parte da doutrina sustenta que a obtenção da vantagem seria indispensável para a configuração do ilícito[379]. Pode-se mencionar inclusive o fato de o art. 27-D da Lei nº 6.385/76 adotar como parâmetro para a pena de multa, a ser aplicada em conjunto com a pena de reclusão, o montante da vantagem obtida[380].

Em qualquer hipótese, porém, para que se possa cogitar da prática do *insider trading* há a necessidade de uso de informação relevante, e a caracterização de determinada informação está relacionada à sua influência sobre as decisões dos investidores. Uma vez reconhecida a existência do fato relevante, na hipótese de ser considerado o crime como formal, o mero uso da informação caracterizará o crime. Caso, porém, seja considerado material, será preciso verificar, ainda, se o uso da informação proporcionou vantagem.

Reconhecer a necessidade de alteração nas cotações para o fato relevante previsto no art. 157, §4º não implica, contudo, em reconhecer o crime de *insider trading* como formal ou material. No primeiro caso, indaga-se acerca da existência de uma informação relevante. No segundo caso, a respeito da obtenção ou não de vantagem por meio de seu uso.

379 Carvalhosa, Modesto e Eizirik, Nelson. *A nova Lei das sociedades anônimas*. São Paulo: Saraiva, 2002, pp. 548-549.

380 Como faz, embora considerando, a despeito disto, o crime como formal, Proença, José Marcelo Martins. *Insider Trading: regime jurídico do uso de informações privilegiadas no mercado de capitais*. São Paulo: Quartier Latin, 2005, p. 322.

CAPÍTULO 7
ATO OU FATO OCORRIDOS NOS NEGÓCIOS DA COMPANHIA

33. Ato ou fato

Tendo examinado no capítulo precedente os elementos do conceito de fato relevante, convém analisar agora as características deste fato.

O art. 157, §4º da LSA faz referência a "qualquer deliberação da assembléia-geral ou dos órgãos de administração da companhia, ou fato relevante ocorrido nos seus negócios". O art. 157, §1º, "e" menciona atos ou fatos.

A CVM, ao regulamentar a matéria na Resolução CVM nº 44, referiu-se a ato ou fato relevante. O conceito de fato engloba o de ato, tanto no seu uso corrente quanto no sentido de ato ou fato jurídico[381]. Desse modo, a palavra "ato" empregada no art. 157, §1º, "e" pode ser considerada supérflua, bem como sua omissão no parágrafo 4º irrelevante[382].

Ao comentar o dever de divulgar fato relevante, Modesto Carvalhosa distingue atos e fatos considerando os primeiros como próprios da vontade social e os últimos como dela independentes, de modo que "[o]s atos relevantes serão as deliberações da assembleia geral e dos órgãos de administração da companhia"[383].

[381] Cf. ALVES, José Carlos Moreira. *Direito Romano.* V. 1. Rio de Janeiro: Forense, 1987, p. 179. FRANÇA, R. Limongi. *Instituições de direito civil.* 5ª ed. São Paulo: Saraiva, 1999, p. 112.

[382] Nesse sentido, poder-se-ia, como faz Proença, definir fato relevante como "acontecimento" (PROENÇA, José Marcelo Martins. *Insider Trading: regime jurídico do uso de informações privilegiadas no mercado de capitais.* São Paulo: Quartier Latin, 2005, p. 144).

[383] CARVALHOSA, Modesto. *Comentários à Lei de Sociedades Anônimas*, v. 3, 5ª ed. São Paulo: Saraiva, 2011, p. 408.

O conceito de fato relevante, por si só, abrangeria igualmente as deliberações da assembleia-geral ou dos órgãos da administração, uma vez considerados como fatos ocorridos nos negócios da companhia. Uma visão restritiva do conceito de fato ocorrido nos negócios, todavia, poderia afastar tal interpretação, e a referência expressa pela lei afasta dúvidas.

Por outro lado, as deliberações da assembleia e dos órgãos da administração estão sujeitas a regime de divulgação próprio, e sua menção no citado artigo deve ser avaliada neste contexto, o que será feito ao tratar da forma de divulgação dos fatos relevantes, no item 48 *infra*.

A alusão a fatos pode ser arguida para afastar a necessidade de informação a respeito de aspectos subjetivos que embasaram as decisões ou levaram aos fatos. Nesse sentido, os autores do anteprojeto da LSA argumentam não ser exigível, e nem mesmo conveniente, a divulgação de motivos, intenções ou preferências[384].

A mesma orientação se verifica no direito estrangeiro. No campo dos pedidos públicos de procuração – sempre dentro do âmbito comum da *materiality* – já se decidiu ser relevante a divulgação de motivos somente se estes forem fraudulentos[385]. Na mesma linha, e em consonância com o princípio geral da *commom law*, entende-se que opiniões não ensejam responsabilidade (a não ser quando relacionadas com a avaliação, pelos administradores, da companhia ou de outros fatos relevantes).

Neste contexto, declarações vagas de otimismo ou usuais como práticas de comércio – "puffing" ou "sales talk" – não são consideradas relevantes no âmbito das regras de *insider trading*, a menos quando seu emissor não acredite nelas ou contenham declaração falsa, explícita ou implícita, a respeito de um fato[386].

Há quem entenda não haver espaço, no âmbito do dever de divulgar pelas companhias abertas, para o *dolus bonus*. O fato seria relevante conforme seu potencial de influenciar a decisão dos investidores, seja por meio de informações positivas, seja por meio de informações negativas.

[384] Lamy Filho, Alfredo; Pedreira, José Luiz Bulhões. *A Lei das S.A. Pressupostos, Elaboração, Pareceres*. V. 2. Rio de Janeiro: Renovar, 1996, p. 392.

[385] Loss, Louis; Seligman, Joel. Fundamentals of securities regulation. 5ª ed. Aspen, 2004, p. 580.

[386] Hazen, Thomas Lee. *The Law of Securities Regulation*. 6ª ed. West, 2009, p. 464.

A omissão de informações desvantajosas ou o realce de dados favoráveis, admissíveis em certa prática negocial, não justificariam o descumprimento do dever de informar[387]. O Regulamento EU n º 596/2014 menciona, no art. 17, 1, que "*O emitente não deve combinar a divulgação de informação privilegiada ao público com a promoção das suas atividades*", o que nem sempre se verifica no nosso mercado.

A Instrução CVM nº 358 cita "intenção", como causa apta a acarretar a proibição de negociar (art. 13, §3º, I[388] e art. 14[389]). A Resolução CVM nº 44 não reproduziu esses comandos (e seguiu o caminho inverso, ao mencionar ser irrelevante a intenção para a vedação à negociação às vésperas das informações contábeis). A rigor, a intenção não poderá ser apurada senão quando manifestada, e tratá-la como informação relevante pode gerar incerteza jurídica, pela dificuldade de precisar o momento de sua ocorrência.

34. Projeções

Na avaliação dos investidores e dos administradores, as expectativas de resultados futuros são informações merecedoras de especial atenção, e os ordenamentos jurídicos atribuem tratamento diferenciado à sua divulgação.

Expectativas de resultados futuros representam mais opiniões do que efetivamente fatos, situando-se fora do conceito de fato relevante[390].

[387] Cf. Calabró, Luiz Felipe Amaral. *Regulação e Autorregulação do Mercado de Bolsa*. São Paulo: Almedina, 2011, pp. 149-150.

[388] "Art. 13 (...)
"§3º A vedação do *caput* também prevalecerá:
"I – se existir a intenção de promover incorporação, cisão total ou parcial, fusão, transformação ou reorganização societária; e (...)".

[389] "Art. 14. Caso tenha sido celebrado qualquer acordo ou contrato visando à transferência do controle acionário respectivo, ou se houver sido outorgada opção ou mandato para o mesmo fim, bem como se existir a intenção de promover incorporação, cisão total ou parcial, fusão, transformação ou reorganização societária, e enquanto a operação não for tornada pública por meio da divulgação de fato relevante, o conselho de administração da companhia não pode deliberar a aquisição ou a alienação de ações de própria emissão."

[390] Cf. Loss, Louis; Seligman, Joel. *Fundamentals of securities regulation*. 5ª ed. Aspen, 2004, p. 157 (mencionando que projeções não são fatos na exposição a respeito dos motivos pelos quais a SEC, até 1972, proibia sua inclusão dentre as informações a serem arquivadas de acordo com as leis de 1933 e 1934).

Esta distinção é feita inclusive na exigência de diferenciação entre informações a respeito de fatos e de outros dados, imposta pelo art. 19[391] da Instrução CVM nº 480.

Nos Estados Unidos, a SEC restringia a divulgação de projeções, por entender que serviriam para confundir, mais do que para informar os investidores. A partir da década de 1970, tal posição foi abandonada e procurou-se incentivar sua divulgação. No entanto, o histórico de condenações em razão de não terem sido alcançados os resultados projetados funcionou sempre como desestímulo para esta prática, a ponto de regulamentos e leis estabelecerem hipóteses de imunidade (*safe harbors*) à responsabilização pela divulgação de projeções não alcançadas, incluindo declarações claras de que as projeções divulgadas não passam de meras expectativas[392].

A regulamentação da CVM não impõe o dever de divulgar projeções, estabelecendo uma série de regras estritas na hipótese de sua divulgação. O art. 2º, parágrafo único, XXI da Resolução CVM nº 44 inclui, dentre os exemplos de fatos potencialmente relevantes, a modificação de projeções. A Instrução CVM nº 480 traz em seu art. 20[393] diversas

[391] "Art. 19. Informações factuais devem ser diferenciadas de interpretações, opiniões, projeções e estimativas.
Parágrafo único. Sempre que possível e adequado, informações factuais devem vir acompanhadas da indicação de suas fontes."

[392] Cf. Cf. Loss, Louis; Seligman, Joel. *Fundamentals of securities regulation*. 5ª ed. Aspen, 2004, pp. 156-168.

[393] "Art. 20. A divulgação de projeções e estimativas é facultativa.
"§ 1º Caso o emissor decida divulgar projeções e estimativas, elas devem ser:
"I – incluídas no formulário de referência;
"II – identificadas como dados hipotéticos que não constituem promessa de desempenho;
"III – razoáveis; e
"IV – vir acompanhadas das premissas relevantes, parâmetros e metodologia adotados.
"§ 2º As projeções e estimativas devem ser revisadas periodicamente, em intervalo de tempo adequado ao objeto da projeção, que, em nenhuma hipótese, deve ultrapassar 1 (um) ano.
"§ 3º O emissor deve divulgar, no campo apropriado do formulário de referência, que realizou alterações nas premissas relevantes, parâmetros e metodologia de projeções e estimativas anteriormente divulgadas.
"§ 4º Caso projeções e estimativas sejam divulgadas, o emissor deve, trimestralmente, no campo apropriado do formulário de informações trimestrais – ITR e no formulário de demonstrações financeiras padronizadas – DFP, confrontar as projeções divulgadas no

regras relativas à divulgação de projeções. O Ofício-Circular/CVM/SEP nº 1/2013, por sua vez, determina que tanto a divulgação de projeções quanto sua descontinuação seriam fatos relevantes[394].

A divulgação de projeções sem observar as regras de divulgação de fato relevante foi considerada infração à legislação no julgamento do PAS CVM Nº RJ2007/14044[395]. No mesmo sentido decidiu-se no PAS CVM nº RJ2008/12124[396].

Projeções não são propriamente fatos ocorridos nos negócios da companhia, de modo que não deveriam ser tratadas como fatos presumidamente relevantes à luz do art. 157, §4º da LSA. Por outro lado, se a projeção for considerada informação relevante, mas de divulgação não obrigatória, chegar-se-ia a uma situação paradoxal: a administração não deveria elaborar projeções (ou, as elaborando, estaria obrigada a divulgá-las) se desejasse negociar ações, sob pena de praticar *insider trading*. Neste caso, seria mais apropriado reconhecer as projeções como informações sujeitas ao regime de divulgação dos fatos relevantes, e a eles equiparadas apenas para esta finalidade.

34.1. Estimativas, tendências, expectativas e metas

Dentro da mesma categoria ampla de expectativas quanto ao futuro podem ser mencionadas as estimativas, tendências e metas.

A CVM vem tratando estimativas e projeções como equivalentes em termos de exigências de divulgação, conforme se pode inferir de diversas referências do Ofício-Circular/CVM/SEP/Nº 01/2021: "A quan-

formulário de referência e os resultados efetivamente obtidos no trimestre, indicando as razões para eventuais diferenças.

"§ 5º Sempre que as premissas de projeções e estimativas forem fornecidas por terceiros, as fontes devem ser indicadas."

394 "A divulgação de projeções é informação de natureza relevante, sujeita às determinações da Instrução CVM nº 358/02, devendo, inclusive, a Política de Divulgação da companhia contemplar a adoção dessa prática.

(...)

"Por fim, se as projeções divulgadas forem descontinuadas, esse fato deverá ser informado no campo próprio do Formulário de Referência, acompanhado dos motivos que levaram à sua perda de validade, bem como divulgado na forma de Fato Relevante, conforme previsto na Instrução CVM nº 358/02."

395 Relator Sergio Weguelin, julgado em 16.12.2008.

396 Relator Otavio Yazbek, julgado em 22.06.2010.

tificação, em termos de valores e prazos, faz com que tais informações configurem efetivas estimativas ou projeções, em vez de meras expectativas ou tendências", fazendo, ainda, expressa referência à irrelevância da expressão utilizadas, no sentido de que "o emprego de palavras ou expressões distintas de 'projeção' ou 'estimativa' não altera a essência de determinada declaração nem, portanto, sua capacidade de orientar acionistas, potenciais investidores, analistas ou outros profissionais sobre a expectativa da Companhia em relação às informações divulgadas ao mercado."

O que se admite como categoria distinta das projeções são as tendências, que não se confundiriam com projeções por não serem quantificadas, tais como referência a aumento de receita, redução de despesas, ou outras afirmações similares, limitadas a apontar a direção de determinado movimento, sem precisar sua extensão. Semelhantes às tendências são as expectativas. A diferença é que a tendência se apresenta quando há continuidade com o movimento anterior: a empresa pode falar em tendência de aumento de lucros, se vinha auferindo resultados positivos anteriormente; no entanto, se apurava prejuízos, não caberia a mesma referência, e sim a menção à expectativa de mudar aquela cenário (ou seja, expectativa de reverter o que era, até então, tendência).

Por fim, é possível também reconhecer como outra forma de *soft information* as metas. A companhia pode fixar metas de resultados, para fins internos ou mesmo de remuneração de seus administradores, e tais metas não estão correspondem, necessariamente, a projeções ou estimativas. A CVM já decidiu que metas deveriam receber o mesmo tratamento de projeções no Processo CVM Nº RJ 2005/1717[397]. Na decisão em questão, foi presumido que as informações, tais como divulgadas, somente poderiam decorrer de projeções[398]. No entanto, isto não afasta a possibilidade de que metas sejam elaboradas e divulgadas sem caracte-

[397] Julgado em 21.06.2005, Relator Sergio Weguelin.

[398] "Assim, não me parece correto considerar as informações divulgadas na teleconferência como simples meta ou objetivo interno da companhia, como sustentado no recurso interposto ao Colegiado, sobretudo tendo em vista que não foram feitas afirmações genéricas futuras, mas sim afirmações quantificas no percentual de 15% sobre o Ebitda. A meu ver, a precisão do índice revela a segurança dos administradores da companhia sobre o assunto, o que apenas poderia decorrer de prévia elaboração de projeções empresariais. Do contrário, estaríamos a supor a atuação infundada e inconseqüente dos administradores da compa-

rizar projeções, desde que devidamente esclarecida esta circunstância, e que a divulgação não ocorra em contexto que possa induzir investidores em erro.

É preciso, por fim, atentar para os casos em que estimativas, expectativas ou metas possam funcionar como veículo de transmissão de informações concretas ainda não divulgadas, como se considerou no citado precedente ("Refiro-me à afirmação de que, em razão dos bons resultados já verificados em janeiro e fevereiro de 2005, a companhia deveria apresentar no primeiro trimestre de 2005 um crescimento de 10% nas vendas em relação ao igual período em 2004. Sem dúvida, não se trata de uma meta, mas de um resultado parcial divulgado de forma restrita."). No caso de divulgação parcial de resultado, já não se cogita da divulgação de opinião ou *soft information*, mas de dados concretos, que devem ser avaliados à luz das regras gerais de divulgação e da doutrina do mosaico, abordada adiante.

35. Ocorrido nos negócios da companhia

A menção legal a fatos ocorridos nos negócios da companhia exclui do escopo da regra grande gama de fatos que, embora possam influir de forma ponderável na decisão dos investidores, não ocorrem nos negócios sociais.

Alterações nas taxas de juros, de câmbio e dados econômicos gerais afetam diretamente as decisões de investimento, mas não ocorrem propriamente nos negócios da companhia, e, portanto, não são relevantes pelo conceito legal. O mesmo se aplica a alterações legislativas. Tais fatos podem tornar-se relevantes se afetarem de forma específica a companhia. Fatos comuns são perdas em contratos derivativos. Neste caso, porém, não será a variação cambial em si o fato relevante, e sim a perda decorrente sofrida pela companhia.

Nesse sentido, no Canadá a NP 51-201 orienta expressamente ser desnecessária a divulgação de informações públicas passíveis de causar impacto, de forma geral, a todas as companhias do setor de atuação do emissor. Restringe-se o dever de divulgar somente àquelas que possam

nhia, que estariam a dizer informações sem base ou fundamento, o que, certamente, não é o que se espera dos administradores de companhias abertas."

afetar apenas a própria companhia, ou poucas companhias, de forma relevante[399].

Ainda no âmbito dos fatos ocorridos nos negócios, cumpre examinar se haveria possibilidade de vincular os fatos relevantes à consecução do objeto social da companhia. Para Rubens Requião, a obrigação de divulgar não diz respeito aos negócios inerentes à realização do objeto social, pois estes estariam sujeitos ao sigilo[400]. Todavia, se relevantes, a manutenção em sigilo estará sujeita a regras próprias (como será visto no item 49 *infra*). Os negócios, aqui, devem ser entendidos em sentido amplo. Mesmo um negócio estranho ao objeto social, se gerar efeitos para a companhia, poderá ser relevante.

Sustenta-se ter sido abandonado o conceito de que o fato deve ser resultado de atos da companhia ou a ela relacionado diretamente, considerando-se como relevantes mesmo atos produzidos por terceiros[401]. Essa amplitude é observada também no direito comparado[402].

A redação do art. 157 estabelece não serem relevantes apenas fatos produzidos pela companhia, mas aqueles "ocorridos" em seus negócios, abrangendo tanto atos da companhia quanto de terceiros, bem como fatos da natureza.

399 "*4.4 External Political, Economic and Social Developments*
"Companies are not generally required to interpret the impact of external political, economic and social developments on their affairs. However, if an external development will have or has had a direct effect on the business and affairs of a company that is both material and uncharacteristic of the effect generally experienced by other companies engaged in the same business or industry, the company is urged to explain, where practical, the particular impact on them. For example, a change in government policy that affects most companies in a particular industry does not require an announcement, but if it affects only one or a few companies in a material way, such companies should make an announcement."

400 "(...) Não se refere propriamente à informação sobre os negócios inerentes à realização do objeto social da companhia, pois esses integram e são protegidos pelos princípios do sigilo profissional da empresa, mas diz respeito a tudo aquilo que possa influir na cotação dos valores mobiliários (ações, debêntures, etc.) emitidos pela companhia, e que são objeto de operações do mercado." (Requião, Rubens. *Curso de Direito Comercial.* 24ª ed. (atualizada por Rubens Edmundo Requião), v. 2. São Paulo: Saraiva, 2005, p. 218).

401 Luiz Antonio de Sampaio Campos *in* Lamy Filho, Alfredo; Bulhões Pedreira, José Luiz (Coord.). *Direito das companhias.* Rio de Janeiro: Forense, 2009, p. 1187; Coelho, Fábio Ulhoa. *Curso de Direito Comercial.* 11ª ed. V. 2. São Paulo: Saraiva: 2008, p. 251.

402 Cf., com referência à Itália e ao Direito Comunitário, Sartori, Filippo. *Informmazione economica e responsabilità civile.* Milano: Cedam, 2011, p. 103.

No entanto, fatos há que, não obstante possam influenciar as decisões dos investidores, em princípio estariam excluídos do conceito de ocorridos nos negócios da companhia. Para uma classificação destes fatos seria possível adotar conceito semelhante ao da mencionada legislação de Hong Kong, que define como privilegiada informação relativa (i) à companhia (ii) a acionista ou administrador da companhia ou (iii) aos valores mobiliários da companhia e seus derivativos.

Neste contexto, poder-se-ia condicionar a relevância a fatos relacionados à atividade empresarial[403]. De certo modo, a maioria dos exemplos de fatos relevantes estão ligados a isto, como se pode inferir do exame da lista exemplificativa[404] constante da Resolução CVM nº 44 (e.g.: renegociação de dívidas; lucro ou prejuízo da companhia, celebração ou extinção de contrato, aprovação, alteração ou desistência de projeto ou atraso em sua implantação, início, retomada ou paralisação da fabricação ou comercialização de produto ou da prestação de serviço; descoberta, mudança ou desenvolvimento de tecnologia ou de recursos da companhia).

Determinados fatos, usualmente considerados relevantes pelo mercado e pela regulamentação, porém, estariam mais diretamente ligados aos acionistas que à própria companhia, como, por exemplo, nos casos de alienação do controle societário e de alterações em participação acionária (cuja divulgação é determinada pela LSA e pela regulamentação da CVM). A própria companhia, mesmo na hipótese de estar encarre-

[403] Incluídas as deliberações societárias que não tenham influência sobre a atividade negocial, como por exemplo desdobramentos e grupamentos de ações, apenas por conta de sua previsão legal.

[404] A respeito do caráter exemplificativo da relação contida na Instrução CVM nº 358 manifesta-se Walter Douglas Stuber: "obviamente, os eventos acima são meros exemplos, e cada caso concreto deverá ser analisado separadamente, pois, muito embora um determinado ato ou fato possa ser considerado, em princípio, *potencialmente* relevante, o ato ou fato somente será relevante na medida em que afete ou possa afetar de maneira significativa a cotação, a negociação (compra e venda), a manutenção dos valores mobiliários de emissão da companhia aberta ou a ela referenciados ou o exercício de direitos inerentes a esses valores mobiliários." (*As novas regras para divulgação e uso de informações sobre atos ou fatos relevantes relativos às companhias abertas brasileiras. In: Revista de Direito Bancário e do Mercado de Capitais.* São Paulo. Nº 16. p. 256).

gada de função registrária, não passa de um *tertius*, na dicção precisa de José Alexandre Tavares Guerreiro[405].

Na hipótese de alienação de controle há, a rigor, contrato entre o alienante e o adquirente, do qual a companhia não é parte[406]. A situação seria distinta se tivesse prosperado a corrente doutrinária defensora da atribuição do prêmio de controle à companhia. Com efeito, as transações envolvendo o controle suscitam controvérsia quanto ao titular de eventual prêmio, e os entendimentos podem ser divididos em três grandes correntes: uma das quais entende que o prêmio deve ser recebido pelo alienante do controle, outra defende pertencer este prêmio à companhia, e para uma terceira linha de pensamento, a tal prêmio fariam jus todos os acionistas[407]. O ordenamento jurídico brasileiro não atribui à companhia a titularidade do prêmio de controle, apenas – e parcialmente – aos acionistas detentores de ações com direito de voto, por meio da exigência de realização de oferta pública (art. 254-A da LSA).

Vista sob esta perspectiva, a mera mudança na titularidade das ações não poderia ser enquadrada como fato ocorrido nos negócios da companhia. Vale inclusive destacar que o anteprojeto da LSA estabelecia

[405] "Nas duas hipóteses apontadas [penhor ou caução de ações e negócio jurídico de transferência de ações nominativas] os negócios jurídicos não se aperfeiçoam, nem mesmo entre as partes, senão com o necessário concurso da companhia, a qual exerce função registrária com características constitutivas. Releve-se, por oportuno, que, em ambos os casos, a sociedade anônima não tem interesse jurídico nos negócios celebrados por seus acionistas. Tanto na constituição do penhor ou caução quanto na cessão de transferência de ações nominativas, a companhia é rigorosamente um *tertius*, como o seria um notário ou um oficial de registros." (*A função registrária das sociedades anônimas. In:* WALD, Arnoldo (coord.). *O direito na década de 80: estudos jurídicos em homenagem a Hely Lopes Meirelles.* São Paulo: Ed. Revista dos Tribunais, 1985, pp. 146-147).

[406] Conforme expõe Comparato: "Trata-se, evidentemente, de um contrato sinalagmático e comutativo. Na cessão do controle, como na de ações, ou na compra e venda, há somente duas partes, muito embora possa haver mais de dois sujeitos." A situação poderia ser distinta caso se reconhecesse o poder de controle como parte do ativo social, em linha com a tese de Berle e Means (Cf. COMPARATO, Fábio Konder e SALOMÃO FILHO, Calixto. *O poder de controle na sociedade anônima.* Rio de Janeiro: Ed. Forense, 2005, pp. 267 e 300).

[407] A questão é extremamente complexa, e já foi objeto de monografias específicas, como as de PEREIRA, Guilherme Döring Cunha. *Alienação do Poder de Controle Acionário.* São Paulo: Saraiva, 1995 e PRADO, Roberta Nioac. *Oferta Pública de Ações Obrigatória nas S.A. – Tag Along.* São Paulo: Quartier Latin, 2005.

no art. 255[408] o dever de divulgar a alienação do controle de companhia aberta em vinte e quatro horas. Sua previsão em regra específica, dentro de um projeto amplamente reconhecido por sua coerência interna, indica a dificuldade de enquadrar tal operação no art. 157, §4º. Já se sustentou, para defender esta obrigação, que o dever de informar, decorrendo do dever de lealdade, aplicar-se-ia não apenas aos administradores, mas também aos acionistas, e não somente de companhias abertas, mas igualmente de fechadas[409].

A doutrina costuma levantar hipóteses em que a alienação do controle afeta o interesse social, como sua aquisição por pessoas cuja ligação ao nome da companhia pode ser prejudicial, aquisições financiadas que levem à utilização do patrimônio social para pagamento das dívidas da aquisição e aquisição para posterior inserção em grupo de sociedades[410]. Nos dois últimos exemplos, os fatos relevantes ocorridos nos negócios da companhia acontecerão posteriormente à alienação do controle. Já na primeira hipótese, a própria pessoa do controlador é tida como relevante, mas ainda assim não há exatamente vínculo com os negócios da companhia.

O acordo de acionistas, como mencionado no item 5 *supra*, tem por lei exigida tão somente a divulgação das "disposições sobre política de reinvestimento de lucros e distribuição de dividendos". Embora devam ser observados pela companhia, não são tampouco fatos ocorridos propriamente em seus negócios. Para Modesto Carvalhosa, a companhia poderia ser parte formal do acordo, quando este lhe outorga preferência para a aquisição de ações, e seria parte substancial nos acordos de con-

[408] "Art. 255. A alienação do controle de companhia aberta deverá ser comunicada, dentro de vinte e quatro horas da sua contratação, à Comissão de Valores Mobiliários e à bolsa de valores em que suas ações forem negociadas, e divulgada pela imprensa, com a identificação do comprador.
"Parágrafo único. Considera-se contratada a alienação quando firmado instrumento que obrigue as partes contratantes, ainda que subordinada à aprovação da Assembléia-Geral da compradora (art. 257)."

[409] Pereira, Guilherme Döring Cunha. *Alienação do Poder de Controle Acionário.* São Paulo: Saraiva, 1995, pp. 281-284.

[410] Cf. Comparato, Fábio Konder e Salomão Filho, Calixto. *O poder de controle na sociedade anônima.* Rio de Janeiro: Ed. Forense, 2005, p. 265.

trole[411], todavia tal posição é contrastante com a de outros doutrinadores, que consideram a companhia como terceiro[412].

Na hipótese de fechamento de capital há, igualmente, a possibilidade de o liame entre os negócios da companhia e a operação serem tênues; não, evidentemente, quando a oferta para o fechamento de capital for feita pela própria companhia, como previsto no art. 4º, §4º da LSA, mas se for feita pelo acionista controlador ou por sociedade que a controle. Nestes casos, não existe em princípio nenhuma alteração nos negócios da companhia em sentido estrito. Há, porém, alterações diretas nas alternativas para seu financiamento e no próprio regime jurídico.

36. Fatos não públicos

A legislação brasileira não explicita se devem ser divulgados fatos relevantes não públicos, embora tal conclusão possa ser inferida. Na legislação da União Europeia esta menção é feita na disciplina da divulgação de informação privilegiada, conforme exposto no item 15 *supra*.

O *Corporations Act 2001* australiano dispõe expressamente que uma informação será considerada como disponível publicamente quando ela consistir em deduções, conclusões ou inferências formuladas a partir de outras informações disponíveis[413].

[411] *Acordo de Acionistas: homenagem a Celso Barbi Filho*. São Paulo: Saraiva, 2011, pp. 40-45.

[412] Cf. Guerreiro, José Alexandre Tavares. *A função registrária das sociedades anônimas. In:* Wald, Arnoldo (coord.). *O direito na década de 80: estudos jurídicos em homenagem a Hely Lopes Meirelles*. São Paulo: Ed. Revista dos Tribunais, 1985, p. 148 (escrevendo, note-se, antes da reforma na LSA promovida pela Lei nº 10.303/01, que é apresentada por Modesto Carvalhosa como um dos fundamentos para sua posição). Vergueiro, Carlos Eduardo. *Acordos de Acionistas e a Governança das Companhias*. São Paulo: Quartier Latin, 2010, p. 138. Note-se, ainda, que o art. 118, §9º concede "à parte prejudicada" e não à companhia "o direito de votar com as ações pertencentes ao acionista ausente ou omisso."

[413] "676 When information is generally available

"(1)This section has effect for the purposes of sections 674, 674A, 675 and 675A.

"(2)Information is generally available if:

"(a)it consists of readily observable matter; or

"(b)without limiting the generality of paragraph (a), both of the following subparagraphs apply:

"(i)it has been made known in a manner that would, or would be likely to, bring it to the attention of persons who commonly invest in securities of a kind whose price or value might be affected by the information; and

O manual de divulgação da Comissão de Valores Mobiliários e Futuros de Hong Kong, por sua vez, menciona a possibilidade de informação relevante ter sido mencionada em relatórios de analistas, notícias na imprensa ou bases de dado eletrônicas, ressalvando que esta circunstância por si só não permitiria inferir tratar-se de informação disponível para o público em geral, malgrado a possibilidade de as notícias da imprensa terem ampla circulação em alguns casos[414]. O manual cita precedente em que o Tribunal de Insider Dealing de Hong Kong não considerou como pública informação disseminada por aqueles meios, a despeito da alegação da defesa de existirem cem mil leitores dos boletins sob assinatura da companhia[415].

A CVM decidiu em diversos casos não descaracterizar o fato relevante a possibilidade de acesso público. O exemplo mais frequente é o de decisões judiciais. No julgamento do PAS CVM Nº RJ2005-2933[416], considerou-se ser necessária a divulgação de fato relevante consistente na indisponibilidade dos bens da companhia decretada em ação cautelar fiscal movida pelo INSS. Na mesma linha, no PAS CVM Nº RJ2006/9068[417], decidiu-se ser obrigatória a divulgação da alienação judicial de unidade produtiva da companhia. Em seu voto o Relator destacou a publicidade do leilão de venda e a rápida notícia de seu resultado na imprensa. No entanto, considerou que "tal publicidade não elimina a necessidade de publicar fato relevante", importante para "dissipar rumores e assegurar que todos os investidores tenham acesso às

"(ii)since it was so made known, a reasonable period for it to be disseminated among such persons has elapsed.
"(3)Information is also generally available if it consists of deductions, conclusions or inferences made or drawn from either or both of the following:
"(a)information referred to in paragraph (2)(a);
"(b)information made known as mentioned in subparagraph (2)(b)(i)."

414 "20. It is not uncommon that information relating to a corporation is found in media comments, analyst research reports or electronic subscription databases, which may consist of published historical information, market commentary, speculation, rumour or even information leaked from various sources. However, press speculation, reports and rumours in the market cannot be automatically taken to be information generally known to the market, even though in some cases the media reports might have a wide circulation."

415 Caso Lafe Holdings Ltd.

416 Relator Pedro Oliva Marcilio de Sousa, julgado em 11.01.2006.

417 Relator Marcos Barbosa Pinto, julgado em 02.10.2007.

informações julgadas pertinentes". No PAS CVM Nº RJ 2008/6023[418] julgou-se ser indispensável a divulgação de determinada decisão do Tribunal de Contas da União por meio de fato relevante. A publicidade daquela decisão – veiculada no Diário Oficial da União e disponível no *website* do órgão administrativo – foi mencionada apenas como argumento para afastar a possibilidade de manutenção da informação em sigilo.

36.1. Fatos não públicos: processos sigilosos

Se, como visto, o simples fato de processos judiciais serem, em regra, públicos não dispensa, por si só, eventual exigência de divulgação de fatos relevantes a seu respeito, tampouco o eventual sigilo que possa recair sobre eles afasta a obrigação de divulgá-los.

A Instrução CVM nº 480 demanda a disponibilização de informações sobre tais processos no Formulário de Referência, e devem ser divulgados por meio de fatos relevantes quando sua propositura ou evolução puder influenciar significativamente os investidores.

Via de regra não é difícil equilibrar o dever de observar o sigilo processual e as obrigações de *disclosure*, porque as matérias que devem efetivamente ser mantidas em sigilo são alheias aos interesses tutelados por meio da divulgação do fato relevante.

Tomando-se por exemplo o art. 189[419] do Código de Processo Civil, constata-se que as hipóteses ali previstas de sigilo raramente constituirão óbice à divulgação de demandas relevantes para as companhias abertas. A matéria de principal interesse para os acionistas são os potenciais impactos das demandas sobre o patrimônio e os direitos da companhia, e não haveria interesse de terceiros a proteger por meio da ocultação do risco envolvido para a empresa, que poderia ser divulgado respeitando

[418] Relator Eliseu Martins, julgado em 20.05.2009.

[419] "Art. 189. Os atos processuais são públicos, todavia tramitam em segredo de justiça os processos:

"I – em que o exija o interesse público ou social;

"II – que versem sobre casamento, separação de corpos, divórcio, separação, união estável, filiação, alimentos e guarda de crianças e adolescentes;

"III – em que constem dados protegidos pelo direito constitucional à intimidade;

"IV – que versem sobre arbitragem, inclusive sobre cumprimento de carta arbitral, desde que a confidencialidade estipulada na arbitragem seja comprovada perante o juízo."

eventuais dados privados e a intimidade de terceiros. Por outro lado, nos casos em que foi preciso equilibrar interesses conflitantes, a companhia aberta deverá envidar os melhores esforços para demonstrar ao juízo a necessidade de divulgação de informações. Não seria compatível com os deveres dos administradores limitar-se a uma postura passiva, se abstendo de informar adequadamente o mercado sob o mero argumento do sigilo de determinado procedimento.

Idealmente, deverão ser ponderados os interesses em jogo, e autorizada a divulgação das informações necessárias para que os investidores possam formular um juízo adequado acerca dos potenciais impactos para a companhia, resguardando o sigilo de todas as informações que não sejam necessárias para tanto. Exemplo claro desta ponderação são os processos trabalhistas informados no Formulário de Referência, nos quais a CVM reconhece expressamente não ser necessário indicar o nome das partes[420].

Os administradores das companhias, por vezes, podem ser obrigados a suportar uma divulgação maior de seus dados, na medida em que isto se fizer necessário para a proteção do mercado (como já ocorre, por exemplo, com as diversas informações constantes do Formulário de Referência e de propostas para a eleição em assembleia), o que incluiria divulgação de informações em processos nos quais são parte e que possam impactar a companhia.

37. Natureza extraordinária

O requisito de influência ponderável permite ligar a ideia de fato relevante à de fato extraordinário na vida das companhias. As operações de qualquer empresa estão sujeitas a oscilações no volume, com crescimento ou diminuição de vendas, inadimplência, despesas, etc. Estas variações podem afetar os resultados das companhias de forma ponderável, e serão informadas por meio das demonstrações financeiras, não de forma separada.

[420] Conforme registrado no Ofício-Circular/CVM/SEP/Nº 01/2021: "Como "partes no processo" (letra "d"), devem ser identificadas as partes integrantes do polo passivo e do polo ativo do processo, *exceto no que se refere aos processos judiciais sujeitos à apreciação da Justiça do Trabalho, onde devem ser indicadas apenas as iniciais dos nomes das partes*. Nesse sentido, ressalta-se que a Resolução do Conselho Nacional de Justiça nº 121, de 05.10.2010, estabeleceu restrições à consulta pública de processos trabalhistas pela rede mundial de computadores."

Os fatos a serem divulgados fora deste período, por sua capacidade de influenciar decisões de investimento, são fatos de natureza diversa, fora da rotina das companhias.

A jurisprudência norte-americana já decidiu neste sentido, como registra Loss, após citar uma série de casos debatendo a relevância de determinados fatos considerados circunstâncias especiais pelo autor[421], inclusive no célebre precedente SEC v. Texas Gulf Sulphur Co.[422], em que a Suprema Corte americana entendeu ser extraordinária por natureza a informação relevante.

A CVM já decidiu no PAS CVM nº RJ2006/4776[423] que mesmo fatos normais no curso da vida de uma companhia podem ser relevantes. Naquele caso, afirmou-se, a título de exemplo, que a obtenção de um empréstimo, embora pudesse ser considerada fato do cotidiano da companhia, poderia ser relevante se representasse o cumprimento de condição para negócio relevante (uma aquisição ou a construção de projeto industrial) ou se resolvesse um problema de liquidez que, de outra forma, acarretaria a falência. Este entendimento merece alguma ponderação: se um fato corriqueiro constitui condição para um outro fato, este sim relevante, este último deve ser divulgado, não o primeiro: se o empréstimo representa a implementação da condição para uma aquisição importante, relevante será a satisfação da condição e a consequente aquisição, não o empréstimo em si.

38. Negócios em andamento

A referência a fatos suscita muita controvérsia no que diz respeito a fatos incertos.

Há quem entenda que a divulgação de um negócio deve ser feita tão logo concluído, ou de um fato logo após este se torne irreversível[424].

421 Loss, Louis; Seligman, Joel. *Fundamentals of securities regulation*. 5ª ed. Aspen, 2004, p. 944.

422 401 F.2d 833.

423 Julgado em 1701.2007, Relator Pedro Oliva Marcilio de Sousa.

424 "(...) A comunicação deve dar-se imediatamente após a prática do ato, conclusão do negócio ou ocorrência do fato, momento que nem sempre é fácil de precisar. Note-se que, muitas vezes, o fato relevante está ligado à concretização de negócios de vulto, cuja concepção e desenvolvimento demanda meses, até começarem a ganhar forma. A divulgação precipitada de transações ainda em andamento não raro é altamente desinteressante para

Em 1999, a CVM formulou acusações pela divulgação de informações relativas a fatos de concretização incerta[425], então considerada mais prejudicial que útil ao mercado. O Colegiado da CVM, porém, ao julgar o processo, decidiu ter ocorrido de forma adequada a divulgação, e o Relator destacou em seu voto ser impositiva a divulgação da informação, desde que "se tenha traduzido em objetivo concreto da administração ou do controlador".

Desde então, a CVM tem jurisprudência consolidada no sentido de que quando o fato relevante diz respeito a um negócio em andamento, não se deve aguardar a conclusão para divulgá-lo, devendo ser feito um juízo de ponderação entre a magnitude do impacto e a probabilidade de sua ocorrência.

Neste aspecto, o entendimento foi o mesmo adotado pela jurisprudência norte-americana[426]. No âmbito europeu, também se destaca não haver correspondência necessária entre informação precisa e informação completa[427].

A questão foi recentemente apreciada pelo Tribunal de Justiça Europeu em pedido de decisão prejudicial formulado pelo Bundesgerichtshof[428]. O pedido originou-se de ação judicial em que investidor da Daimler AG pedia indenização pela divulgação alegadamente tardia da saída do Presidente do conselho de administração. O Tribunal apontou a existência de divergência nas versões linguísticas da Diretiva

as partes e pode, mesmo, chegar a comprometê-las. Uma vez concluídas as negociações, no entanto, nasce o dever de informar os seus aspectos relevantes ao mercado. Quando não se cuida de negociações propriamente ditas, mas de decisões governamentais (como no caso Servix: Leães, 1982), de projeção de desempenho, de quebra de safra, de fatos enfim que independem da vontade da companhia, a notícia deverá ser dada aos investidores, por meio da CVM, bolsa de valores ou EMBOs, e da imprensa, assim que se mostrar irreversível." (Coelho, Fábio Ulhoa. *Curso de Direito Comercial.* 11ª ed. V. 2. São Paulo: Saraiva: 2008, pp. 250-251).

425 Inquérito Administrativo CVM Nº 22/99, Relator Marcelo F. Trindade, julgado em 16.08.2001.

426 Hazen, Thomas Lee. *The Law of Securities Regulation.* 6ª ed. West, 2009, p. 465.

427 Clermontel, Pierre. *Le droit de la communication financière.* Paris: Joly, 2009, pp. 181-182 (entendida, aqui, informação completa – como se infere do julgado citado a seguir pelo autor – como relativa a fatos definitivos, já que os princípios de divulgação incluem a divulgação completa tanto na Europa quanto no Brasil).

428 Acórdão do Tribunal de Justiça (Segunda Seção) no processo C-19/11, de 28.06.2012.

2003/124/CE no que se refere à probabilidade de ocorrência de determinado fato para sua caracterização como relevante. Segundo a decisão do Tribunal, algumas versões utilizam os termos "pode razoavelmente pensar-se" (francesa, italiana e holandesa"); outras "pode razoavelmente esperar-se" (dinamarquesa, grega, inglesa e sueca); e, ainda "um conjunto de circunstâncias que podem razoavelmente existir" (espanhola) e "um conjunto de circunstâncias ou um acontecimento razoavelmente previsível" (portuguesa). Na versão alemã, menciona-se "com uma probabilidade suficiente". O Tribunal entendeu ser improcedente a exigência de que a informação tivesse uma maior probabilidade de ocorrer, sendo, por outro lado, necessário haver verossimilhança para o preenchimento do requisito de caráter preciso.

A CVM já considerou a outorga de mandato para alienação do controle como fato relevante, afastando a alegação da defesa de que somente a efetiva contratação da alienação do controle se enquadraria no conceito[429], e contemplou esta hipótese expressamente na Instrução CVM nº 358, ao tratar da vedação a operações com as próprias ações[430]. Esta vedação específica não foi mantida na Resolução CVM nº 44, sob o argumento de que "a manutenção da vedação absoluta em relação à aprovação de aquisições e alienações em tesouraria por parte da companhia, concomitantemente com a presunção de relevância das informações sobre operações societárias, romperia a sistematicidade da norma e provocaria possíveis dúvidas de interpretação, sem diferenças práticas significativas (...)"[431].

O Relator do PAS CVM nº 24/05[432] considerou que negociações preliminares, posteriormente interrompidas, não caracterizariam fato rele-

[429] Inquérito Administrativo Nº 33/00, Relator Wladimir Castelo Branco Castro, julgado em 20.12.2002.

[430] "Art. 14. Caso tenha sido celebrado qualquer acordo ou contrato visando à transferência do controle acionário respectivo, ou se houver sido outorgada opção ou mandato para o mesmo fim, bem como se existir a intenção de promover incorporação, cisão total ou parcial, fusão, transformação ou reorganização societária, e enquanto a operação não for tornada pública por meio da divulgação de fato relevante, o conselho de administração da companhia não pode deliberar a aquisição ou a alienação de ações de própria emissão."

[431] RELATÓRIO DE ANÁLISE – Audiência Pública SDM 06/20 – Processo CVM SEI nº 19957.007901/2016-27.

[432] Relator Sergio Weguelin, julgado em 07.10.2008.

vante. Os demais membros do Colegiado, porém, entenderam constituir informação relevante a existência de proposta, não firme, de compra e negociações preliminares. Da mesma forma, estudos e negociações a respeito de futuro cancelamento de registro de companhia aberta já caracterizariam, para a CVM, fato relevante[433]. Negociações em andamento, da mesma forma, foram consideradas fatos relevantes, de modo a impedir a realização de negociação por quem tivesse conhecimento delas (PAS CVM nº 04/04[434]).

No âmbito de operações de fusão e aquisição, a jurisprudência norte-americana estabeleceu em diversos casos que a relevância estaria caracterizada quando as partes chegassem a um consenso quanto ao preço e à estrutura do negócio. No entanto, outras decisões, inclusive da Suprema Corte (no famoso caso Basic v. Levinson), afastaram esse critério como um efetivo parâmetro para a aferição da relevância, afirmando que esta poderia verificar-se antes de tal acordo quanto às condições essenciais da operação[435]. Já se cogitou da existência de um mínimo de tratativas a serem sempre consideradas irrelevantes[436].

Outro critério adotado pela jurisprudência norte-americana e utilizado pela CVM consiste em uma ponderação entre a magnitude e probabilidade de determinada informação[437]. O Tribunal de Justiça Europeu, na mencionada decisão no caso Daimler AG, entendeu que a Diretiva 2003/124 não acolhera tal critério.

A Comissão de Valores Mobiliários e Futuros de Hong Kong afirma no manual com orientação para divulgação de informações que, para

[433] Inquérito Administrativo CVM nº 16/2000, Relator Wladimir Castelo Branco Castro, julgado em 05.12.2002.

[434] Relator Marcelo Fernandez Trindade, julgado em 28.06.2006.

[435] Hazen, Thomas Lee. *The Law of Securities Regulation*. 6ª ed. West, 2009, p. 465-466.

[436] Uma proposta unilateral para negociar jamais seria relevante à luz de uma nota de rodapé da decisão no caso Basic v. Levinson, embora a SEC já tenha considerado relevante uma reunião e diversas conversas por telefone discutindo a possibilidade de uma fusão (Loss, Louis; Seligman, Joel. *Fundamentals of securities regulation*. 5ª ed. Aspen, 2004, p. 583).

[437] Conforme mencionado no PAS CVM nº RJ2006/5928: "Acho que, mesmo sem norma expressa, o diretor de relações com investidores deve ponderar a probabilidade de conclusão do negócio com a sua relevância, caso seja concluído, para determinar se um negócio não concluído deve ser divulgado." (Julgado em 17.04.2007, Relator Pedro Oliva Marcilio de Sousa).

constituir informação específica, uma proposta deve ser baseada em mais do que uma vaga troca de ideias ou uma "fishing expedition"[438].

Nestes casos, não há propriamente divulgação de fatos incertos ou fatos contingentes. Haverá, em cada caso, um fato que poderá ser considerado relevante: a negociação para eventual transação ou os estudos visando a futura operação societária seriam os fatos relevantes, e não a transação em si ou a operação societária, ainda não existentes. Todavia, a menção expressa da LSA a fatos ocorridos (e não por ocorrer) torna discutível sua caracterização como fatos relevante nos termos do art. 157, §4º da LSA.

39. Teoria do mosaico

Pode-se afirmar, após a análise empreendida, ser relevante o fato que altera a decisão de investimento (item 32 *supra*). Isto ocorrerá quando a divulgação de tal fato modificar de forma significativa a quantidade total de informações disponível. Questão que se coloca na prática norte-americana é se informações parciais que, isoladamente, não seriam relevantes mas, em conjunto com outros fatos públicos, tornam-se relevantes, consistiriam informação privilegiada. A denominada teoria do mosaico sustenta não haver ilícito nestas circunstâncias, porque a informação sigilosa utilizada não é, por si só, relevante.

O debate nos Estados Unidos diz respeito essencialmente ao *insider trading*, mas a questão é importante no Brasil no âmbito do dever de divulgar. Nos Estados Unidos, entende-se que a informação relevante obtida através do processo citado não seria informação privilegiada, e, portanto, seu uso não caracterizaria *insider trading*.

Tendo em vista o conceito brasileiro, se a informação não tem o condão de influenciar de modo ponderável a decisão de investimento, não há efetivamente que se falar em fato relevante. Tal conclusão é corroborada pelo quanto se examinou a respeito da figura do investidor: con-

[438] "To constitute specific information, a proposal, whether described as under contemplation or at a preliminary stage of negotiation, should have more substance than merely being at the stage of a vague exchange of ideas or a "fishing expedition". Where negotiations or contacts have occurred, for these to be considered specific information there should be a substantial commercial reality to such negotiations which goes beyond a merely exploratory testing of the waters and which is at a more concrete stage where the parties intend to negotiate with a realistic view to achieving an identifiable goal."

siderado o investidor de mercado médio e abstrato, será natural existirem, no extremo, investidores cuja elevada sofisticação analítica possa reputar relevante informação que, para os demais investidores, não o seria. Neste caso, não há que se falar fato relevante e em dever de divulgar, sobretudo quando se leva em consideração o conceito de investidor médio como baliza para o conceito de fato relevante.

No âmbito do *insider trading*, porém, a questão deverá ser avaliada considerando outros aspectos, tais como "qual informação não pública foi usada, além da forma como recebida, pois o recurso ao mosaico pode revestir-se de ilicitude, impondo-se, se o caso, a sua repressão"[439].

Por outro lado, já se entendeu nos Estados Unidos ser irregular a divulgação de uma informação que não seria incorreta em si, mas que avaliada em conjunto com as demais informações disponíveis ao mercado levaria a uma conclusão incorreta[440].

40. Relevância presumida

Alguns fatos podem ser considerados presumidamente relevantes, e a regulamentação da CVM emprega tal presunção com frequência na disciplina da matéria. O melhor exemplo talvez seja o do levantamento das demonstrações financeiras. O Ofício-Circular/CVM/SEP/Nº 02/2015 registra "(...) que, por definição, as demonstrações financeiras são consideradas relevantes pela Instrução CVM nº 358/02." A Instrução CVM nº 358 adotava a presunção de que tais informações são relevantes, e restringia a negociação no período de 15 dias antes de sua divulgação (art. 13, §4º), e a Resolução CVM nº 44 passou a tratar esse período como vedado independentemente da intenção das negociações[441].

[439] Proença, José Marcelo Martins. *Insider Trading: regime jurídico do uso de informações privilegiadas no mercado de capitais*. São Paulo: Quartier Latin, 2005, p. 148-149.

[440] Loss, Louis; Seligman, Joel. *Fundamentals of securities regulation*. 5ª ed. Aspen, 2004, p. 917.

[441] "Art. 14. No período de 15 (quinze) dias que anteceder a data da divulgação das informações contábeis trimestrais e das demonstrações financeiras anuais da companhia, ressalvado o disposto no § 2º do art. 16 e sem prejuízo do disposto no art. 13, a companhia, os acionistas controladores, diretores, membros do conselho de administração e do conselho fiscal ficam impedidos de efetuar qualquer negociação com os valores mobiliários de emissão da companhia, ou a eles referenciados, independentemente do conhecimento, por tais

Vale notar que o manual de orientação divulgado pela Comissão de Valores Mobiliários e Futuros de Hong Kong parte da premissa oposta (citando o caso Ngai Hing Hong Company Limited, onde se julgou pela existência de informação relevante no caso concreto, com a ressalva contra uma presunção neste sentido)[442].

Da mesma forma, a CVM presumia a relevância da intenção de promover incorporação, cisão total ou parcial, fusão, transformação ou reorganização societária (Instrução CVM nº 358, art. 13, §3º, I[443]). A Resolução CVM nº 44, com o intuito de substituir a referência à intenção, cujas dificuldades de aplicação já foram abordadas na presente obra, passou a mencionar estudos ou análises sobre tais operações como momento a partir do qual há relevância[444].

pessoas, do conteúdo das informações contábeis trimestrais e das demonstrações financeiras anuais da companhia.

"§ 1º A proibição de que trata o caput independe da avaliação quanto à existência de informação relevante pendente de divulgação ou da intenção em relação à negociação."

442 "31. Generally the mere knowledge of the content of draft annual or interim accounts prior to their publication or internal management accounts would not be specific information. However, knowledge of substantial losses or profits made by a corporation even though the precise magnitude is not yet clear would be specific information and accordingly may be inside information. The facts and figures in every case will be different and every case turns on its own facts. To constitute inside information the difference between the results which the market might predict and the results the directors or officers know must be significant."

443 "Art. 13. Antes da divulgação ao mercado de ato ou fato relevante ocorrido nos negócios da companhia, é vedada a negociação com valores mobiliários de sua emissão, ou a eles referenciados, pela própria companhia aberta, pelos acionistas controladores, diretos ou indiretos, diretores, membros do conselho de administração, do conselho fiscal e de quaisquer órgãos com funções técnicas ou consultivas, criados por disposição estatutária, ou por quem quer que, em virtude de seu cargo, função ou posição na companhia aberta, sua controladora, suas controladas ou coligadas, tenha conhecimento da informação relativa ao ato ou fato relevante.

(...)

"§3º A vedação do *caput* também prevalecerá:

"I – se existir a intenção de promover incorporação, cisão total ou parcial, fusão, transformação ou reorganização societária; e (...)".

444 "Art. 13. É vedada a utilização de informação relevante ainda não divulgada, por qualquer pessoa que a ela tenha tido acesso, com a finalidade de auferir vantagem, para si ou para outrem, mediante negociação de valores mobiliários.

"§ 1º Para fins da caracterização do ilícito de que trata o *caput*, presume-se que:

Nestes casos a divulgação de fato relevante é imposta pela determinação da CVM, embora seja possível questionar os limites para a interpretação desta imposição (em relação às projeções mencionadas no item 34 *supra*, tal presunção é discutível).

Além disso, a Resolução CVM nº 44, seguindo o previamente disposto na Instrução CVM nº 358, disciplina a divulgação de aquisição e alienação de participações relevantes em companhias abertas. O art. 12, §5º determina a publicação na imprensa, nos termos do art. 3º (que trata da divulgação de fato relevante), quando: (i) a aquisição tenha sido feita com "o objetivo de alterar a composição do controle ou a estrutura administrativa da sociedade", ou (ii) gerar o dever de realizar oferta pública (note-se que na regulamentação anterior era sempre determinada a divulgação de fato relevante, exceto na hipótese de dispensa concedida pela CVM se preenchidas determinadas condições).

No julgamento do PAS CVM Nº RJ2005-2815, ocorrido em 05.10.2005, o então Presidente da CVM Marcelo Fernandez Trindade mencionou em seu voto que "a aquisição ou o aumento de participação não são, necessariamente, fatos relevantes", ao analisar a obrigação de sua divulgação por companhia incentivada.

Em sentido diverso foi a decisão proferida no julgamento do PAS CVM RJ 2009/2172[445], na qual afirmou-se expressamente ser informação relevante a alienação de mais de 5% das ações de companhia aberta: "A alienação de 5% de ações de uma mesma espécie de uma companhia aberta é considerada informação relevante e tem o condão de influenciar as decisões dos investidores." No mesmo sentido decidiu-se no PAS CVM nº RJ2011/2148[446].

(...)
"V – são relevantes, a partir do momento em que iniciados estudos ou análises relativos à matéria, as informações acerca de operações de incorporação, cisão total ou parcial, fusão, transformação, ou qualquer forma de reorganização societária ou combinação de negócios, mudança no controle da companhia, inclusive por meio de celebração, alteração ou rescisão de acordo de acionistas, decisão de promover o cancelamento de registro da companhia aberta ou mudança do ambiente ou segmento de negociação das ações de sua emissão; e (...)".

[445] Relator Eli Loria, julgado em 18.05.2010.

[446] Relator Eli Loria, julgado em 08.11.2011.

Já se mencionou, porém, decisão posterior reconhecendo o caráter de presunção das hipóteses regulamentares, a serem apreciadas sempre diante dos casos concretos (PAS CVM nº RJ2010/1666[447]).

A regulamentação mais recente da CVM por vezes determina a divulgação como fato relevante de determinadas informações, mas ressalva que tal divulgação deve ocorrer "na forma prevista" para divulgação daquelas informações[448]. Desse modo, a informação não é considerada *a priori* um fato relevante, sendo apenas determinada a sua divulgação nos mesmos moldes.

[447] Relatora Luciana Dias, julgado em 03.04.2012.

[448] Como, por exemplo, nos arts. 12, parágrafo único, art. 47, §2º e art. 51 da Instrução CVM nº 480.

PARTE III
O DEVER DE DIVULGAR FATO RELEVANTE

CAPÍTULO 8
RESPONSABILIDADE PELA DIVULGAÇÃO

41. Divulgação

O art. 157, §4º da LSA impõe aos administradores o dever de divulgar imediatamente informação relevante. Neste aspecto, a legislação brasileira afastou-se do tradicional modelo norte-americano, cuja legislação federal não estabelecia obrigação semelhante. Somente com a edição da Lei Sarbanes-Oxley a SEC passou a ter autorização legislativa para determinar a divulgação em tempo real de informação relevante[449].

O dever de divulgar fato relevante é imposto, na dicção do art. 157, §4º, aos administradores de companhia aberta, abrangendo os membros do conselho de administração – de existência obrigatória nas companhias abertas – e os diretores[450].

Os mesmos deveres impostos aos administradores devem ser observados pelos órgãos "criados pelo estatuto, com funções técnicas ou destinados a aconselhar os administradores", conforme dispõe o art. 160[451] da LSA. Para Nelson Eizirik, não caberia a tais órgãos a divulgação de fato relevante, mas apenas, quando muito, "recomendar aos demais órgãos a sua divulgação, assim como eventualmente assessorá-los na redação do 'fato relevante"[452].

[449] HAZEN, Thomas Lee. *The Law of Securities Regulation*. 6ª ed. West, 2009, p. 511.

[450] Arts. 138 e 145 da LSA.

[451] "Art. 160. As normas desta Seção aplicam-se aos membros de quaisquer órgãos, criados pelo estatuto, com funções técnicas ou destinados a aconselhar os administradores."

[452] *A Lei das S/A Comentada*. V. II. São Paulo: Quartier Latin, 2011, pp. 422-423.

O conselho fiscal não integra a administração, e o art. 165 da LSA atribuiu a seus membros expressamente os mesmos deveres e responsabilidades dos administradores previstos nos arts. 153 a 156. Excluído está, portanto, o dever de divulgar fato relevante, previsto no art. 157[453]. A CVM decidiu, no julgamento do PAS CVM Nº RJ2010/8784[454], não ser aplicável a regra de divulgação da Instrução CVM nº 358 de modo a transformar os membros do conselho fiscal em administradores.

O art. 157, §4º da LSA não impôs o dever de divulgar fato relevante aos acionistas da companhia. Se o acionista controlador é também administrador, tem os mesmos deveres destes (art. 117, §3º da LSA), de onde se conclui, *contrario sensu*, não acarretar a mera condição de controlador, *per se*, a incidência de todos os deveres dos administradores.

Responderá o acionista controlador, naturalmente, na hipótese de induzir o administrador a descumprir o dever de divulgar fato relevante. Não se trata, contudo, da existência de um dever de divulgar por parte do acionista, e sim da hipótese expressamente prevista no art. 117, §1º, "e" de induzir o administrador a praticar ato ilegal. Foi este o fundamento da condenação imposta pela CVM no PAS CVM nº 02/03[455].

A Resolução CVM nº 44 impõe a divulgação de fato relevante a outras pessoas além dos administradores em determinadas hipóteses. No caso de manutenção em sigilo de fatos relevantes, o parágrafo único do seu art. 6º[456] impõe aos acionistas controladores e demais adminis-

[453] Neste sentido, cf. Eizirik, Nelson. *A Lei das S/A Comentada*. V. II. São Paulo: Quartier Latin, 2011, p. 462 (ressalvando a obrigação de transmitir internamente a informação, como será examinado adiante). Modesto Carvalhosa, porém, ao comentar o art. 165 da LSA faz referência ao art. 157 (mas não especificamente ao parágrafo 4º), indicando entendê-lo aplicável também aos membros do conselho fiscal (*Comentários à Lei de Sociedades Anônimas*, v. 3, 5ª ed. São Paulo: Saraiva, 2011, pp. 555-557). No PAS CVM Nº RJ2010/8784, os membros do conselho fiscal foram acusados por descumprimento do art. 157 da LSA e da Instrução CVM nº 358. Foram absolvidos, mas sem que a incidência do art. 157 da LSA fosse afastada.

[454] Julgado em 11.06.2013, Relatora Ana Dolores Moura Carneiro de Novaes.

[455] Relatora Maria Helena de Santana, julgado em 24.01.2007.

[456] "Art. 6º Ressalvado o disposto no parágrafo único, os atos ou fatos relevantes podem, excepcionalmente, deixar de ser divulgados se os acionistas controladores ou os administradores entenderem que sua revelação porá em risco interesse legítimo da companhia.

"Parágrafo único. As pessoas mencionadas no *caput* ficam obrigadas a, diretamente ou por meio do Diretor de Relações com Investidores, divulgar imediatamente o ato ou fato rele-

tradores a responsabilidade em conjunto pela divulgação no caso de a informação escapar ao controle ou se ocorrer oscilação atípica.

Em relação às ofertas públicas sujeitas a registro na CVM e de aquisição de controle de companhia aberta, os arts. 9º[457] e 10º[458] da Resolução CVM nº 44 impõem, ao ofertante e ao adquirente, respectivamente, o dever de divulgar fato relevante.

Adicionalmente, o art. 12, §5º[459] da Resolução CVM nº 44 impõe a quem adquirir participação acionária relevante – com o objetivo de alterar a composição do controle ou a estrutura administrativa da sociedade ou, ainda, que acarrete a obrigação de realizar oferta pública prevista na Instrução CVM nº 361 – a divulgação de aviso nos termos do art. 3º (que trata da divulgação de fato relevante).

Nestes casos, o fundamento do dever de divulgar fato relevante residirá especificamente na competência normativa da CVM, pois a LSA impõe o dever apenas aos administradores.

Fora destas hipóteses, a obrigação de divulgar incumbe primordialmente ao diretor de relações com investidores.

A regulamentação da CVM determina a indicação de um diretor estatutário como diretor de relações com investidores[460], ao qual é imposta a responsabilidade por prestar as informações exigidas pela legislação

vante, na hipótese de a informação escapar ao controle ou se ocorrer oscilação atípica na cotação, preço ou quantidade negociada dos valores mobiliários de emissão da companhia aberta ou a eles referenciados."

[457] "Art. 9º Imediatamente após deliberar realizar oferta pública que dependa de registro na CVM, o ofertante deve divulgar a quantidade de valores mobiliários a serem adquiridos ou alienados, o preço, as condições de pagamento e demais condições a que estiver sujeita a oferta, nos termos do art. 3º desta Resolução."

[458] "Art. 10. O adquirente do controle acionário de companhia aberta deve divulgar fato relevante e realizar as comunicações de que trata o art. 3º, na forma ali prevista."

[459] "Art. 12 (...)

§ 5º Nos casos em que a aquisição resulte ou que tenha sido efetuada com o objetivo de alterar a composição do controle ou a estrutura administrativa da sociedade, bem como nos casos em que a aquisição gere a obrigação de realização de oferta pública, nos termos da regulamentação aplicável, o adquirente deve, ainda, promover a divulgação, no mínimo, pelos mesmos canais de comunicação habitualmente adotados pela companhia, nos termos do art. 3º, § 4º, de aviso contendo as informações previstas nos incisos I a V do *caput* deste artigo."

[460] Instrução CVM nº 480, art. 44.

e pela regulamentação do mercado de valores mobiliários em geral[461] e a de divulgar ato ou fato relevante em particular[462].

Newton de Lucca sugere a atribuição da função de diretor de relações com investidores ao Diretor Presidente, de modo a evitar assimetria informacional dentro da administração da companhia e incoerência nas informações a serem prestadas[463]. Na prática, é comum tal função ser exercida pelo diretor financeiro[464]. Nada impede, porém, a atribuição a um diretor exclusivamente da função de relações com investidores, e em determinadas companhias esta pode ser a melhor opção para garantir a comunicação adequada com o mercado.

Em emissores em situação especial, nos quais os administradores são substituídos por liquidante, administrador judicial, gestor judicial, interventor ou figura semelhante, o art. 44, §3º da Instrução CVM nº 480 equipara estes últimos ao diretor de relações com investidores[465].

Estando impossibilitado o diretor de relações com investidores, nada impede que outro administrador promova a divulgação de fato relevante.

Na hipótese de omissão do diretor de relações com investidores, impõe-se examinar se os demais administradores deveriam proceder à divulgação. A LSA estabeleceu expressamente a responsabilidade individual dos administradores no art. 158, §1º, ao dispor que só respondem pelos atos de outros administradores se forem coniventes, negligentes em descobri-los ou, deles tendo conhecimento, deixarem de agir para

461 Instrução CVM nº 480: "Art. 45. O diretor de relações com investidores é responsável pela prestação de todas as informações exigidas pela legislação e regulamentação do mercado de valores mobiliários."

462 Resolução CVM nº 44, art. 3º.

463 Lucca, Newton De. *Da Ética Geral à Ética Empresarial*. São Paulo: Quartier Latin, 2009, p. 379.

464 Cf., sobre a formação de profissionais de relações com investidores, Faria, Valter. *Comunicação e Relações com Investidores. In:* Barreto, Diego. *Direito, gestão e prática: Finanças aplicadas ao direito*. São Paulo: Saraiva, 2011, p. 286.

465 Sobre o regime geral de informação do emissor em situação especial, cf. Noronha Najjarian, Ilene Patricia de. *Comentários às Informações Prestadas por Companhias Abertas Falidas e em Recuperação Judicial enquanto Emissoras de Valores Mobiliários – Instruções CVM nºs 476 e 480 – Aspectos do Regime de Informação no Mercado de Capitais. In:* de Lucca, Newton; Domingues, Alessandra de Azevedo e Leonardi Antonio, Nilva M. (coord.). *Direito Recuperacional II – Aspectos Teóricos e Práticos*. São Paulo: Quartier Latin, 2012, pp. 149-177.

impedir sua prática. Nestes casos, para eximir-se de responsabilidade, deverá o administrador consignar sua divergência ou dar ciência ao órgão da administração, ao conselho fiscal, ou à assembleia.

Há responsabilidade solidária dos administradores apenas em relação aos atos necessários para o regular funcionamento da companhia (art. 158, §2º), e mesmo esta responsabilidade pode ser restrita em relação aos administradores de companhia aberta, nos termos do parágrafo terceiro do mesmo artigo. A CVM parece ter entendido, à época da Instrução CVM nº 31/84, ser este o caso do dever de divulgar fato relevante. A Instrução CVM nº 31/84 estabelecia no art. 2º, §2º que a atribuição do dever de divulgar ao diretor de relações com o mercado só elidiria a responsabilidade dos demais administradores se houvesse previsão no estatuto social[466]. Tal ressalva não foi reproduzida a partir da Instrução CVM nº 358, na qual a responsabilidade pela divulgação propriamente dita foi atribuída apenas ao diretor de relações com investidores.

A LSA, ao estender a responsabilidade solidária somente aos atos necessários para o regular funcionamento da companhia, estabeleceu critério mais restritivo que a mera inobservância dos deveres impostos pela legislação. Neste sentido Marcelo Vieira Von Adamek, ao apresentar exemplos de descumprimento destes deveres, não inclui o dever de divulgar fato relevante, fazendo referência apenas a atos relacionados à regular realização das assembleias, elaboração e avaliação das demonstrações financeiras e eleição dos administradores[467].

[466] "Art. 2º – Cumpre aos administradores da companhia aberta comunicar, imediatamente, à CVM e à Bolsa de Valores em que seus valores mobiliários sejam mais negociados, bem como divulgar pela imprensa, ato ou fato relevante ocorrido nos negócios da companhia.
"§ 1º – Cabe ao diretor de relações com o mercado promover a comunicação e divulgação referidas no caput deste artigo.
"§ 2º – A atribuição de diretor de relações com o mercado, referida no parágrafo anterior, só elide a responsabilidade dos demais administradores da companhia se prevista no estatuto social, ressalvado o disposto no § 4º do artigo 158 da Lei nº 6.404, de 15 de dezembro de 1976."

[467] Adamek, Marcelo Vieira Von. *Responsabilidade civil dos administradores de S/A (e as ações correlatas)*. São Paulo: Saraiva, 2009, pp. 241/242 (deve-se observar, contudo, que a relação não é apresentada pelo autor como contemplando de forma exaustiva tais deveres).

No PAS CVM Nº 02/03[468] foi proposta a responsabilização não somente do diretor de relações com investidores, mas também de membros do conselho de administração e de outro diretor pela não divulgação de fato relevante. Os membros do conselho de administração foram absolvidos em razão de não ter sido comprovada sua participação na decisão de não divulgar. O outro diretor foi igualmente absolvido, por não ter sido comprovado sequer o seu conhecimento a respeito do fato relevante.

A responsabilização dos membros do conselho de administração foi proposta também no PAS CVM Nº 01/03[469], mas não pela violação direta do dever de informar, e sim pelo descumprimento do dever de fiscalizar a gestão dos diretores, previsto no art. 142, III da LSA. Os acusados foram absolvidos porque o fato em questão estava sendo discutido diretamente entre a diretoria e o acionista controlador. Em seu voto o Diretor Marcelo Trindade mencionou não haver nos autos elementos comprobatórios do descumprimento, pelos membros do conselho de administração, do dever de diligência, e a seu ver não lhes seria exigível, "ao menos àquele tempo (embora, insisto, pudesse ser recomendável), a supervisão do modo pelo qual a companhia prestava informações ao mercado".

No julgamento do PAS CVM Nº RJ2007/1079[470] o Diretor Pedro Marcilio consignou, em sua declaração de voto, o entendimento de incumbir a todos os administradores o dever de divulgar, pois o art. 157, §4º não restringiria a responsabilidade ao diretor de relações com investidores. Mencionou, ainda, a obrigação dos administradores de comunicar eventual omissão do diretor de relações com investidores à CVM, prevista na então vigente Instrução CVM nº 358.

Não há, por outro lado, previsão quanto à necessidade da prévia revisão e aprovação da informação a ser divulgada por outros órgãos da companhia.

Na Austrália, a ASX mencionou na sua proposta de alteração da Guidance Note nº 8 decisões judiciais no sentido de que, embora a legislação daquele país não imponha tal revisão em todos os casos, este pro-

[468] Relatora Maria Helena de Santana, julgado em 24.01.2007.

[469] Relator Marcelo Fernandez Trindade, julgado em 01.02.2007.

[470] Relator Eli Loria, julgado em 10.07.2007.

cedimento seria apropriado para algumas informações particularmente relevantes[471].

O pressuposto do dever de informar é, evidentemente, o conhecimento da informação[472]; como afirma José Alexandre Tavares Guerreiro, citando Savatier, "a falta não comporta somente a violação de um dever, mas, no que tange ao agente, a possibilidade de observá-lo"[473], e os administradores sem conhecimento da informação não podem ser responsabilizados pela não divulgação[474].

Neste contexto, a regulamentação da CVM procurou estabelecer uma série de obrigações de informar com o fim de garantir o trânsito da informação até o encarregado por sua divulgação, examinadas a seguir.

42. Transmissão

Em uma grande companhia a quantidade de negócios celebrados diariamente e fatos relacionados a eles é imensa, e nenhuma pessoa terá individualmente conhecimento de todas as informações.

A regulamentação da CVM impõe aos demais administradores a obrigação de comunicar ao diretor de relações com investidores fatos relevantes de seu conhecimento[475]. Além de administradores - aos quais o dever pode ser imposto, em princípio, com base no art. 157 da LSA - a norma faz referência a membros do conselho fiscal e acionistas controladores.

Ao examinar o conselho fiscal, Nelson Eizirik afirma ser necessária a comunicação ao conselho de administração ou à diretoria e, no caso da

[471] O documento da ASX faz referência a *"ASIC v Macdonald (No 11)* [2009] NSWSC 287, at paragraph 333, and *ASIC v Hellicar* [2012] HCA 17, at paragraph 56".

[472] MEO, Giorgio. *Le Società di capitali quotate in borsa.* Torino: G. Giappichelli, 2002. (Trattato di Diritto Privato, v. XVII), p. 304.

[473] GUERREIRO, José Alexandre Tavares. *Responsabilidade dos Administradores de Sociedades Anônimas. In: Revista de Direito Mercantil, Industrial, Econômico e Financeiro.* São Paulo, nº 42, abr.-jun. 1981, p. 87.

[474] Nesse sentido decidiu a CVM no Inquérito Administrativo CVM nº 16/2000, Relator Wladimir Castelo Branco Castro, julgado em 05.12.2002.

[475] Resolução CVM nº 44, "art. 3º, §1º § 1º Os acionistas controladores, diretores, membros do conselho de administração, do conselho fiscal e de quaisquer órgãos com funções técnicas ou consultivas, criados por disposição estatutária, devem comunicar qualquer ato ou fato relevante de que tenham conhecimento ao Diretor de Relações com Investidores, ao qual cumpre promover sua divulgação."

companhia aberta, ao diretor de relações com investidores[476]. Como, não obstante, a obrigação de divulgar fato relevante no sentido do art. 157, §4º da LSA existe somente no âmbito da companhia aberta, bastaria a comunicação ao diretor de relações com investidores.

Adicionalmente, na hipótese de qualquer das pessoas mencionadas acima constatar a omissão do diretor de relações com investidores na divulgação do fato relevante da qual tenham conhecimento pessoal, dispõe o art. 3º, §2º[477] da Resolução CVM nº 44 só se eximirem de responsabilidade caso comuniquem o fato à CVM.

A referência a "conhecimento pessoal" limita as hipóteses de incidência da obrigação: os administradores não são obrigados a comunicar à CVM a não divulgação de fatos que eles – ou seus subordinados e pares – deveriam ter ciência, mas apenas daqueles realmente conhecidos.

Nesse contexto, ao mencionar a obrigação de comunicar a CVM caso se constate a omissão, não parece ter sido imposto o dever de fiscalizar a divulgação de todo e qualquer fato relevante, o que equivaleria à responsabilidade solidária. Desse modo, o simples fato de a divulgação não ser realizada não acarreta, necessariamente, o dever de comunicar à CVM.

A comunicação à CVM será suficiente para eximir o administrador de responsabilidade no âmbito administrativo, ainda que a comunicação aos órgãos da administração possa ser também recomendável, à luz do disposto no art. 158, §1º[478] da LSA.

[476] Eizirik, Nelson. *A Lei das S/A Comentada*. V. II. São Paulo: Quartier Latin, 2011, p. 462.

[477] Instrução CVM nº 358, "art. 3º: (...)

"§ 2º Caso as pessoas referidas no § 1º tenham conhecimento pessoal de ato ou fato relevante e constatem a omissão do Diretor de Relações com Investidores no cumprimento de seu dever de comunicação e divulgação, inclusive na hipótese do parágrafo único do art. 6º desta Resolução, somente se eximem de responsabilidade caso comuniquem imediatamente o ato ou fato relevante à CVM."

[478] "Art. 158. (...)

"§ 1º O administrador não é responsável por atos ilícitos de outros administradores, salvo se com eles for conivente, se negligenciar em descobri-los ou se, deles tendo conhecimento, deixar de agir para impedir a sua prática. Exime-se de responsabilidade o administrador dissidente que faça consignar sua divergência em ata de reunião do órgão de administração ou, não sendo possível, dela dê ciência imediata e por escrito ao órgão da administração, no conselho fiscal, se em funcionamento, ou à assembléia-geral."

O processo de identificação de fato relevante e da necessidade de sua divulgação, como visto, pode ser bastante complexo, razão pela qual o padrão de conduta esperado dos acionistas e dos administradores em geral não pode ser equiparado ao do diretor especificamente encarregado da matéria.

Terceiros que eventualmente tenham acesso à informação relevante, embora não possam utilizá-la para obter vantagem no mercado de valores mobiliários (art. 155, §4º[479] da LSA), não têm, pela LSA, o dever de comunicá-la ao diretor de relações com investidores e tampouco de acompanhar sua divulgação.

43. Obtenção

O dever de se informar é identificado pela doutrina como um desdobramento do dever de diligência previsto no art. 153[480] da LSA. De forma bastante geral, tal dever impõe a observância do padrão do homem ativo e probo.

A doutrina costuma subdividir o dever de diligência em diversos deveres, um dos quais o dever de se informar, que passou a ter destaque sobretudo depois do julgamento do caso Smith vs. Van Gorkon[481].

O dever de se informar não impõe, por óbvio, individualmente a cada administrador a obrigação de obter todas e quaisquer informações úteis para a administração da companhia, mesmo quando se trata de informações relevantes na acepção dada pelo art. 157, §4º da LSA.

A extensão do dever de se informar do diretor de relações com investidores foi delimitada pela Resolução CVM nº 44. O art. 4º, parágrafo único desta norma determina ao diretor de relações com investidores que averigue a existência de informações a serem divulgadas ao mercado nas hipóteses (i) de pedidos de esclarecimentos formulados pela CVM,

[479] "Art. 155. (...)
"§ 4º É vedada a utilização de informação relevante ainda não divulgada, por qualquer pessoa que a ela tenha tido acesso, com a finalidade de auferir vantagem, para si ou para outrem, no mercado de valores mobiliários."

[480] "Art. 153. O administrador da companhia deve empregar, no exercício de suas funções, o cuidado e diligência que todo homem ativo e probo costuma empregar na administração dos seus próprios negócios."

[481] Cf. Luiz Antonio de Sampaio Campos *in* LAMY FILHO, Alfredo; BULHÕES PEDREIRA, José Luiz (Coord.). *Direito das companhias*. Rio de Janeiro: Forense, 2009, p. 1106.

pela bolsa de valores ou por entidades de mercado de balcão organizado em que os valores mobiliários de emissão da companhia sejam admitidos à negociação ou (ii) de oscilação atípica na cotação, preço ou quantidade negociada dos valores mobiliários de emissão da companhia aberta ou a eles referenciado.

Da segunda hipótese supracitada pode-se inferir, ainda, o dever do diretor de relações com investidores de acompanhar as negociações com valores mobiliários de emissão da companhia[482].

No julgamento do PAS CVM Nº RJ2010/4195[483], como defesa contra a acusação de não divulgação tempestiva de fato relevante, o acusado alegou só ter sido informado a respeito da operação em questão na data da divulgação. Por se tratar de operação relevante – objeto de notícias na imprensa e questionamentos pela CVM e pela bolsa de valores – deveria, no entendimento da autarquia, ser acompanhada pelo diretor de relações com investidores, pois a importância do assunto o obrigava a buscar a informação.

44. Competência da CVM e dos mercados organizados

Sem prejuízo da obrigação imposta pela LSA aos administradores e pela regulamentação a terceiros, a divulgação pode ser determinada pela CVM. O art. 9º, II da Lei nº 6.385/76 atribui à autarquia competência para intimar as pessoas referidas no inciso I para que prestem informações ou esclarecimentos, além da competência geral para disciplinar a divulgação de informações previstas no art. 22 da mesma Lei.

Conforme o *caput* do art. 4º[484] da Resolução CVM nº 44, a CVM, a bolsa de valores ou a entidade do mercado de balcão organizado podem exigir esclarecimentos adicionais do diretor de relações com investidores.

No curso da supervisão conduzida sobre as companhias abertas, a CVM frequentemente verifica a necessidade de divulgação, correção ou

[482] O Regulamento de listagem da bolsa de Xangai impõe expressamente tal obrigação no item 2.8.

[483] Relator Marcos Barbosa Pinto, julgado em 23.11.2010.

[484] "Art. 4º A CVM, a bolsa de valores ou a entidade do mercado de balcão organizado em que os valores mobiliários de emissão da companhia sejam admitidos à negociação podem, a qualquer tempo, exigir do Diretor de Relações com Inves-tidores esclarecimentos sobre a divulgação de ato ou fato relevante."

complementação de fatos relevantes e oficia as companhias para que o façam no prazo de 24 horas[485]. Trata-se normalmente de comando expedido pela Superintendência de Relações com Empresas, do qual cabe recurso ao Colegiado, conforme previsto pela Resolução CVM nº 46/21.

Em 13.12.2011 a CVM celebrou convênio de colaboração com a BM&FBOVESPA "para o acompanhamento e fiscalização da prestação de informações pelos emissores de valores mobiliários"[486]. De acordo com o balanço referente ao primeiro trimestre de 2012, a BM&FBOVESPA analisou nesse período 4.507 documentos e emitiu 662 ofícios para companhias, dos quais 11% correspondiam a solicitações de esclarecimentos relativos às oscilações e movimentações atípicas de ações, fatos relevantes, comunicados ao mercado e outros[487]. Como menciona o próprio convênio, a sua finalidade é organizar tais trabalhos em conjunto com a autarquia, pois à bolsa, como órgão auxiliar, já competia acompanhar o cumprimento da regulamentação.

A CVM pode divulgar informações, como previsto no art. 9º, §1º, III[488] da Lei nº 6.385/76. Usualmente limita-se a determinar à companhia aberta a divulgação da informação relevante, e apenas excepcionalmente a autarquia promove diretamente a sua publicidade, sempre

[485] Como expõe Julio Ramalho Dubeux: "A CVM também pode a qualquer momento, e isso é muito comum, determinar às companhias abertas que republiquem, com correções ou aditamentos, demonstrações financeiras, relatórios ou informações divulgadas. A determinação é importantíssima, pois, como vimos, a precisão das demonstrações financeiras e de outros documentos societários informacionais é essencial para a concretização da política de *disclosure*. (...)" (*A Comissão de Valores Mobiliários e os principais instrumentos regulatórios do Mercado de Capitais*. Porto Alegre: Sergio Antonio Fabris, 2006, p. 75).

[486] Disponível em www.cvm.gov.br/port/convenios/Convênio%20BM&FBovespa.pdf, acesso em 11.fev.2013.

[487] Disponível em http://www.bmfbovespa.com.br/empresas/pages/BMFBOVESPA-e-CVM-apresentam-balanco-do-1o-trimestre-2012-04-19.asp, acesso em 11.fev.2013.

[488] "Art 9º A Comissão de Valores Mobiliários, observado o disposto no § 2º do art. 15, poderá: (...)
"§ 1º Com o fim de prevenir ou corrigir situações anormais do mercado, a Comissão poderá: (...)
"III – divulgar informações ou recomendações com o fim de esclarecer ou orientar os participantes do mercado;(...)."
A redação do parágrafo primeiro foi dada pelo Decreto nº 3.995/01, cuja constitucionalidade é discutível, como exposto no item 10 supra. A redação original mencionava "situações anormais do mercado, como tais conceituadas pelo Conselho Monetário Nacional".

em conjunto com a determinação para que o próprio particular o faça. A razão principal do citado procedimento provavelmente reside no fato de a CVM não dispor de todas as informações a serem divulgadas.

Dentre os casos disponíveis para consulta no site da CVM, pode-se listar as comunicações a respeito (i) da determinação de republicação de fato relevante, que ao tratar de decisão judicial teria veiculado informações incorretas[489]; (ii) da informação de suposta contradição entre informações prestadas a respeito de aquisição de controle e necessidade de oferta pública[490]; (iii) da insuficiência de documentos apresentados para comprovar a recusa da oferta pública de aquisição de ações[491], (iv) da perda de eficácia de oferta para aquisição do controle, que poderia não ter sido adequadamente percebida pelos agentes de mercado, e da consequente determinação de adiamento da abertura de negociação com ações de companhia envolvida[492] e (v) de investigações da CVM terem suscitado dúvidas sobre a capacidade das contrapartes de determinada companhia de honrar opções de compra mencionadas em fato relevante, e de não ter sido apresentada resposta a ofício da CVM no prazo determinado[493].

[489] Comunicado de 29.07.2005.

[490] Comunicado de 11.07.2006.

[491] Comunicado de 19.07.2006.

[492] Comunicado de 21.07.2006.

[493] Comunicado de 30.11.2009.

CAPÍTULO 9
DA FORMA DE DIVULGAÇÃO

45. Tempo da divulgação

No tocante ao tempo da divulgação, o art. 157, §4º determina que o fato relevante deve ser divulgado imediatamente. Ao impor esta obrigação, o direito brasileiro afastou-se, como visto, da tradição do modelo norte-americano[494]. Tal obrigação não decorreria sequer da interpretação dos deveres fiduciários dos administradores, conquanto tal argumentação já tenha sido formulada perante os Tribunais norte-americanos[495].

É comum a referência ao dever de divulgação oportuna, equivalente ao *timely disclosure* do direito norte-americano, mencionado no *Securities and Exchange Act Release* nº 8.995 de 1970[496]. Mesmo neste caso, a tempestividade da divulgação impõe-se à luz de um dever específico de prestar determinada informação ou, ainda, à necessidade de sua divulgação antes de qualquer negociação por quem a detenha (como mencionado no item 41 *supra*, somente com a Lei Sarbanes–Oxley a SEC passou

[494] "Absent a specific line-item requirement in a SEC filing, there is no affirmative duty to disclose merely because a fact is material" (Hazen, Thomas Lee. *The Law of Securities Regulation*. 6ª ed. West, 2009, p. 471). A exigência, porém, costuma ser imposta pelas principais bolsas de valores daquele país, embora sua violação isolada raramente dê azo a sanções. (Hazen, Thomas Lee. *The Law of Securities Regulation*. 6ª ed. West, 2009, p. 511).

[495] Trata-se de alegação formulada no caso Texas Gulf Sulphur, mas que não chegou a ser apreciada pelo Tribunal, como informa Hazen, Thomas Lee. *The Law of Securities Regulation*. 6ª ed. West, 2009, p. 512.

[496] Cf. Carvalhosa, Modesto. Comentários à Lei de Sociedades Anônimas, v. 3, 5ª ed. São Paulo: Saraiva, 2011, p. 412.

a ter autorização legislativa para impor o dever de divulgar imediatamente informação relevante).

Por isso, a conhecida regra de divulgar ou abster-se de negociação (*disclose or abstain*) não se aplica inteiramente no Brasil[497], pois não basta abster-se de negociar para afastar o dever de divulgar. Neste contexto, há quem diferencie a informação relevante para fins dos arts. 155, §1º e 157, a exemplo de Luiz Antonio de Sampaio Campos, para quem: "(...) a informação pode ser relevante, para fins do art. 155, antes que se constitua em um fato relevante, para fins do art. 157".[498]

A legislação europeia, neste aspecto, aproxima-se mais da brasileira, pois a Diretiva nº 2003/6/CE dispunha em seu art. 6º, 1, que "Os Estados-Membros asseguram que os emitentes de instrumentos financeiros tornem públicas o mais rapidamente possível as informações privilegiadas que digam directamente respeito a esses emitentes." O Regulamento EU nº 596/2014 manteve o conceito no art. 17º, 1: "1. Um emitente informa o público, o mais rapidamente possível, da informação privilegiada que diga diretamente respeito a esse emitente."

No direito francês, a doutrina aponta exemplos de divulgação que não atendem ao requisito em questão, mas com prazos grandes o bastante para afastar qualquer dúvida quanto à intempestividade da divulgação como meses ou, no menor prazo citado por Clermontel, oito dias[499].

Na Austrália a proposta de alteração da Guidance Note nº 8 da ASX mencionou decisões judiciais interpretando a exigência de divulgação imediata como "*promptly and without delay*". Atrasos de 60 ou 90 minutos, sem pedido de interrupção dos negócios, já foram considerados pela ASIC violadores da legislação[500].

[497] Nesse sentido, Luiz Antonio de Sampaio Campos *in* Lamy Filho, Alfredo; Bulhões Pedreira, José Luiz (Coord.). *Direito das companhias*. Rio de Janeiro: Forense, 2009, p. 1185.

[498] *In:* Lamy Filho, Alfredo; Bulhões Pedreira, José Luiz (Coord.). *Direito das companhias*. Rio de Janeiro: Forense, 2009, p. 1186.

[499] Clermontel, Pierre. *Le droit de la communication financière*. Paris: Joly, 2009, pp. 201-202.

[500] "Prompt disclosure of market sensitive information is critical to the integrity and efficiency of the market. The standard of promptness expected by the market and by regulators is justifiably high. ASIC has issued infringement notices for breaches of section 674 where market sensitive information has been withheld from the market for periods as short as 60 and 90 minutes and a trading halt has not been requested to cater for the delay."

Nos Estados Unidos, a definição um pouco mais precisa de divulgação imediata (*prompt*) foi incluída na *Regulation Fair Disclosure*, na qual se buscou disciplinar a divulgação de informações privilegiadas de forma restrita para analistas, investidores institucionais e outros participantes do mercado[501]. A regra 101 (d) definiu imediatamente como tão cedo quanto razoavelmente possível, mas no máximo após 24 horas do conhecimento de uma divulgação não intencional ou até o início do pregão do dia útil subsequente. O comunicado de divulgação da referida norma fez alusão à existência de comentários considerando o prazo estipulado muito breve, muito extenso e ainda defendendo ser inconveniente a definição precisa. A SEC, contudo, afirmou sua preferência por estabelecer uma regra clara neste sentido[502].

[501] Loss, Louis; Seligman, Joel. Fundamentals of securities regulation. 5ª ed. Aspen, 2004, pp. 951-952.

[502] "b. "Prompt" Public Disclosure After Non-intentional Selective Disclosures

"Under Rule 100(a)(2), when an issuer makes a covered non-intentional disclosure of material nonpublic information, it is required to make public disclosure promptly. As proposed, Rule 101(d) defined "promptly" to mean "as soon as reasonably practicable" (but no later than 24 hours) after a senior official of the issuer learns of the disclosure and knows (or is reckless in not knowing) that the information disclosed was both material and non-public. "Senior official" was defined in the proposal as any executive officer of the issuer, any director of the issuer, any investor relations officer or public relations officer, or any employee possessing equivalent functions.

"Commenters expressed varying views on the definition of "promptly" provided in the rule. Some said that the time period provided for disclosure was appropriate;[58] others said it was too short;[59] and still others said that it was too specific, and should require disclosure only as soon as reasonably possible or practicable.[60] We believe that it is preferable for issuers and the investing public that there be a clear delineation of when "prompt" disclosure is required. We also believe that the 24-hour requirement strikes the appropriate balance between achieving broad, non-exclusionary disclosure and permitting issuers time to determine how to respond after learning of the non-intentional selective disclosure. However, recognizing that sometimes non-intentional selective disclosures will arise close to or over a weekend or holiday, we have slightly modified the final rule to state that the outer boundary for prompt disclosure is the later of 24 hours or the commencement of the next day's trading on the New York Stock Exchange, after a senior official learns of the disclosure and knows (or is reckless in not knowing) that the information disclosed was material and nonpublic. Thus, if a non-intentional selective disclosure of material, nonpublic information is discovered after the close of trading on Friday, for example, the outer boundary for making public disclosure is the beginning of trading on the New York Stock Exchange

No Canadá, o art. 75 (2) da Lei de Valores Mobiliários do Estado de Ontário determina a divulgação tão cedo quanto possível, mas em todo caso no prazo máximo de 10 dias[503].

A Lei de Hong Kong determina a divulgação tão cedo quanto possível (art. 307B(1)).

A redação do texto a ser divulgado sempre demandará algum tempo; imediatamente, portanto, deve ser interpretado como tão logo quanto possível, considerando um tempo razoável para a elaboração do documento por meio do qual será dada publicidade ao fato relevante.

A CVM já decidiu em processo sancionador que um diretor de relações com investidores teria violado o dever de divulgar fato relevante por não ter esclarecido o mercado, diante da divulgação de notícia na sexta-feira, às 16h23m, na própria sexta-feira, mas somente segunda-feira pela manhã. Como não há pregão no final de semana, o pequeno lapso entre a divulgação de notícia e o encerramento do pregão na sexta-feira talvez não justificasse a aplicação de sanção, caso a informação tivesse sido devidamente divulgada antes da retomada das negociações. Neste precedente, porém, na segunda-feira pela manhã o diretor de relações com investidores comunicou não ter comentários a fazer a respeito da notícia, e no mesmo dia, após o encerramento do pregão, divulgou fato relevante comunicando a concretização do negócio objeto de especulação na sexta-feira[504].

Para garantir a disseminação uniforme do fato relevante, é recomendável a sua divulgação, quando possível, em horário no qual os títulos da companhia não estejam sendo negociados no mercado, como determina o art. 5º[505] da Resolução CVM nº 44. Para tanto, a divulgação deverá ser feita antes do início ou após o encerramento do pregão e, se isto não for

on Monday." (Disponível em http://www.sec.gov/rules/final/33-7881.htm. Acesso em 20.fev.2012.)

[503] *"Report of material change*

"(2) Subject to subsection (3), the reporting issuer shall file a report of such material change in accordance with the regulations as soon as practicable and in any event within ten days of the date on which the change occurs. R.S.O. 1990, c. S.5, s. 75 (2)."

[504] PAS CVM Nº RJ2012/3168, Relator Roberto Tadeu Antunes Fernandes, julgado em 13.11.2012.

[505] "Art. 5º A divulgação de ato ou fato relevante deve ocorrer, sempre que possível, antes do início ou após o encerramento dos negócios nas bolsas de valores e entidades do mer-

viável, o diretor de relações com investidores poderá requerer a suspensão da negociação com ações da companhia, conforme o art. 5, §2º[506] da Resolução CVM nº44.

Em 2017 a CVM editou a ICVM nº 590, que alterou a ICVM nº 461 para incluir, dentre os procedimentos a serem regulados pelas normas de funcionamento da bolsa, prazos e medidas de natureza prévia que devem ser observados pelos emissores, quando houver a necessidade de divulgação de ato ou fato relevante durante o horário de negociação, para possibilitar a avaliação pela entidade administradora de mercado organizado da necessidade da suspensão da negociação para a disseminação da informação relevante (art. 60,§2º, IV[507]).

A B3 divulgou ao mercado o Ofício Circular 018/2018-PRE, de 18 de abril de 2018. Conforme o referido Ofício, de acordo com o item 8.2.2 do Manual, o emissor deverá dar conhecimento de fatos relevantes à B3 e ao mercado com antecedência mínima de 30 minutos em relação à abertura da sessão de negociação, ou após o seu encerramento. No caso de ser necessária a divulgação durante o pregão, a bolsa deve ser previamente contatada. Recebida a ligação do emissor, a B3 suspende a nego-

cado de balcão organizado em que os valores mobiliários de emissão da companhia sejam admitidos à negociação."

[506] "§ 2º Caso seja imperativo que a divulgação de ato ou fato relevante ocorra durante o horário de negociação, o Diretor de Relações com Investidores pode solicitar, sempre simultaneamente às entidades administradoras dos mercados, nacionais e estrangeiras, em que os valores mobiliários de emissão da companhia sejam admitidos à negociação, a suspensão da negociação dos valores mobiliários de emissão da companhia aberta, ou a eles referenciados, pelo tempo necessário à adequada disseminação da informação relevante, observados os procedimentos previstos nos regulamentos editados pelas bolsas de valores e entidades do mercado de balcão organizado sobre o assunto."

[507] "Art. 60. As normas de funcionamento da entidade administradora de mercado organizado devem disciplinar as situações em que se procederá à suspensão da negociação ou à exclusão dos valores mobiliários admitidos à negociação, bem como as informações a serem prestadas relativamente aos valores mobiliários atingidos por tais medidas. (...)
"§2º As normas de que tratam o caput deverão, obrigatoriamente, disciplinar os procedimentos a serem adotados quando: (...)
"IV – houver a necessidade de divulgação de ato ou fato relevante durante o horário de negociação, estipulando prazos e medidas de natureza prévia que devem ser observados pelos emissores para possibilitar a avaliação pela entidade administradora de mercado organizado da necessidade da suspensão da negociação para a disseminação da informação relevante."

ciação dos respectivos valores mobiliários, comunica a efetivação da suspensão na mesma ligação telefônica, e a divulga ao mercado. O emissor deve, então, divulgar o fato relevante dentro do intervalo de 10 minutos, contados da suspensão.

Previamente à definição dos procedimentos acima, a CVM já formulou acusação contra diretor de relações com investidores por ter divulgado fato relevante durante o pregão (PAS CVM Nº RJ2008/9022[508]). Alegou-se em defesa não haver obrigatoriedade de efetuar a divulgação fora do horário do pregão, em razão do uso da expressão "sempre que possível" na regulamentação da CVM. O Relator do Processo observou que a divulgação durante o pregão seria "medida emergencial a ser utilizada excepcionalmente", a ser motivada, mas absolveu o acusado considerando as alegações de existência de "razões imperativas decorrentes do regramento interno da empresa" e, especialmente, da alegada divergência entre o horário da divulgação verificado pela CVM (16h57m) e aquele constatado no sistema da própria Companhia (17h00m59s). No mesmo processo a Presidente Maria Helena dos Santos Fernandes de Santana afirmou ser cabível punição pela divulgação de fato relevante durante o horário do pregão apenas em casos excepcionais, pois a regulamentação "estabelece uma obrigação de realização de melhores esforços e não já uma vedação absoluta", sendo necessária prova de negligência para a punição, inclusive com o questionamento da conveniência e necessidade da divulgação naquele momento.

A suspensão do pregão por conta da divulgação de informações estaria limitada ao tempo necessário para a disseminação das informações. Neste aspecto, a evolução tecnológica apresenta impactos profundos no conceito de tempo. Quando a divulgação se dava meramente pela publicação em jornais, havia grande lapso de tempo entre o envio de informação ao periódico e sua efetiva disponibilização ao público. Atualmente, porém, esta disseminação ocorre de forma quase imediata. No Canadá a jurisprudência não estabelece uma regra firme definindo tempo razoável para os investidores analisarem a informação, e segundo a nota 21 da NP

[508] Julgado em 09.02.2010, Relator Eli Loria.

51-201, os precedentes judiciais sobre a matéria podem não ser adequados para a tecnologia moderna[509].

A rápida difusão da informação não afasta o problema do tempo para a sua disseminação, pois as negociações são feitas de forma mais célere, em frações de segundo. Por outro lado, a disponibilização da informação na *internet* suscita novas questões: como relata Scott Patterson, em janeiro de 2011, Selerity (um sistema de busca de informações que utiliza técnicas de inteligência artificial) identificou a disponibilização dos resultados da Microsoft em um endereço utilizado no passado, antes da veiculação do *link* para esta página em seu *website*, quando a companhia imaginava que a informação ainda não havia sido divulgada ao público[510].

Nota-se, ainda, que o Poder Judiciário já apreciou mandado de segurança impetrado em face do Presidente da CVM, no caso de uma companhia aberta ter solicitado a suspensão dos negócios com suas ações até a deliberação pela assembleia a respeito das medidas a serem tomadas por conta da desapropriação do seu acervo imobiliário[511]. A CVM obteve reconsideração da decisão que, em sede liminar, havia suspendido os negócios. Segundo registrado na decisão do Tribunal Regional Federal da 2ª Região, o bloqueio dos negócios não se justificava após a edição do decreto desapropriatório, porque já não estava presente a hipó-

[509] Nota de rodapé 21 da NP 51-201: "*Green v. Charterhouse Group Can. Ltd.* (1976), 12 O.R. (2d) 280. *In the Matter of Harold P. Connor et al.* (1976) Volume II OSCB 149. Existing case law does not establish a firm rule as to what would be a reasonable amount of time for investors to be given to analyze information. The time period will depend on a number of factors including the circumstances in which the event arises, the nature and complexity of the information, the nature of the market for the company's securities, and the manner used to release the information. We recognize that the case law is dated in this respect and that, if the courts were to revisit these decisions today, they may not find the time parameters set out in the decisions appropriate for modern technology."

[510] PATTERSON, Scott. *Dark Pools: high-speed traders, AI bandits, and the threat to the global financial system*. New York: Crown Business, 2012, p. 302.

[511] Processo nº 201251014903404, 2ª Vara Cível da Justiça Federal do Rio de Janeiro.

tese de informação vaga prevista no art. 60, §1º, II[512] da Instrução CVM nº 461[513].

Observa-se, por fim, que as companhias com títulos negociados em diferentes mercados (por exemplo, com ações negociadas na B3 e ADRs na NYSE), devem divulgar fatos relevantes em horário durante o qual nenhuma das bolsas esteja aberta[514].

O Ofício-Circular/CVM/SEP/Nº 01/2021 informou que "entende-se como uma boa prática que a divulgação ocorra preferencialmente após o encerramento dos negócios em todos os países em que os valores mobiliários sejam negociados, possibilitando um período maior para que os investidores possam analisar os efeitos decorrentes da informação divulgada. Caso seja necessária a divulgação antes da abertura do pregão, esta deve ser feita pelo menos com 1 (uma) hora de antecedência, a fim de evitar atrasos no início das negociações." Além disso, alertou para que se observasse a conclusão do *call* de fechamento.

46. Dever de atualizar o fato relevante

A LSA não impôs expressamente o dever de atualizar fatos relevantes divulgados. Contudo, ao regulamentar a matéria, a CVM estabeleceu a obrigação de informar imediatamente qualquer mudança nos fatos ou intenções, conforme dispõe o art. 20[515] da Resolução CVM nº 44.

[512] "Art. 60. As normas de funcionamento da entidade administradora de mercado organizado devem disciplinar as situações em que se procederá à suspensão da negociação ou à exclusão dos valores mobiliários admitidos à negociação, bem como as informações a serem prestadas relativamente aos valores mobiliários atingidos por tais medidas.
"§1º A suspensão da negociação pode justificar-se quando:
(...)
"II – tornar-se pública notícia ou informação vaga, incompleta ou que suscite dúvida quanto ao seu teor ou procedência, que possa vir a influir de maneira relevante na cotação do valor mobiliário ou induzir os investidores a erro."

[513] Conforme divulgado pela CVM em Comunicado ao Mercado de 23.10.2012.

[514] Resolução CVM nº 44, art. 5º, §1º: "Caso os valores mobiliários de emissão da companhia sejam admitidos à negociação simultânea em mercados de diferentes países, a divulgação do ato ou fato relevante deve ser feita, sempre que possível, antes do início ou após o encerramento dos negócios em ambos os países, prevalecendo, no caso de incompatibilidade, o horário de funcionamento do mercado brasileiro."

[515] "Art. 20. Qualquer mudança nos fatos ou intenções objeto das declarações feitas nos termos desta Resolução deve ser divulgada imediatamente, retificando ou aditando a declaração anterior."

No direito comparado constata-se, inicialmente, a distinção entre o dever de corrigir, existente quando a informação divulgada estava equivocada, e o dever de atualizar com base em novas informações. Na primeira hipótese, não há dúvida acerca da existência do dever de retificar informações erradas, mero desdobramento do dever de informar corretamente.

Na segunda hipótese, porém, é importante apurar se o novo fato constitui, em si mesmo, um fato relevante. Nos Estados Unidos, Hazen cita precedente judicial considerando desnecessária a divulgação de pequenas variações não relevantes na relação dívida-capital decorrente de aquisição de outra companhia[516].

Em Portugal, para Felipe Matias Santos a obrigação de atualizar o fato relevante estaria submetida a um regime especial de divulgação, em que o potencial impacto da informação sobre o mercado seria irrelevante[517].

A interpretação literal da Resolução CVM nº 44 poderia levar à conclusão de que quaisquer alterações relacionadas às informações divulgadas deveriam ser objeto de novo fato relevante. No entanto, mudanças nos fatos ou intenções são, a rigor, novos fatos, cuja necessidade de divulgação deve ser apreciada da mesma forma que outros fatos, à luz do disposto no art. 157, §4º.

47. Modo de divulgação do fato relevante

O detalhamento da informação a ser divulgada deve ser apreciado considerando o próprio conceito de fato relevante. Uma operação de incorporação pode envolver dezenas de documentos, alguns com centenas de páginas, e nem toda informação deve ser divulgada, seja porque aspectos confidenciais devem ser mantidos em sigilo, seja porque a divulga-

[516] Weiner v. Quaker Oats Co., citado por HAZEN, Thomas Lee. *The Law of Securities Regulation*. 6ª ed. West, 2009, p. 472.

[517] "Existem, contudo, outras situações em que a lei, considerando que a assimetria informativa é sempre inadmissível, incumbe os emitentes no dever de divulgarem informação ao mercado sem que seja necessário aferir sobre a sua natureza *price sensitive*." (SANTOS, Felipe Matias. *Divulgação de Informação Privilegiada*. Coimbra: Almedina, 2011, p. 93).

ção com detalhamento excessivo poderia tirar o foco dos aspectos essenciais[518].

A magnitude de determinados dados pode mudar com o decorrer do tempo, portanto, deve ser avaliada no momento da divulgação e, posteriormente, conforme ocorram alterações de relevo.

A companhia pode condicionar o acesso a informações relacionadas a negócios relevantes à comprovação da condição de acionista e assinatura de termo de compromisso, como já reconheceu a CVM no PAS CVM Nº 25/03[519].

A divulgação de fatos relevantes deve ser feita de "modo claro e preciso, em linguagem acessível ao público investidor", segundo determina o art. 3º, §5º da Resolução CVM nº 44. Regras sobre a linguagem das divulgações em geral também foram incluídas na Instrução CVM nº 480, cujo art. 15 determina o emprego de "linguagem simples, clara, objetiva e concisa".

A menção expressa a "público investidor" é importante, porque deve-se permitir à companhia presumir um conhecimento maior por parte do "público investidor" do que pelo público em geral. Não seria razoável exigir das companhias explicação de cada aspecto técnico, nem que a cada fato relevante discorram a respeito do que sejam dividendos ou juros sobre capital próprio. Os destinatários das informações relevantes são, afinal, os investidores de mercado, pessoas que têm – ou deveriam ter – algum conhecimento sobre o mercado de capitais.

Nos Estados Unidos, a SEC apresenta preocupação constante com a clareza das informações divulgadas ao mercado, determinando o uso do chamado *plain English*. As recomendações divulgadas por aquele órgão governamental incluem até a indicação da preferência por sentenças na ordem ativa no lugar da passiva, o emprego de frases curtas e uso de linguagem concreta, definida e de uso corrente[520].

Na prática as companhias intitulam os comunicados como "fato relevante", mas tal denominação não é exigida pela LSA nem pela CVM,

[518] A divulgação excessiva pode surtir efeito contrário ao pretendido de informar o mercado. A esse respeito, cf. PAREDES, Troy A. *Blinded by the Light: Information Overload and Its Consequences for Securities Regulation*, 81 *Washington University Law Quarterly* 417 (2003).

[519] Relator Eli Loria, julgado em 25.08.2008.

[520] HAZEN, Thomas Lee. *The Law of Securities Regulation*. 6ª ed. West, 2009, pp. 151-152.

como registrado no Ofício-Circular/CVM/SEP/Nº 02/2012. A CVM já formulou acusação em processo administrativo sancionador tendo por fundamento distinção entre Comunicado ao Mercado e Fato Relevante[521]. Naquela ocasião o acusado foi absolvido, tendo notado o relator não haver efetivamente distinção. A partir do Ofício-Circular/CVM/SEP/Nº 001/2013 a CVM passou a divulgar conceitos diferentes para Fato Relevante, Comunicado ao Mercado e Aviso aos Acionistas.

Os Comunicados ao Mercado destinam-se a veicular informações determinadas pela Resolução CVM nº 44 e outras que a companhia entenda conveniente divulgar e não sejam fatos relevantes, bem como esclarecimentos a consultas formuladas pela CVM ou pela bolsa. Neste contexto, é habitual o envio de ofícios pela CVM ou pela bolsa determinando às companhias que sejam prestados esclarecimentos sob a forma de fato relevante ou, caso a administração não entenda ser este o caso, como comunicado ao mercado.

Já os Avisos aos Acionistas devem conter as informações determinadas pelo art. 133 da LSA, ou outras informações necessárias especificamente para os acionistas, como providências a serem tomadas no pagamento de dividendos ou de juros sobre capital próprio.

48. Lugar de divulgação do fato relevante

Com relação ao lugar da divulgação dos fatos relevantes, a LSA determina sua comunicação à bolsa de valores e divulgação pela imprensa (art. 157, §4º). A Resolução CVM nº 44 impõe a comunicação também à autarquia[522].

A publicação do fato relevante deveria ser feita "nos jornais de grande circulação utilizados habitualmente pela companhia" (redação original do art. 3º, §4º da Instrução CVM nº 358). Em 26.08.2013,

[521] PAS CVM Nº RJ2006/1574, Relator Marcelo Fernandez Trindade, julgado em 22.08.2006.

[522] "Art. 3º Cumpre ao Diretor de Relações com Investidores enviar à CVM, por meio de sistema eletrônico disponível na página da CVM na rede mundial de computadores, e, se for o caso, às entidades administradoras dos mercados em que os valores mobiliários de emissão da companhia sejam admitidos à negociação, qualquer ato ou fato relevante ocorrido ou relacionado aos seus negócios, bem como zelar por sua ampla e imediata disseminação, simultaneamente em todos os mercados em que tais valores mobiliários sejam admitidos à negociação."

a CVM divulgou o Edital de Audiência Pública SDM Nº 08/13, que apresenta propostas de alteração da Instrução CVM nº 358 para flexibilizar a divulgação: "Em resumo, pretende-se dispensar as companhias abertas da obrigação de publicar informação sobre ato ou fato relevante em jornais de grande circulação, desde que divulguem tais informações por meio de portais de notícia presentes na rede mundial de computadores".

Com a edição da Instrução CVM nº 547, de 5 de fevereiro de 2014, o referido dispositivo foi alterado, para dispensar as companhias abertas da publicação em jornal, desde que a divulgação seja feita em "pelo menos 1 (um) portal de notícias com página na rede mundial de computadores, que disponibilize, em seção disponível para acesso gratuito, a informação em sua integralidade", sendo que a mesma redação foi mantida pela Resolução CVM nº 44.

A redação original do citado dispositivo já dispensava a publicação em diário oficial. A CVM parte da premissa de que o art. 289 da LSA somente estabelece a veiculação no Diário Oficial dos atos cuja publicação é exigida pela LSA, e no caso dos fatos relevantes apenas a divulgação é requerida. Este entendimento foi firmado no julgamento do PAS CVM Nº RJ2006/1574[523], no qual foi absolvido diretor de relações com investidores acusado por não ter publicado informação que seria fato relevante no Diário Oficial.

A Imprensa Oficial do Estado S.A. – IMESP propôs ação judicial contra a CVM, *"sustentando a necessidade de 'publicação do instrumento de OPA' determinada pelo art. 11 da Instrução 361/02 também na imprensa oficial"*[524], a partir da interpretação combinada do art. 157, § 4º com o art. 289 da LSA.

A CVM, representada por sua procuradora Dra. Ilene Patricia de Noronha Najjarian, alegou, conforme relatado na sentença, a impossibilidade jurídica do pedido, bem como a falta de interesse de agir e de legitimidade da autora em sede preliminar e, no mérito, a regularidade da norma da CVM. Referida ação foi extinta sem julgamento de mérito, decisão mantida pelo Tribunal Regional Federal da 3ª Região[525].

[523] Julgado em 22.08.2006, Relator Marcelo Fernandez Trindade.

[524] Conforme menciona a citada decisão da CVM.

[525] Trata-se do processo nº 2002.61.00.007082-6. A sentença foi publicada no Diário Eletrônico da Justiça Federal da 3ª Região de 25.08.2009, pp. 1217-1218, e menciona haver ile-

A dispensa da publicação em jornal constitui clara tendência do órgão regulador do mercado de valores mobiliários: além da mencionada alteração da Instrução CVM nº 358, a CVM, por meio do Edital de Audiência Pública SDM nº 12/13, submeteu a comentários proposta de dispensa de publicação em jornal dos avisos obrigatórios em ofertas públicas e de impressão do Prospecto, o que resultou na edição da Instrução CVM nº 548.

A Resolução CVM nº 44 faculta, ainda, a divulgação resumida, se o inteiro teor da informação for disponibilizado na *internet* e o endereço eletrônico for divulgado. Tal disposição foi adotada quando a publicação em jornal era obrigatória, e era fundamental em vista da grande quantidade de informações que em alguns casos devem ser divulgadas para atender às exigências de informação completa, e dos respectivos custos

gitimidade da autora e falta de interesse de agir porque "(...) somente as companhias que viessem a ser atingidas pelo artigo 11, da Instrução Normativa nº 361 da CVM poderiam contestá-la em Juízo. Deveras, o artigo 11, da Instrução Normativa nº 361/2002, da CVM, possui alcance restrito às companhias de capital aberto (...)". Após fazer referência aos dispositivos debatidos, a sentença prossegue afirmando inexistir interesse jurídico por parte da Imprensa Oficial: "(...) Conforme bem salientou a Exma. Senhora Desembargadora Federal Anna Maria Pimentel, ao decidir a Suspensão de Segurança nº 2004.03.00.024925-0: A autora, no caso, pode até sofrer prejuízo econômico, se é que isso ocorre de fato, mas tal circunstância não implica, necessariamente, em prejuízo jurídico, legitimador para a causa. (fls. 335). A Lei nº 6.404/76 não tem por escopo resguardar os interesses das Imprensas Oficiais na obtenção de contratos de publicação; assim, seu interesse na interpretação da referida lei, de modo a obter contratações é meramente econômico e reflexo, insuficiente, portanto, para respaldar a presente ação. Da leitura dos dispositivos supratranscritos, resta extreme de dúvida que as regras referentes à publicação da oferta pública para aquisição de ações de companhia aberta (OPA) dirigem-se às sociedades por ações e não aos órgãos de imprensa oficial. Assim, eventual inovação imposta pelo artigo 11 da Instrução Normativa nº 361/2002, não resvala na esfera jurídica dos órgãos da imprensa oficial, não se podendo confundir o mero interesse econômico com o interesse jurídico. Dessa forma, o artigo 11 da Instrução Normativa nº 361/2002 da CVM não viola direito ou interesse da Impressa Oficial, porquanto ser dirigida às sociedades por ações, o que evidencia a falta de interesse de agir da Imprensa Oficial do Estado S/A. (...)". A decisão de primeira instância foi mantida pelo Tribunal Regional da 3ª Região, conforme acórdão de 04 de fevereiro de 2016. O Superior Tribunal de Justiça não conheceu de agravo contra decisão que inadmitiu Recurso Especial sobre o tema (AGRAVO EM RECURSO ESPECIAL Nº 1.107.835 – SP (2017/0121920-1)), e melhor sorte não teve o Agravo Interno, não conhecido em decisão de 07 de dezembro de 2017.

relacionados à sua publicação. Com a dispensa da divulgação obrigatória em jornal, a faculdade passou a ser atribuídas somente às companhias que mantenham as publicações na imprensa escrita.

A deliberação da assembleia ou dos órgãos de administração está submetida a regras próprias de divulgação. Caso configure fato relevante, não é necessário divulgar, além da própria ata, outro documento intitulado fato relevante, desde que as informações ali contidas sejam suficientes.

Diverso é o entendimento de Gil Costa Carvalho, para quem um fato relevante deliberado em assembleia deveria ser divulgado de forma autônoma, não sendo suficiente a divulgação da ata[526].

No PAS CVM nº 12/01[527] foi formulada acusação em face de diretor de relações com investidores por não ter divulgado a mudança do acionista controlador da companhia. Alegou-se, em defesa, ter ocorrido mudança de controle em razão de aumento de capital, divulgado através da publicação das respectivas atas. Em seu voto o Relator consignou que a publicação das atas seria, quando muito, atenuante, mas nunca excludente de ilicitude. No caso concreto, porém, sequer como atenuante foi considerada, porque as atas não continham as informações necessárias para o mercado. Nesta hipótese, não era propriamente a deliberação da assembleia que constituía o fato relevante, mas sim a alteração do controle decorrente do aumento de capital ali deliberado.

A hipótese de modificação do controle, por sua particular relevância e disciplina própria na então vigente Instrução CVM nº 358, justifica o posicionamento adotado naquele caso, pois em outras hipóteses a mera divulgação do ato societário foi considerada suficiente.

A CVM tradicionalmente admite a divulgação de fato relevante por meio da publicação de ata de assembleia, como registrado pelo então Presidente da CVM Marcelo Fernandez Trindade em voto proferido no PAS CVM nº RJ2002/1822[528]. O mesmo entendimento foi divulgado no Ofício-Circular/CVM/SEP/Nº 002/2012. Embora tal orientação

[526] *In:* VIDIGAL, Geraldo de Camargo e MARTINS, Ives Gandra da Silva. *Comentários à lei das sociedades por ações: Lei nº 6.404, de 15.12.1976, atualizada pela Lei nº 9.457, de 5.5.1997.* Rio de Janeiro: Forense Universitária, 1999, p. 489.

[527] Relator Pedro Marcílio, julgado em 12.01.2006.

[528] Relatora Norma Jonssen Parente, julgado em 06.05.2005.

tenha sido reiterada em Ofícios posteriores, o item 6.11 do Ofício-Circular/CVM/SEP/Nº 002/2015 pareceu adotar posicionamento contraditório em relação à divulgação da deliberação do Conselho de Administração que autoriza a aquisição de ações emissão da própria Companhia, fazendo referência à então vigente Instrução CVM nº 10/80, entendimento mantido no Ofício-Circular/CVM/SEP/Nº 1/2021, já com referência à Instrução CVM 567/15[529].

A CVM já acusou o diretor de relações com investidores de companhia aberta por violação do dever de divulgar, em razão de não ter publicado aviso de fato relevante informando a aprovação de proposta de aumento de capital pelo conselho de administração. O Colegiado decidiu terem atendido às exigências legais o envio à CVM e a publicação pela imprensa do edital de convocação de assembleia geral com informações detalhadas a respeito do aumento de capital[530].

O art. 157, §1º, "e" da LSA determina que os administradores de companhia aberta devem divulgar a pedido de acionistas que representem pelo menos 5% (cinco por cento) do capital quaisquer atos ou fatos relevantes nas atividades da companhia. Neste caso, uma vez divulgado o fato na assembleia - e enquadrando-se tal fato na hipótese prevista no art. 157, §4º - deverá ser providenciada também a divulgação imediata ao mercado, na medida em que nem todos os acionistas podem estar presentes à assembleia, e a informação não é dirigida apenas a eles, mas aos investidores do mercado.

Incumbe ao diretor de relações com investidores zelar pela ampla disseminação das informações, como determinado pelo art. 3º da Resolução CVM nº 44, normalmente obtida pela divulgação por meio do sistema da CVM e por portal de notícias.

[529] "Lembra-se que a aquisição de ações da companhia para permanência em tesouraria ou cancelamento, e alienação de ações assim adquiridas é uma das hipóteses de divulgação de Fato Relevante, estabelecida no artigo 2º, inciso XV, da Instrução CVM nº 358/02. Em se tratando de aprovação pelo conselho de administração, deverão ser prestadas as informações previstas no Anexo 30-XXXVI da Instrução CVM nº 480/09, como anexo da própria ata de reunião do conselho de administração que deliberar sobre o tema, concomitantemente à divulgação do Fato Relevante."

[530] PAS CVM Nº 23/05. Relator Marcos Barbosa Pinto, julgado em 02.10.2007.

CAPÍTULO 10
EXCEÇÃO AO DEVER DE DIVULGAR

49. Manutenção em sigilo

O art. 157 da LSA permite a não divulgação imediata de fatos relevantes, desde que o sigilo seja necessário para o interesse da companhia.

Para Calixto Salomão Filho, o interesse legítimo da companhia nesta hipótese limitar-se-ia – ressalvadas situações excepcionais – a danos de imagem e reputação[531]. Rodrigo De Grandis entende, "à míngua de melhor e mais seguro critério", ser necessária interpretação restritiva da regra, "em face da relevância do postulado do dever de proporcionar informações plenas para o ótimo funcionamento do mercado de capitais"[532]. Para Requião, não se trataria de decisão discricionária dos administradores, em vista da competência atribuída à CVM na matéria[533].

[531] E somente quando tais danos sejam reversíveis, ou seja, quando "da própria divulgação da informação pode decorrer dano e não dos fatos que lhe estão na origem (e que podem ser revertidos)." (SALOMÃO FILHO, Calixto. *O novo direito societário*. 4ª ed. São Paulo: Malheiros, 2011, p. 182).

[532] DE GRANDIS, Rodrigo. *Aspectos Penais do Uso de Informação Privilegiada (Insider Trading) no Direito Brasileiro. In:* VILARDI, Celso Sanchez; PEREIRA, Flávia Rahal Bresser e DIAS NETO, Theodomiro (coord.). *Direito Penal Econômico*. São Paulo: Saraiva, 2011, pp. 151-152.

[533] "Permite a lei que os administradores se recusem a prestar a informação, ou deixem de divulgá-la, quanto aos atos ou fatos relevantes ocorridos nas atividades da companhia, desde que entendam que sua revelação porá em risco interesse legítimo da companhia. Essa faculdade, porém, não está marcada pela discricionariedade da decisão, pois cabe à Comissão de Valores Mobiliários, a pedido dos administradores, de qualquer acionista, ou por iniciativa própria, resolver sobre a prestação da informação e responsabilizar os admi-

O art. 75 (3) "b" da Lei de Valores Mobiliários do Estado de Ontário, no Canadá, além de permitir a manutenção em sigilo da informação quando sua divulgação for contrária ao interesse da companhia, também contempla, expressamente, a hipótese de manutenção em sigilo de informação relativa a decisão da diretoria sujeita à aprovação do conselho de administração[534].

A CVM já deferiu a não divulgação imediata de fato relevante informando os motivos da renúncia de administradores de companhia aberta (negociações de valores mobiliários no mercado norte americano de posse de informação privilegiada, sujeitos a investigação sigilosa pela CVM), tendo determinado sua divulgação após a SEC informar a celebração de acordo com um dos referidos administradores e a CVM tornar pública a existência da investigação[535].

A CVM também reconheceu a possibilidade de manter em sigilo informação relativa à fiscalização da Receita Federal a respeito da emissão de debêntures, que poderia gerar eventual autuação (com significativos valores envolvidos). No entanto, a CVM indeferiu o pedido da companhia para divulgar a informação apenas a determinados adquirentes dos títulos, pois neste caso haveria assimetria informacional e a companhia não seria capaz de manter a informação em sigilo[536].

Pedido de manutenção em sigilo do preço de aquisição de participações societárias, formulado sob o fundamento de garantir a segurança dos alienantes das participações já foi indeferido, porque não se tratava da proteção de interesse da companhia previsto na legislação, mas sim

nistradores se for o caso." (Requião, Rubens. *Curso de Direito Comercial*. 24ª ed. (atualizada por Rubens Edmundo Requião), v. 2. São Paulo: Saraiva, 2005, p. 221).

[534] "75 (...) (3) (...) (b) the material change consists of a decision made by the senior management of the reporting issuer to implement a change and the senior management,

"(i) believes that confirmation by the board of directors of the decision to implement the change is probable, and

"(ii) has no reason to believe that any person or company with knowledge of the material change has purchased or sold the reporting issuer's securities or traded a related derivative. 2010, c. 26, Sched. 18, s. 29 (1)."

[535] Decisão de 22.02.2007.

[536] Decisão de 11.10.2011.

de proteção do interesse dos alienantes das participações, não aceito como justificativa para a não divulgação[537].

Dentre as situações ressalvadas é imprescindível incluir a informação sobre negócios em andamento, cuja conclusão possa ser prejudicada pela divulgação. A CVM já deferiu pedido de confidencialidade em casos similares, como de companhia que negociava aumento de participação societária em outra instituição financeira[538].

A manutenção da informação em sigilo não impede o administrador de transmiti-la, observado o interesse social[539]. Há um precedente da CVM afirmando ser necessário contrato de confidencialidade para a transmissão de informações sigilosas (PAS CVM Nº RJ2007/1079[540]).

Mantida em sigilo a informação, sua divulgação sem observância das normas contidas no art. 157 da LSA acarretaria violação ao dever de sigilo ou violação ao dever de divulgar? A CVM decidiu haver neste caso violação ao dever de sigilo, conforme exposto nos julgamentos dos PAS nº RJ2007/14044[541], RJ2008/12124[542] e RJ2009/9439[543].

A Instrução CVM nº 358 tratava expressamente da hipótese de sigilo em seu art. 8º[544], em grande parte mantido na Resolução CVM

[537] Decisão de 25.07.2007.

[538] Decisão de 10.01.2013.

[539] Luiz Antonio de Sampaio Campos *In:* Lamy Filho, Alfredo; Bulhões Pedreira, José Luiz (Coord.). *Direito das companhias*. Rio de Janeiro: Forense, 2009, pp. 1144-1145.

[540] Relator Eli Loria, julgado em 10.07.2007.

[541] Relator Sergio Weguelin, julgado em 16.12.2008.

[542] "Como se pode depreender dos autos, ao tornar públicas informações relevantes a respeito da Buettner, sem que estas tivessem sido comunicadas ao mercado, João Marchewsky desrespeitou, na qualidade de Presidente do CA e Diretor Presidente da Companhia, o dever de sigilo imposto ao administrador de companhia aberta, pelo que fica configurado o descumprimento ao art. 155, § 1º, da Lei nº 6.404/76, combinado com o art. 8º da Instrução CVM nº 358/02, pelo Acusado." Relator Otavio Yazbek, julgado em 22.06.2010.

[543] Relator Alexsandro Broedel Lopes, julgado em 06.12.2011.

[544] "Art. 8º Cumpre aos acionistas controladores, diretores, membros do conselho de administração, do conselho fiscal e de quaisquer órgãos com funções técnicas ou consultivas, criados por disposição estatutária, e empregados da companhia, guardar sigilo das informações relativas a ato ou fato relevante às quais tenham acesso privilegiado em razão do cargo ou posição que ocupam, até sua divulgação ao mercado, bem como zelar para que

nº 44[545], estabelecendo, além do dever de mantê-lo, responsabilidade solidária pela violação de tal dever por subordinados e pessoas de confiança.

Não obstante, ao estabelecer responsabilidade solidária pelos atos de terceiros (a qual, nos termos do art. 265[546] do Código Civil, resulta da lei ou da vontade das partes), a CVM extrapolou sua competência. Neste sentido, entendendo ser inconstitucional nesta parte a citada regra, manifesta-se Marcos Davidovich[547].

A existência de informação relevante mantida em sigilo impõe, como regra geral, a abstenção de negociar por parte de todas as pessoas que dela tenham conhecimento, até a sua divulgação. A negociação poderá ser realizada, mas dentro dos limites de Política de Negociação aprovada nos termos da Resolução CVM nº 44.

No caso específico de oferta pública, o art. 260 da LSA determina claramente sua manutenção em sigilo até a publicação, e atribui ao infrator desta obrigação responsabilidade pelos danos que causar. Dentre os inconvenientes da divulgação prematura está o possível impacto na cotação das ações e, por consequência, nos termos da oferta[548].

subordinados e terceiros de sua confiança também o façam, respondendo solidariamente com estes na hipótese de descumprimento."

545 "Art. 8º Os acionistas controladores, diretores, membros do conselho de administração, do conselho fiscal e de quaisquer órgãos com funções técnicas ou consultivas, criados por disposição estatutária, e empregados da companhia, devem guardar sigilo das informações relativas a ato ou fato relevante às quais tenham acesso privilegiado em razão do cargo ou posição que ocupam, até sua divulgação ao mercado, bem como zelar para que subordinados e terceiros de sua confiança também o façam, respondendo solidariamente com estes na hipótese de descumprimento.

546 "Art. 265. A solidariedade não se presume; resulta da lei ou da vontade das partes."

547 Davidovich, Marcos. *A quebra do dever de sigilo por subordinados e terceiros de confiança do acionista controlador. In: Revista de Direito Bancário e do Mercado de Capitais.* v. 57, pp. 217-244, 2012. O autor analisa especificamente a responsabilidade do acionista controlador pelos atos de subordinados e terceiros de confiança, mas as mesmas razões podem ser estendidas às demais pessoas citadas na norma da CVM.

548 A este respeito, cf. Oioli, Erik Frederico. *Oferta Pública de Aquisição do Controle de Companhias Abertas.* São Paulo: Quartier Latin, 2010, pp. 177-182.

50. Consulta à CVM

O art. 157, §5º da LSA atribuiu à CVM competência para apreciar a pertinência da decisão de manter informação em sigilo, a pedido dos próprios administradores, de quaisquer acionistas ou por iniciativa própria da Autarquia.

Esta possibilidade é igualmente contemplada em outros países. Na União Europeia, onde a legislação comunitária faculta a manutenção de informações relevantes em sigilo, a decisão a respeito do preenchimento das condições para tanto é deixada, em princípio, a cargo dos emissores. Alguns Estados membros ainda exigem que lhes seja requerida autorização para tanto[549].

No Canadá, a Lei de Valores Mobiliários do Estado de Ontário torna obrigatória a comunicação da informação relevante mantida em sigilo à Comissão de Valores Mobiliários. Além disso, a administração da companhia deve comunicar ao regulador, a cada dez dias, se entende ser o caso de manter a informação confidencial[550]. Na União Europeia o Regulamento nº 594/2014 também prevê a comunicação à autoridade competente, bem como a apresentação de explicação sobre o cumprimento das condições previstas para este diferimento (a qual, contudo, pode ser condicionada em regra dos Estados-Membros à iniciativa da autoridade).

[549] Di Noia, Carmine; Gargantini, Matteo. *The Market Abuse Directive Disclosure Regime in Practice: Some Margins for Future Actions. In: Rivista delle Società.* nº 4/2009, 2009, p. 813.

[550] *"Exception*

"(3) A reporting issuer may, instead of complying with subsection (1), promptly file with the Commission the report required under subsection (2), marked as confidential, and its written reasons for doing so if,

(...)

"Idem

"(4) Where a report has been filed with the Commission under subsection (3), the reporting issuer shall advise the Commission in writing where it believes the report should continue to remain confidential within ten days of the date of filing of the initial report and every ten days thereafter until the material change is generally disclosed in the manner referred to in subsection (1) or, if the material change consists of a decision of the type referred to in clause (3) (b), until that decision has been rejected by the board of directors of the issuer. R.S.O. 1990, c. S.5, s. 75 (4)."

A consulta à CVM constitui mera faculdade, e os administradores das companhias abertas não têm o dever de submeter toda decisão de manter um fato em sigilo à sua apreciação[551]. Em sentido contrário, o Tribunal de Justiça de São Paulo decidiu em um acórdão que a manutenção em sigilo de informação dependeria de consulta à CVM[552].

Se houver decisão pela consulta, esta deverá ser formulada de acordo com os trâmites específicos estabelecidos na regulamentação. A Instrução CVM nº 358 determinava originalmente que a consulta fosse em envelope lacrado dirigido ao Presidente, com o fim de garantir o sigilo da informação. A mera inobservância de tais formalidades já acarretou o indeferimento do pedido de tratamento confidencial em diversos casos, conforme registrado, por exemplo, nas reuniões do Colegiado de 17.11.2010 e 31.10.2007. A ICVM nº 604/18 alterou a regra, passando a prever que o pedido fosse enviado à Superintendência de Relações com Empresas – SEP, além da possibilidade de ser feito por correspondência eletrônica, constando do assunto "pedido de confidencialidade", tendo sido este procedimento replicado pela Resolução CVM nº 44[553]. A fina-

[551] *In:* Lamy Filho, Alfredo; Bulhões Pedreira, José Luiz (Coord.). *Direito das companhias.* Rio de Janeiro: Forense, 2009, p. 1198.

[552] "Ademais, no caso de se supor que era lícita a omissão na divulgação do fato relevante, mediante aceno ao disposto no art. 157, §5º da Lei das S/A, convém realçar que a hipótese está descartada, certo como é que não sobreveio a submissão do tema à apreciação da Comissão de Valores Mobiliários-CVM, que dependia de pedido dos administradores, no caso, não formulado, ou dos próprios acionistas, que não se utilizaram dessa faculdade." (Apelação nº 65.531-1 – 5ª C. – j. Em 25.06.1987 – Rel. Des. Márcio Bonilha, RT 625/47).

[553] "Art. 7º A CVM, a pedido dos administradores, de qualquer acionista ou por iniciativa própria, pode decidir sobre a prestação de informação que tenha deixado de ser divulgada, na forma do *caput* do art. 6º.

"§ 1º O requerimento de que trata o *caput* deve ser dirigido à Superintendência de Relações com Empresas – SEP por meio de:

"I – correspondência eletrônica destinada ao endereço institucional da SEP em que conste como assunto "pedido de confidencialidade"; ou

"II – envelope lacrado, no qual deve constar, em destaque, a palavra "confidencial".

"§ 2º Caso a CVM decida pela divulgação do ato ou fato relevante, o interessado, ou o Diretor de Relações com Investidores, conforme o caso, deve comunicar, imediatamente, às entidades administradoras dos mercados em que os valores mobiliários de emissão da companhia sejam admitidos à negociação, e o divulgar na forma do art. 3º desta Resolução.

lidade da alteração foi conferir maior agilidade ao processo, conforme registrado peal CVM no Relatório de Análise da Audiência Pública SDM nº 06/18.

51. Dever de divulgar em caso de vazamento

No caso de vazamento da informação relevante não divulgada, esta deverá ser tornada pública imediatamente, como previsto no parágrafo único do art. 6º[554] da Resolução CVM nº 44.

A legislação comunitária europeia estabeleceu, como condição para o diferimento da divulgação, a possibilidade de manter a informação confidencial (art. 6º, 2[555] da Diretiva 2003/6/CE, atualmente art. 17, 4[556] do

"§ 3º Na hipótese do parágrafo único do art. 6º, o requerimento de que trata o *caput* não exime os acionistas controladores e os administradores de sua responsabilidade pela divulgação do ato ou fato relevante."

554 "Art. 6º (...). Parágrafo único. As pessoas mencionadas no *caput* ficam obrigadas a, diretamente ou por meio do Diretor de Relações com Investidores, divulgar imediatamente o ato ou fato relevante, na hipótese de a informação escapar ao controle ou se ocorrer oscilação atípica na cotação, preço ou quantidade negociada dos valores mobiliários de emissão da companhia aberta ou a eles referenciados."

555 "2. Um emitente pode assumir a responsabilidade de diferir a publicação de uma informação privilegiada, referida no nº 1, de molde a não prejudicar os seus legítimos interesses, desde que tal omissão não seja susceptível de induzir o público em erro e que o emitente seja capaz de assegurar a confidencialidade dessa informação. Os Estados-Membros podem exigir que um emitente informe sem demora a autoridade competente da decisão de diferir a publicação da informação privilegiada."

556 "4. Um emitente ou um participante no mercado das licenças de emissão pode, sob sua responsabilidade, diferir a divulgação pública de informação privilegiada, desde que estejam verificadas todas as seguintes condições:
"a) A divulgação imediata é suscetível de prejudicar os interesses legítimos do emitente ou do participante no mercado de licenças de emissão;
"b) O diferimento da divulgação não é suscetível de induzir o público em erro;
"c) O emitente ou o participante no mercado das licenças de emissão esteja em condições de assegurar a confidencialidade dessa informação.
"No caso de um processo continuado no tempo, que ocorra por etapas, destinado a concretizar ou provocar uma determinada circunstância ou acontecimento, um emitente ou participante no mercado de licenças de emissão pode, sob sua responsabilidade, diferir a divulgação pública da informação privilegiada respeitante a esse processo, sob reserva do disposto nas alíneas a), b) e c) do presente número.

Regulamento 594/2014). Diante desta regra, o vazamento da informação é considerado desatendimento à condição expressamente estabelecida[557].

O art. 157, §5º da LSA não prevê a mesma exigência, mas neste aspecto não se pode dizer que a regulamentação da CVM tenha inovado completamente, pois já não se trata de manter ou não a informação em sigilo, mas sim de divulgá-la de forma ampla.

O vazamento pode ser evidenciado pela menção ao fato através da imprensa. A simples menção a eventual informação pode não caracterizar necessariamente um vazamento de informação, mas meros rumores, dos quais trata o item 53 *infra*. Neste caso, para distinguir entre rumores e efetivo indício de vazamento de informações, devem ser considerados, além dos detalhes divulgados, outros dados, como, por exemplo, consta da orientação da ASX[558].

É razoável esperar que os administradores de qualquer companhia acompanhem as notícias divulgadas na imprensa, particularmente aquelas envolvendo a própria companhia[559]. A existência de uma informação relevante não divulgada demandará um acompanhamento mais detalhado, justamente com o fim de identificar eventuais vazamentos. Tal obrigação, porém, não está expressamente definida na legislação brasileira, como ocorreu no direito comunitário europeu (art. 3º, 2, c[560] da Diretiva 2003/124/CE).

"No caso em que um emitente ou um participante no mercado das licenças de emissão tenha diferido a divulgação de informação privilegiada ao abrigo do presente número, ele deve informar desse diferimento a autoridade competente, especificada ao abrigo do n. o 3, e apresentar por escrito uma explicação sobre o cumprimento das condições previstas no presente número, imediatamente após a divulgação ao público da informação. Os Estados-Membros podem prever, em alternativa, que o registo de tal explicação seja apresentado apenas a pedido da autoridade competente especificada ao abrigo do n. o 3."

[557] Como menciona, à luz do direito espanhol, BLANCO, Miguel Iribarren. *Responsabilidad civil por la información divulgada por las sociedades cotizadas: su aplicación en los mercados secundarios de valores*. Madrid: La Ley, 2008, p. 105.

[558] Guidance Note nº 8, item 5.8.

[559] O Regulamento de listagem da bolsa de Xangai impõe expressamente tal obrigação no item 2.8.

[560] "2. Para efeitos de aplicação do nº 2 do artigo 6º da Directiva 2003/6/CE e a fim de assegurar a confidencialidade da informação privilegiada, os Estados-Membros exigirão aos emitentes que controlem o acesso a essa informação e, em especial, que:

No entanto, é inviável para qualquer pessoa seguir todas as publicações, especialmente com a ampla difusão de notícias por meio da *internet*. Os administradores não podem descobrir imediatamente qualquer vazamento, especialmente se ocorrido em um veículo que não é amplamente consultado pela comunidade de negócios.

Poderá ser útil, para os administradores demonstrarem sua diligência no acompanhamento das informações, a consulta sistemática a determinados veículos de informação, mantendo uma relação das fontes acessadas e da frequência com que isto é feito. Dessa forma, seria possível provar que, embora não se tenha tido conhecimento do vazamento verificado por meio do *site* A, por exemplo, estavam sendo monitorados os jornais, revistas e *sites* B, C e D, demonstrando o cumprimento do dever de diligência.

52. Dever de divulgar em caso de oscilação atípica

O vazamento poderá ser verificado por meio de oscilações atípicas nos negócios realizados com os valores mobiliários de emissão da companhia aberta ou a eles referenciados, o que igualmente acionará o dever de divulgação, conforme previsto no parágrafo único do art. 6º da Resolução CVM nº 44.

A CVM afirmou em diversas decisões impor-se o dever de divulgar no caso de ocorrer oscilação atípica. Em alguns casos, afirmou-se incidir tal dever independentemente da causa da oscilação atípica[561]. A CVM já condenou um diretor de relações com investidores pela não divulgação de fato relevante, após a ocorrência de oscilação atípica, mesmo quando não comprovada a existência de correlação entre a oscilação ou mesmo

(...)

"c) Disponham dos mecanismos necessários que permitam a revelação pública imediata, caso o emitente não esteja em condições de garantir a confidencialidade da informação privilegiada relevante, sem prejuízo do disposto no segundo parágrafo do nº 3 do artigo 6º da Directiva 2003/6/CE."

[561] "Qualquer que tenha sido o fator determinante da oscilação atípica das ações da empresa, impunha-se a divulgação de fato relevante para que ficasse afastado qualquer dano à credibilidade do mercado" (Inquérito Administrativo CVM nº 16/2000, Relator Wladimir Castelo Branco Castro, julgado em 05.12.2002).

o prévio vazamento da informação (PAS CVM Nº RJ2008/8976[562]). A ausência de opinião conclusiva a respeito da vinculação entre a oscilação e a falta de divulgação de fato relevante também foi considerada inapta para afastar a acusação no PAS CVM nº RJ2008/11199[563].

No Canadá, a NP 51-201 impõe o dever de divulgar a informação relevante mantida em sigilo caso ela aparente estar influenciando as cotações[564].

Na Austrália, a Guidance Note nº 8 afirma que mudanças no preço dos valores mobiliários sem outras explicações podem ser consideradas como indício de perda de confidencialidade de informação relevante[565]. Constou da proposta de alteração da Guidance Note nº 8 serem em vão as tentativas dos emissores de debater se uma oscilação súbita e significante poderia ser razoavelmente atribuída à perda de confidencialidade de determinada informação, porque a ASX determinaria a divulgação (a menos que fosse possível indicar outro evento ou circunstância responsável pela oscilação)[566]. O referido documento afirma, ainda, correspon-

[562] "06. No caso concreto, não há efetivamente a comprovação de que a informação sobre a realização dos estudos tenha vazado antes do comunicado ao mercado ou mesmo que tenha sido ela efetivamente a causa das oscilações no preço e no volume de negociação das ações da Docas." Relator Eliseu Martins, julgado em 15.09.2009.

[563] "Outro ponto alegado é de que não houve opinião conclusiva em outra investigação da CVM acerca da vinculação da oscilação com a ausência de divulgação de Fato Relevante, o que, no meu entender, também não afasta a imputação." Relator Eli Loria, julgado em 25.08.2009.

[564] "2.3 (1) (...) If the confidential material change, or rumours about it, have leaked or appear to be impacting the share price, a company should take immediate steps to ensure that a full public announcement is made. (...)"

[565] Cf. Guidance Note nº 8, p. 36.

[566] "In relation to the third point above, ASX occasionally finds a listed entity or its advisors wanting to debate whether a sudden and significant movement in the market price or traded volumes of its securities can fairly be attributed to information about a particular matter ceasing to be confidential. ASX considers any such debate to be misplaced. If an entity advises ASX that there is market sensitive information that has not been disclosed in reliance on Listing Rule 3.1A (as it must when it is asked that question by ASX) and it is not able to point to any other event or circumstance which explains the movement in the market price or traded volumes of its securities, ASX has no choice but to assume that the information in question has become known to some in the market, is being traded on and therefore is no longer confidential. Upon the entity being advised by ASX that it is of the view that the information has ceased to be confidential, Listing Rule 3.1A will no longer

der tal entendimento à orientação europeia, particularmente no julgamento do caso Super de Boer[567].

Embora não exista definição legal no Brasil do que seja oscilação atípica, pode-se conceituá-la como aquela que não corresponde às oscilações habitualmente verificadas nos negócios com os valores da companhia.

A CVM já decidiu ser atípica uma elevação de 13,3% na cotação das ações (Processo CVM Nº RJ2006/5928)[568]. Na avaliação da atipicidade foi considerado ainda o fato de não ter havido oscilação semelhante em companhias do mesmo setor ou no mercado como um todo.

No julgamento do PAS CVM nº RJ2008/9511[569] afirmou-se ser irrelevante a existência de outras causas para a oscilação atípica que não o vazamento da informação relevante.

Em sentido semelhante foi a decisão proferida no julgamento do PAS CVM Nº RJ2008-5752[570]: considerou-se ser obrigatória a divulgação de fato relevante mantido em sigilo na hipótese de oscilação atípica, "ainda que não se saiba ao certo se essa oscilação decorre ou não do fato relevante." No mesmo voto tal entendimento foi justificado porque a permissão para não divulgar só seria aceitável enquanto houvesse "absoluta certeza de que nenhum investidor teve acesso privilegiado à informação".

apply and the entity will then be obliged to make an immediate announcement about the information under Listing Rule 3.1."

567 "This is in line with the approach taken by regulators and exchanges in other markets. The appropriateness of this approach has been confirmed by European courts: see *Super de Boer*, Utrecht District Court, 30 March 2011, LJN BP9796, holding that substantial increases in trading volumes in the shares in Super de Boer at a time when it was negotiating a takeover bid from Jumbo was sufficient to indicate that information about the takeover bid was no longer confidential and therefore should have been disclosed to the market."

568 Julgado em 17.04.2007, Relator Pedro Oliva Marcilio de Sousa.

569 "5. Portanto, é inútil apontar outras possíveis causas para a oscilação, como o anúncio, pelo Governo Federal, de incentivos fiscais para o segmento da construção. Havendo oscilação atípica, a companhia deve divulgar o fato relevante mantido em sigilo, mesmo quando não tiver certeza de que a oscilação é devida a outras causas." Relator Marcos Barbosa Pinto, julgado em 20.mai.2009.

570 Relator Marcos Barbosa Pinto, julgado em 27.01.2009.

A possibilidade de a oscilação ser imputada a outras causas não foi, ao menos teoricamente, rejeitada no PAS CVM Nº 16/09[571], no qual foi levada em consideração a existência de outras justificativas para a existência das oscilações atípicas. Porém, como os administradores da companhia não tinham conhecimento destes outros fatos à época, na visão da CVM "não possuíam elementos que lhes permitissem afirmar, com segurança, que a oscilação atípica era fundada em interesse legítimos dos investidores e, não, em uso de informação privilegiada".

Oscilações habituais podem ser consideradas aquelas que já aconteceram, com uma frequência razoável, com os valores da companhia. Também podem ser típicas oscilações nunca ocorridas antes, mas que seriam esperadas dentro do comportamento habitual das ações da companhia.

Os títulos de algumas companhias são negociados com base nos valores dos títulos de outras companhias semelhantes, pela identidade dos negócios. Assim, se as ações da companhia semelhante subir 20% e as ações da outra companhia apresentarem alta similar, esta oscilação, por seguir o padrão existente, seria considerada típica, ainda que as ações nunca tenham apresentado tal elevação em um dia.

Típicas seriam também oscilações que acompanhassem o movimento do mercado como um todo, ou mesmo de um fato específico para a companhia.

Oscilações atípicas, dessa forma, poderiam ser consideradas aquelas para as quais não haveria nenhuma outra explicação que não o vazamento da informação relevante não divulgada.

53. Rumores

A LSA não impõe o dever de corrigir informações equivocadas divulgadas por terceiro ou rumores propagados no mercado.

Nos Estados Unidos, a regulamentação e jurisprudência somente impõem tal dever quando a informação é divulgada ou disseminada pelo emissor[572], por alguém obrigado a divulgar, ou se a responsabilidade pela

[571] Relator Alexsandro Broedel Lopes, julgado em 06.12.2011.

[572] Loss, Louis; Seligman, Joel. *Fundamentals of securities regulation*. 5ª ed. Aspen, 2004, p. 960.

informação puder ser atribuída de alguma forma a essa pessoa[573]. Neste contexto, quando questionados a respeito de informações supostamente relevantes, os administradores da companhia não estão obrigados pela legislação federal a confirmar ou negar a veracidade de tais informações, podendo alegar que não irão comentar o assunto[574], mas regras das principais bolsas de valores dos Estados Unidos impõem a obrigação de prestar uma declaração franca a respeito de rumores[575].

No Canadá, a NP 51-201 recomenda a adoção de uma política de não comentar rumores, ressaltando a possibilidade de uma manifestação ser solicitada pelas bolsas de valores na hipótese de os rumores aparentarem influenciar significativamente os valores mobiliários[576].

Na Austrália, a ASX não espera comentários do emissor sobre todas as informações divulgadas pela mídia ou especulações de mercado, exceto na hipótese de o mercado mover-se de forma a indicar estar sendo influenciado pelos rumores, ou, caso o mercado não esteja em funcionamento na ocasião, seja possível inferir o potencial da informação para influenciá-lo[577].

A Nota Explicativa[578] CVM nº 28/84, relativa à Instrução CVM nº 31/84 (que disciplinava a divulgação de informações relevantes até a edição da Instrução CVM nº 358), afirmou incidir o dever de a compa-

[573] Hazen, Thomas Lee. *The Law of Securities Regulation*. 6ª ed. West, 2009, p. 472.

[574] Hazen, Thomas Lee. *The Law of Securities Regulation*. 6ª ed. West, 2009, p. 513.

[575] Cf. Loss, Louis; Seligman, Joel. *Fundamentals of securities regulation*. 5ª ed. Aspen, 2004, p. 950 (com referência às regras da NYSE).

[576] "*6.13 Handling Rumours:* Adopt a "no comment" policy with respect to market rumours and make sure that the policy is applied consistently. Otherwise, an inconsistent response may be interpreted as "tipping". You may be required by your exchange to make a clarifying statement where trading in your company's securities appears to be heavily influenced by rumours. If material information has been leaked and appears to be affecting trading activity in your company's securities, you should take immediate steps to ensure that a full public announcement is made. This includes contacting your exchange and asking that trading be halted pending the issuance of a news release."

[577] Conforme a Guidance Note nº 8, p. 40.

[578] Segundo a Deliberação CVM nº 1, que institui a nomenclatura de atos a serem expedidos pela CVM, a Nota Explicativa será utilizada "[p]ara tornar públicos os motivos que levaram a CVM a propor ao Conselho Monetário Nacional matéria, objeto de sua decisão, e também, as razões pelas quais o Colegiado da CVM aprovou determinada Instrução."

nhia divulgar quando os rumores estivessem afetando a negociação dos valores mobiliários de emissão da companhia[579].

O mesmo entendimento foi firmado em Decisões do Colegiado, como no julgamento do Processo CVM Nº RJ2006/5928[580]. Naquela decisão afirmou-se o dever de divulgar na hipótese de vazamento, caracterizado pela ocorrência de rumores (o que tem fundamento no art. 6º, parágrafo único da Instrução CVM nº 358, vigente à época), bem como de dar uma declaração para negar ou confirmar a notícia.

A necessidade de negar boatos ou rumores, porém, não extrai seu fundamento, ao menos de forma direta, do dever de divulgar em caso de vazamento, porque o rumor a ser negado, se inverídico, não decorria do vazamento de informação relevante. A mencionada decisão do Colegiado da CVM foi reformada pelo CRSFN, em razão de não sido demonstrada a correlação entre "as oscilações dos papéis da companhia e os potenciais fatos relevantes pendentes de divulgação", tendo o Relator considerado ainda que "a companhia tinha liquidez restrita e oscilações dos papéis eram correntes"[581].

A imposição irrestrita de um dever de confirmar ou negar rumores pode incentivar terceiros a propagá-los com o fim de obrigar a companhia a divulgar informações, tornando obrigatória a publicidade de fatos que de outra forma poderiam ser mantidos em segredo, mesmo sem real vazamento. Basta imaginar a hipótese, não rara, de divulgação constante de boatos a respeito de potencial alienação de controle, cuja elevada probabilidade de afetar as cotações das ações compeliria a companhia – e seus acionistas – a divulgar constantemente a existência ou não

[579] "Quando houver boatos ou rumores no mercado que estejam afetando a negociação dos valores mobiliários da companhia, uma declaração franca e clara deve ser dada, seja para negar ou confirmar a notícia. Caso os boatos ou rumores sejam indicadores de vazamento de informação relativa a ato ou fato relevante, a única forma de corrigir a situação é através de seu rápido esclarecimento."

[580] Como se infere do seguinte trecho do voto do Relator: "(v) Identificação da *"Hipótese da Informação Escapar ao Controle"*. Uma informação escapa ao controle quando ela é divulgada pela imprensa ou quando ela é objeto de boatos ou rumores de mercado. Nesses, a companhia deverá dar uma declaração franca e clara sobre o assunto, seja para negar ou confirmar a notícia. Caso os boatos ou rumores sejam indicadores de vazamento de informação relativa a ato ou fato relevante, a única forma de corrigir a situação é através de seu rápido esclarecimento." (Julgado em 17.04.2007, Relator Pedro Oliva Marcilio de Sousa).

[581] Recurso CRSFN nº 11.436, Relator Darwin Corrêa, julgado em 23.11.2010.

(através da confirmação ou negação dos rumores) de negociações neste sentido.

Trata-se, efetivamente, do risco de uma cilada a ser evitada, como aponta a doutrina[582].

A divulgação de boatos ou rumores inverídicos, por sua vez, pode representar em si ato punível pela CVM. Com efeito, no PAS CVM nº TA-RJ2001/6226[583], o Colegiado da CVM proibiu de atuar no mercado de valores mobiliários, durante um ano, o autor de conversa simulada em site mantido por corretora, na qual afirmava que viria a ser divulgada a recompra de ações de determinada companhia por preço superior ao de mercado.

54. Período de Silêncio

A Instrução CVM nº 400/03 restringe, em seu art. 48, I, a revelação de informações relativas à oferta pública de distribuição, e veda expressamente no inciso IV à emissora, ao ofertante e às instituições intermediárias, que se manifestem na mídia sobre a oferta ou o ofertante até a divulgação do anúncio de encerramento.

Após a edição desta Instrução, diversas consultas foram formuladas à CVM acerca da possibilidade de divulgar informações periódicas e eventuais exigidas por outras regras[584]. Com o fim de resolver tais dúvidas,

[582] "Mas deve-se tomar cuidado para não cair na cilada na qual terceiros, inclusive especuladores ou mesmo concorrentes, plantam notícias ou boatos para fazer com que a companhia venha a público se manifestar." (Luiz Antonio de Sampaio Campos *In* LAMY FILHO, Alfredo; BULHÕES PEDREIRA, José Luiz (Coord.). *Direito das companhias*. Rio de Janeiro: Forense, 2009, p. 1192).

[583] Julgado em 15.05.2003, Relatora Norma Jonssen Parente.

[584] Pode-se mencionar como exemplo, o Pedido de Autorização para Divulgação de Resultados em "Quiet Period" – BANCO DO BRASIL S.A. – PROC. RJ2010/1852, julgado pelo Colegiado da CVM em 23.02.2010, no qual o Colegiado autorizou a divulgação desde que com alerta específico a respeito da exigência de oferta pública em curso e da necessidade de leitura do prospecto, como registrado no seguinte trecho da decisão: "O Colegiado, com base na manifestação da área técnica consubstanciada no Memo/SRE/GER-2/29/10, entendeu que as companhias abertas que praticam habitualmente ações de comunicação associadas à divulgação de seus resultados financeiros podem realizá-las ainda que estejam no "período de silêncio" a que se refere o inciso IV do art. 48 da Instrução 400/03, desde que todo e qualquer evento ou ação de comunicação venha acompanhado de um aviso, de teor a ser previamente aprovado pela SRE, alertando o público quanto (i) à existência de

a CVM publicou o edital de audiência pública nº 01/09, no qual, dentre outras alterações na regulamentação, propunha esclarecer que as vedações contidas na Instrução CVM nº 400/03 não afetavam as demais obrigações de divulgação. Durante o processo de audiência pública, a CVM recebeu sugestão para excepcionar igualmente do período de silêncio as informações habitualmente divulgadas pela companhia. Após a conclusão do processo de audiência pública, a CVM editou a Instrução CVM nº 482/10, por meio da qual alterou a Instrução CVM nº 400/03, de modo a expressar não estarem abrangidas pelo período de silêncio as informações periódicas e eventuais exigidas pela própria autarquia (art. 48, *caput*), bem como as "informações habitualmente divulgadas no curso normal das atividades da emissora" (art. 48, §1º). O período de silêncio em ofertas públicas de distribuição de valores mobiliários foi abordado também pelo Pronunciamento de Orientação CODIM nº 11, de 11 de janeiro de 2012. Outras alterações foram feitas ao referido artigo, seja com relação às restrições para negociar, notadamente pela Instrução CVM nº 553/2013, para trocar a referência à de "publicação" para "divulgação" do Anúncio de Encerramento de Distribuição no inciso IV do art. 48 (Instrução CVM nº 548/2014).

Diversas companhias adotam a prática de não se manifestar previamente à divulgação de resultados contábeis, denominada pelo mercado igualmente de período de silêncio. Esta prática foi objeto do Pronunciamento de Orientação CODIM nº 07, de 22 de setembro de 2009. O referido Pronunciamento conceituou o "Período de Silêncio antes da Divulgação Pública das Demonstrações Contábeis" como a conduta de não divulgar informações privilegiadas sobre os resultados antes de sua divulgação ao público, ressalvando expressamente que esta regra não deve afetar a divulgação de informações rotineiras não relacionadas aos resultados contábeis[585]. A adoção de uma política de período de silêncio

oferta pública de distribuição em curso ou em vias de ser realizada, conforme divulgado ao mercado, e (ii) à necessidade de qualquer pessoa interessada ler atentamente o prospecto divulgado ou a ser divulgado, especialmente a seção sobre fatores de risco, antes de tomar qualquer decisão com relação à oferta. O Colegiado ressaltou que a companhia aberta que adotar esse procedimento não estaria descumprindo o disposto no IV do art. 48 da Instrução 400/03."

[585] "O Período de Silêncio antes da Divulgação Pública das Demonstrações Contábeis é a conduta que deve ser utilizada pelas empresas, conforme legislação e regulamentação

é uma opção das companhias, e o CODIM recomenda a sua divulgação expressa.

Estudo empírico realizado com empresas norte-americanas demonstrou o aumento do uso de períodos de silêncio após a *Regulation Fair Disclosure*, editada com a finalidade precípua de coibir a divulgação seletiva de informações. Adicionalmente, foi identificado menor volume de negociações, na data de divulgação de resultados, com as ações de emissão das companhias que adotam o período de silêncio em comparação com as demais. Segundo os autores do estudo, o volume reduzido teria por premissa a distribuição de informação de forma mais homogênea entre os investidores, contribuindo para a associação de períodos de silêncio à redução de divulgação seletiva. Os autores identificaram, ainda, a adoção com mais frequência de políticas de período de silêncio em companhias com maior risco de enfrentar processos judiciais[586].

vigentes, de não divulgar informações privilegiadas sobre seus resultados, a pessoas fora do âmbito dos profissionais envolvidos, durante o período de preparo e aprovação dessas demonstrações contábeis pela diretoria e conselho de administração e que antecede a entrega dessas informações à CVM e às Bolsas de Valores e sua divulgação pública. Por outro lado, todas as outras informações rotineiras da empresa, devem continuar a ser transmitidas ao mercado para não prejudicar o acompanhamento de suas atividades pelo público estratégico.

[586] FRANKEL, Richard M., JOOS, Peter R. e WEBER, Joseph Peter. *An Empirical Investigation of Pre-Earnings Announcement Quiet Periods (February 2002)*. Available at SSRN: http://ssrn.com/abstract=304486 or http://dx.doi.org/10.2139/ssrn.304486

CAPÍTULO 11
CONSEQUÊNCIAS DO DESCUMPRIMENTO DO DEVER DE DIVULGAR (APENAS) FATO RELEVANTE

55. Não divulgação de fato relevante e divulgação de fato não relevante

Em tese, a violação do dever de divulgar fato relevante poderia ocorrer tanto pela não divulgação de informação que se enquadrasse no critério legal, quanto pela divulgação, como relevante, de fato que não atendesse a esses mesmos requisitos.

Portanto, teoricamente a divulgação como relevante de um fato que não atendesse àquelas características poderia ser caracterizada como violação aos deveres dos administradores. Tal divulgação não acarretaria a aplicação de penalidades[587]. É possível propor o princípio de *in dubio pro* divulgação, inferido a partir das decisões da CVM.

A CVM não tem aplicado penalidade pela divulgação como relevantes de fatos que não atendam aos requisitos legais. Com exceção do Inquérito Administrativo CVM Nº 22/99[588], no qual foi formulada acusação pela divulgação precipitada de fatos incertos (e no qual o acusado foi absolvido), os demais processos julgados a partir de 2001 envolvem a não divulgação, ou a divulgação deficiente de fatos relevantes.

[587] Nesse sentido Luiz Antonio de Sampaio Campos *in* Lamy Filho, Alfredo; Bulhões Pedreira, José Luiz (Coord.). *Direito das companhias*. Rio de Janeiro: Forense, 2009, p. 1188.
[588] Relator Marcelo F. Trindade, julgado em 16.08.2001.

Identifica-se como efeito adverso desta prática a divulgação de fatos como relevantes com outras finalidades que não a informação do mercado, fenômeno já denominado de "hipertrofia do fato relevante"[589].

A violação do dever de divulgar deverá ser apurada a partir dos padrões normais de responsabilidade, ponderando as mencionadas dificuldades na identificação de um fato relevante.

O administrador deve avaliar o fato tendo por base sua experiência profissional, como menciona Fabio Ulhoa Coelho[590], mas poderá, mesmo atuando de forma diligente, entender como não relevante um fato que, na verdade, influenciará a decisão dos investidores. Nesta hipótese não caberia sua responsabilização.

O julgamento deve considerar as informações disponíveis para o administrador no momento da decisão de divulgar, e as circunstâncias em que tal decisão foi tomada. Se o administrador, num juízo adequado, entendeu ser dispensável a divulgação, não deveria ser punido (e nesta avaliação deverá, naturalmente, ser considerada a informação disponível para o administrador no momento da decisão[591]). Nesse sentido se mani-

[589] Nesse sentido Luiz Antonio de Sampaio Campos *in* Lamy Filho, Alfredo; Bulhões Pedreira, José Luiz (Coord.). *Direito das companhias*. Rio de Janeiro: Forense, 2009, p. 1188.

[590] "Quer dizer, se o administrador de companhia aberta, a partir de sua experiência profissional, constatar que os investidores, ao tomarem conhecimento de determinada notícia relacionada à sociedade que administra, optariam por realizar ou deixar de realizar certos negócios no mercado de capitais, então ele estará diante de um fato relevante, cuja divulgação é seu dever legal." (Coelho, Fábio Ulhoa. *Curso de Direito Comercial*. 11ª ed. V. 2. São Paulo: Saraiva: 2008, pp. 249-250).

[591] A Comissão de Valores Mobiliários de Ontário fez referência a precedente expresso neste sentido no julgamento do caso Coventree Inc.:

"(e) Hindsight

"[159] The Commission has made clear that assessments of materiality are not to be made with the benefit of hindsight. The Commission stated in *Re AiT* that:

"Instead, we must objectively assess the facts that were available to the AiT Board during the Relevant Period, to determine in all the circumstances whether the three events constituted a material change in the business, operations or capital of AiT that triggered its disclosure obligation under section 75. It is important therefore, to recognize the dangers of hindsight in what subsequently happened.

"(*Re AiT, supra,* at para. 228)

"[160] Further, in *Re YBM Magnex* (*supra,* at para. 90), the Commission stated that "[a]ssessments of materiality are not to be judged against the standard of perfection or with the

festou o Diretor da CVM Gustavo Machado Gonzalez em voto no PAS CVM nº2016/7190, com referência à presente obra[592].

Já se observou, no direito italiano, ficar a matéria reservada à discricionariedade técnica da sociedade emitente[593]. A própria CVM afirmou ser necessário ponderar que "as decisões foram tomadas no calor dos acontecimentos, sob a tensão do momento"[594].

56. *Business Judgment Rule*

Na avaliação da responsabilidade dos administradores, a jurisprudência norte-americana estabeleceu, como limite à revisão das decisões negociais, a denominada *business judgment rule*. Segundo esta regra a decisão informada, refletida e desinteressada não deve ser punida pelos tribunais. Não caberia aqui explorar de forma abrangente o tema da *business judgment rule*, que justificaria um trabalho específico, mas apenas apresentar algumas considerações pontuais formuladas a respeito de sua aplicabilidade na apreciação do cumprimento do dever de divulgar fato relevante[595].

benefit of hindsight. It is not a science and involves the exercise of judgement and common sense".

"[161] Coventree should not be held to a standard of perfection and must not be judged with the benefit of hindsight. In particular, we must not judge the Respondents with the benefit of the hindsight that a market disruption in the ABCP market occurred on August 13, 2007. In our view, we have not so judged the Respondents."

[592] "Por esse motivo, entendo que a CVM deve ter certa deferência ao juízo de relevância feito pelo DRI. Essa deferência, decerto, não exime a CVM de examinar se determinada informação era ou não relevante – e assim fazemos frequentemente, seja em casos que analisam deficiências na divulgação, seja em processos que apuram o uso indevido de informação privilegiada (insider trading) – mas conduz à conclusão de que, ainda que venhamos a discordar do julgamento do DRI, a esse não deve ser imputada responsabilidade quando sua avaliação era razoável e justificável no contexto em que foi feita e pautada pelos critérios estabelecidos pela Lei nº 6.404/1976 e pela Instrução CVM nº 358/2002."

[593] Sartori, Filippo. *Informmazione economica e responsabilità civile.* Milano: Cedam, 2011, p. 103.

[594] Inquérito Administrativo CVM Nº 22/99, Relator Marcelo F. Trindade, julgado em 16.08.2001.

[595] No direito brasileiro, com ampla referência à experiência estrangeira, além da monografia específica de Alexandre Couto Silva, *Responsabilidade dos Administradores de SA: Business Judgment Rule.* Rio de Janeiro: Elsevier, 2007), pode-se mencionar, apenas a título ilustrativo, as obras de Eizirik, Nelson *et al. Mercado de capitais – regime jurídico.* 3ª ed. Rio de

A Suprema Corte do Canadá e a Comissão de Valores Mobiliários de Ontário já decidiram não se aplicar a *business judgment rule* à avaliação do cumprimento do dever de divulgar, pois não haveria no caso decisão negocial, mas sim observância de imposição legal[596].

No direito brasileiro, a LSA faculta ao juiz a exclusão da responsabilidade do administrador, se este atuou de boa-fé e no interesse da companhia[597]. Enquanto parte da doutrina identifica em tal regra a positivação da *business judgment rule*[598], parte ressalva que, por abranger o reconhecimento de culpa sem aplicação de sanção, a norma em questão não se identificaria com aquele padrão de julgamento[599]. Como o art. 159, §6º não trata especificamente da decisão negocial, pode ser aplicado também às hipóteses de violação do dever de informar.

Janeiro: Renovar, 2011, pp. 437-449 e ADAMEK, Marcelo Vieira Von. *Responsabilidade civil dos administradores de S/A (e as ações correlatas)*. São Paulo: Saraiva, 2009, pp. 129-132 e 286--288.

596 Conforme relatado na Decisão do caso Coventree Inc.:
"***(f) The Business Judgement Rule***
"[162] The Supreme Court of Canada held in *Danier* that the business judgement rule does not apply to decisions regarding disclosure under the Act. The Supreme Court stated that:
"... while forecasting is a matter of business judgment, disclosure is a matter of legal obligation. The Business Judgment Rule is a concept well-developed in the context of *business* decisions but should not be used to qualify or undermine the duty of disclosure.
"(*Danier, supra,* at para. 54)
"This principle was adopted by the Commission in both *Re AiT* and *Re Rex Diamond* (see *Re Rex Diamond, supra,* at para. 238 and *Re AiT, supra,* at para. 228).
"[163] Accordingly, the business judgement rule does not apply to the determination of whether the Prospectus failed to disclose a "material fact" or whether a "material change" occurred within the meaning of section 75 of the Act. Disclosure decisions under the Act are not sheltered by the business judgement rule."

597 "Art. 159. (...)
"§ 6º O juiz poderá reconhecer a exclusão da responsabilidade do administrador, se convencido de que este agiu de boa-fé e visando ao interesse da companhia."

598 Corrêa-Lima, Osmar Brina. *Sociedade Anônima*. 3ª ed. Belo Horizonte: Del Rey, 2005, p. 200.

599 Adamek, Marcelo Vieira Von. *Responsabilidade civil dos administradores de S/A (e as ações correlatas)*. São Paulo: Saraiva, 2009, p. 287.

57. Responsabilidade civil

A responsabilidade civil pelos prejuízos decorrentes da violação do dever de divulgar pode ser imposta, em tese, tanto à companhia quanto aos administradores ou, ainda, a ambos[600].

O Tribunal de Justiça de São Paulo já condenou os administradores de companhia aberta a responder solidariamente pelos danos decorrentes da não divulgação tempestiva de informação sobre a alienação do controle de companhia aberta[601]. Houve, no caso em questão, pedido de denunciação à lide dos acionistas controladores, que foi rejeitado, e não se discutiu a respeito da responsabilização da própria companhia.

A atribuição da responsabilidade à companhia apresenta alguns problemas identificados pela doutrina, dentre os quais se pode destacar que (i) a indenização será arcada, em última instância, pelos próprios investidores que se pretende defender; (ii) a indenização poderá prejudicar os credores da companhia; (iii) os danos causados têm por contrapartida ganhos recebidos por terceiros nas negociações com ações, e não um ganho da companhia e (iv) não haverá efetivamente perdas diante da diversificação de carteiras[602].

[600] Esta é a solução adotada expressamente pela lei chinesa de valores mobiliários: "Article 69 Where there are false entries, misleading statements or major omissions in the prospectus of share offering, the method for raising funds through issuance of corporate bonds, the financial statements, the listing submission documents, the annual reports, the interim reports, the provisional reports and other materials for information disclosure released by an issuer or a listed company, thus causing losses to investors in securities trading, the issuer or listed company shall be liable for compensation; the directors, supervisors, senior managers and other directly accountable persons of the issuer or listed company as well as the sponsors and securities companies engaged for underwriting shall be jointly and severally liable for compensation together with the issuer or listed company, unless one can establish a lack of fault on one's part; the controlling shareholders or persons in practical control of the issuer or listed company at fault shall be jointly and severally liable for compensation together with the issuer or listed company."

[601] Apelação nº 65.531-1 – 5ª C. – j. Em 25.06.1987 – Rel. Des. Márcio Bonilha, RT 625/47.

[602] Todos estes argumentos são expostos e criticados por BLANCO, Miguel Iribarren. *Responsabilidad civil por la información divulgada por las sociedades cotizadas: su aplicación en los mercados secundarios de valores*. Madrid: La Ley, 2008, pp. 59-80.

O primeiro argumento reside no fato de as indenizações, sendo pagas pela companhia, reduzirem o seu patrimônio, em prejuízo dos seus acionistas. Como o dever de informar tem por finalidade proteger os investidores, não seria razoável esses mesmos investidores arcarem – ainda que indiretamente – com a indenização. A referência a acionistas e investidores é proposital: no momento do pagamento da indenização (ou de seu impacto econômico) os acionistas da companhia não serão necessariamente as mesmas pessoas que no momento da divulgação da informação. A redução patrimonial da companhia, porém, afetará os investidores de mercado com posição acionária naquele instante.

A distinção entre os acionistas ao tempo do fato e os acionistas ao tempo da indenização é relevante também para colocar em perspectiva o argumento de que a companhia deveria responder, bem como seus acionistas indiretamente, porque estes seriam, em última instância, os responsáveis pela escolha dos administradores[603].

O segundo aspecto que se coloca como contrário à imposição de responsabilidade à companhia diz respeito à descapitalização da companhia em prejuízo de seus credores. Segundo Miguel Iribarren Blanco, esta objeção teria encontrado acolhida em alguns ordenamentos, como o austríaco, onde parte da doutrina defende a aplicação, aos valores pagos a título de indenização aos acionistas, dos mesmos limites impostos à companhia para negociar com suas próprias ações.

Os demais argumentos contrários à imposição de um dever de indenização não são específicos em relação ao dever da companhia, mas podem ser aplicados de forma geral a qualquer dever de indenizar negociações realizadas sem a informação necessária.

Nas negociações em bolsa, a perda do acionista que compra ou vende ações sem a informação necessária não tem por contrapartida um ganho

[603] Cf. Blanco, Miguel Iribarren. *Responsabilidad civil por la información divulgada por las sociedades cotizadas: su aplicación en los mercados secundarios de valores*. Madrid: La Ley, 2008, p. 60.

ou perda da própria companhia[604], mas sim de sua contraparte naquelas operações[605].

Nesta mesma linha, a própria perda em uma determinada operação pode ser compensada por ganhos em outras operações, no caso de investidores com carteiras diversificadas, e também por este motivo seria discutível a conveniência de a companhia indenizar.

Atribuir a responsabilidade pela indenização aos administradores soluciona os problemas específicos do pagamento pela companhia, mas neste caso a tutela dos investidores pode ser considerada reduzida, pois o patrimônio dos administradores pode ser inferior ao da companhia. Pela mesma razão, a atribuição à companhia de um direito de regresso em face do administrador poderá não ser uma solução integral para os problemas apontados anteriormente.

Como regra geral, o art. 158, II da LSA determina responderem os administradores pelos prejuízos que causarem "com violação da lei ou do estatuto". Constituindo a divulgação de fato relevante dever imposto pela LSA, sua violação acarretará a obrigação de indenizar os danos causados.

Para Fran Martins, a responsabilidade precípua pelos danos seria do administrador, embora afirme poder o acionista prejudicado, caso não obtenha êxito na demanda contra aquele, demandar a sociedade (e esta, por sua vez, teria direito de regresso contra ele)[606].

A ação judicial em face dos administradores, quando trata da indenização de prejuízos sociais, é atribuída primariamente à própria companhia, sendo seu exercício pelos acionistas condicionado.

[604] E é o ganho da companhia uma das hipóteses aventadas por José Alexandre Tavares Guerreiro para justificar a responsabilidade desta perante terceiros pelos prejuízos decorrentes dos atos de seus administradores (após mencionar especificamente, vale notar, obrigações contraídas pelo administrador com violação do estatuto, que não corresponde exatamente ao caso da violação do dever de informar), inclusive porque "manifesto seria o enriquecimento sem causa da sociedade, se ela não concorresse na providência reparatória" (Guerreiro, José Alexandre Tavares. *Responsabilidade dos Administradores de Sociedades Anônimas. In: Revista de Direito Mercantil, Industrial, Econômico e Financeiro.* São Paulo, nº 42, abr.-jun. 1981, p. 76).

[605] Excluídas, naturalmente, as hipóteses em que a própria companhia é parte.

[606] Martins, Fran. *Comentários à Lei das Sociedades Anônimas.* 4ª ed. Rio de Janeiro: Forense, 2010, p. 590.

No caso, porém, de prejuízos individuais de acionistas ou terceiros, o art. 159, §7º permite a ação direta, sem aqueles requisitos. Este seria o caso, para José Alexandre Tavares Guerreiro, da ação para ressarcimento de prejuízos movida pelo acionista que deixou de vender suas ações, na expectativa de sua valorização, quando os administradores utilizaram informação relevante não divulgada para obter vantagem mediante a venda de suas próprias ações[607]. A doutrina costuma apresentar como exemplo típico de ação direta aquela visando ao ressarcimento dos prejuízos decorrentes da divulgação de informações falsas, por exemplo nas demonstrações financeiras[608].

Além da ação individual, a indenização dos prejuízos decorrentes da violação do dever de divulgar fato relevante pode ser buscada por meio de ação civil pública. A Lei nº 7.913/89 confere competência ao Ministério Público para propor ação destinada a evitar danos ou reparar prejuízos causados aos titulares de valores mobiliários e aos investidores do mercado. O art. 1º, III da referida lei menciona como hipótese de ressarcimento "a omissão de informação relevante por parte de quem estava obrigado a divulgá-la, bem como sua prestação de forma incompleta, falsa ou tendenciosa."

A mencionada lei resultou de anteprojeto de lei enviado pela CVM ao Ministro da Fazenda, propondo a legitimação da própria autarquia para a propositura das ações[609]. No entanto, a lei aprovada outorgou legitimidade ativa apenas ao Ministério Público, sem prejuízo da possibilidade de participação da CVM em outra qualidade[610]. A doutrina entende, a despeito da referência expressa desta lei, aplicar-se a legitimação mais

[607] GUERREIRO, José Alexandre Tavares. *Responsabilidade dos Administradores de Sociedades Anônimas. In: Revista de Direito Mercantil, Industrial, Econômico e Financeiro.* São Paulo, nº 42, abr.-jun. 1981, p. 83.

[608] LAMY FILHO, Alfredo; PEDREIRA, José Luiz Bulhões. *A Lei das S.A. Pressupostos, Elaboração, Pareceres.* V. 2. Rio de Janeiro: Renovar, 1997, p. 406.

[609] ZACLIS, Lionel. *Proteção Coletiva dos Investidores no Mercado de Capitais.* São Paulo: Editora Revista dos Tribunais, 2007, pp. 150-151.

[610] Sobre o tema, cf. TANJI, Marcia. *Mercado de Capitais Brasileiro e Tutela Coletiva dos Interesses.* Dissertação (Mestrado em Direito Comercial) – Faculdade de Direito, Universidade de São Paulo, São Paulo, 2009.

ampla da Lei nº 7.347/85, inclusive por força da remissão feita no art. 3º da Lei nº 7.913/89[611].

58. Responsabilidade administrativa

A violação do dever de informar poderá acarretar a aplicação de penalidades pela CVM, à qual o art. 9º, V da Lei nº 6.385/76 atribui poderes para apurar atos ilegais e práticas não equitativas dos participantes do mercado[612]. Mediante a instauração de processo administrativo, a CVM pode aplicar as penalidades previstas no art. 11 da Lei nº 6.385/76, que incluem advertência, multa, suspensão ou inabilitação temporária e proibição de praticar determinadas operações.

O processo administrativo sancionador de rito ordinário perante a CVM era disciplinado pela Deliberação CVM nº 538/08, e agora é objeto da Instrução CVM nº 607. Pode originar-se tanto da instauração de inquérito administrativo – para a apuração de "apurar os indícios de infração às normas do mercado de valores mobiliário" (art. 8º, I) – quanto de Termo de Acusação, quando a Superintendência responsável entender existirem elementos conclusivos acerca da autoria e materialidade.

Além da regulamentação da CVM, o processo administrativo é disciplinado também pela Lei nº 9.784/99. A doutrina reconhece ainda a aplicabilidade de regras do Direito Penal ao processo sancionador, ainda que em alguns casos de forma limitada[613].

Aos acusados é garantido o direito de ampla defesa. Após a apresentação das defesas, ou o decurso do prazo para tanto, é sorteado um

[611] Neste sentido, cf. Grinover, Ada Pellegrini. *A tutela coletiva dos investidores no mercado de valores mobiliários: questões processuais. In:* Yarshell, Flávio Luiz; e Pereira, Guilherme Setoguti J. (coord.). *Processo Societário.* São Paulo: Quartier Latin, 2012, pp. 46-50.

[612] A respeito da preponderância de processos versando sobre a divulgação de informações no período de 2000 a 2006, cf. Prado, Viviane Muller; Rossi, Maria Cecilia; Silveira, Alexandre Di Miceli. *Decisões da CVM em matéria societária no período de 2000 a 2006. In: Revista de Direito Bancário e do Mercado de Capitais.* v. 37, p. 88-106, 2007.

[613] Cf. Verzola, Antonio Carlos. *Processos Sancionadores nos Mercados Financeiros e de Capitais – BACEN e CVM.* Rio de Janeiro: Renovar, 2012, p. 113 e Santos, Alexandre Pinheiro dos; Osório, Fábio Medina; Wellisch, Julya Sotto Mayor. *Mercado de Capitais.* São Paulo: Saraiva, 2012, pp. 33-41.

relator para o processo. O julgamento é realizado em sessão pública[614], facultado ao acusado ou seu representante legal a formulação de sustentação oral.

Às infrações em geral, em princípio, são aplicáveis apenas as penalidades de advertência ou multa, pois a aplicação de penalidade mais grave dependerá da existência de reincidência ou de a infração ser considerada grave, conforme disposto nos parágrafos 2º e 3º do art. 11[615] da Lei nº 6.385/76 (a violação a qualquer dispositivo da Instrução CVM nº 358 era considerada pelo seu art. 18 infração grave, conceito replicado no art. 19 da Deliberação CVM nº 44).

A competência da CVM limita-se à aplicação daquelas penalidades, não tendo a autarquia poderes para determinar a indenização dos prejuízos causados. Tal indenização poderá, contudo, ser estipulada no contexto da celebração de Termo de Compromisso.

A possibilidade de celebração de Termo de Compromisso foi incluída na Lei nº 6.385/76 pela Lei nº 9.457/97. O Termo de Compromisso permite o encerramento de processo administrativo mediante o compromisso do investigado ou acusado de cessar a prática considerada irregular e corrigir as irregularidades, inclusive indenizando os prejuízos (art. 11, §5º da Lei nº 6.385/76).

Na prática da CVM, os termos de compromisso em processos relativos à violação do dever de divulgar fato relevante não contemplam indenizações específicas, mas sim uma indenização ao mercado de capitais como um todo, por meio de pagamento à CVM.

São frequentes os casos em que se procura justificar o descumprimento do dever de divulgar por conta de dificuldades financeiras da companhia. A CVM nestes casos, conforme registrado no PAS CVM

[614] O art. 49 da Instrução CVM nº 607 prevê a possibilidade de restrição de acesso a terceiros ao julgamento em função do interesse público envolvido.

[615] "Art. 11. (...).

"§2º Nos casos de reincidência serão aplicadas, alternativamente, multa nos termos do parágrafo anterior, até o triplo dos valores fixados, ou penalidade prevista nos incisos III a VIII do *caput* deste artigo.

"§3º Ressalvado o disposto no parágrafo anterior, as penalidades previstas nos incisos III a VIII do *caput* deste artigo somente serão aplicadas nos casos de infração grave, assim definidas em normas da Comissão de Valores Mobiliários."

nº RJ2007/4107[616], entende que tal condição não se presta a afastar a responsabilidade pela divulgação, sendo necessária a adoção de alguma medida, ainda que paliativa, para a devida informação ao mercado.

Também se costuma debater a própria relevância do fato cuja divulgação é discutida. No julgamento do PAS CVM Nº RJ2006/5928[617] entendeu-se que o fato de o diretor de relações com investidores ter divulgado informações como fatos relevantes afastaria a necessidade de discutir aprofundadamente sua caracterização como tais. No mesmo sentido decidiu-se no PAS CVM Nº RJ2010/1582[618].

Quanto aos recursos, das decisões da CVM em processos sancionadores cabe, em virtude da extinção do recurso de ofício, apenas recurso voluntário ao Conselho de Recursos do Sistema Financeiro Nacional - CRSFN. O recurso voluntário pode ser apresentado pelos acusados eventualmente condenados.

O CRSFN foi criado pelo Decreto nº 91.152/85, e sua organização está definida no Decreto nº 9.889, de 27 de junho de 2019, sendo composto por oito membros que devem possuir reconhecida capacidade técnica e notório conhecimento especializado nas matérias de competência do Conselho (art. 3º do Decreto nº 9.889/19). Dos oito membros, dois são indicados pelo Ministério da Fazenda, um pelo Banco Central, um pela CVM e quatro por entidades do setor privado, conforme dispõe o art. 3º do Decreto nº 9.889/19[619].

59. Responsabilidade penal

A importância da sociedade anônima na economia moderna, por um lado, e a insuficiência da responsabilidade civil como meio de coibir abusos, por outro lado, levaram à criminalização de diversas condutas na vida societária[620].

[616] Relator Sergio Weguelin, julgado em 23.01.2008.

[617] Relator Pedro Oliva Marcilio de Sousa, julgado em 17.04.2007.

[618] Relator Alexsandro Broedel Lopes, julgado em 08.11.2011.

[619] “Art. 2º (...)

“IV – quatro indicados por entidades representativas dos mercados financeiro e de capitais.”

[620] Extrapolaria o objeto do presente trabalho discutir as análises relativas a esta expansão do direito penal. Para um exame atual destas correntes, com nota especial para o papel do

A violação do dever de divulgar fato relevante poderá, em determinadas circunstâncias, acarretar responsabilidade criminal. Não obstante a presente análise esteja centrada na disciplina da matéria pelo direito comercial, convém mencionar, sem a pretensão de aprofundar a análise no âmbito do direito penal, as principais regras que podem incidir quando se considera esse dever.

O art. 177[621] do Código Penal impõe pena de reclusão de um a quatro anos e multa a quem divulga informação falsa ou oculta fato relativo a sociedade por ações no contexto de sua fundação.

O parágrafo primeiro, inciso I[622] do citado artigo impõe a mesma pena na hipótese de declarações falsas ou omissão fraudulenta em comunicação ao público. O art. 177 ressalva, ainda, sua aplicação subsidiária no que se refere aos fatos que caracterizem crimes contra a economia popular.

A Lei nº 1.521/61, que dispõe sobre crimes contra a economia popular, tipifica também condutas que podem envolver descumprimento de dever de informar adequadamente, especialmente em seu art. 3º, incisos VI e VII[623].

Direito Administrativo Sancionador, cf. Souza, Luciano Anderson. *Direito Penal Econômico – Fundamentos, Limites e Alternativas*. São Paulo: Quartier Latin, 2012.

621 "Art. 177 – Promover a fundação de sociedade por ações, fazendo, em prospecto ou em comunicação ao público ou à assembléia, afirmação falsa sobre a constituição da sociedade, ou ocultando fraudulentamente fato a ela relativo:

"Pena – reclusão, de um a quatro anos, e multa, se o fato não constitui crime contra a economia popular."

622 "Art. 177 – (...)

"§ 1º – Incorrem na mesma pena, se o fato não constitui crime contra a economia popular:

"I – o diretor, o gerente ou o fiscal de sociedade por ações, que, em prospecto, relatório, parecer, balanço ou comunicação ao público ou à assembléia, faz afirmação falsa sobre as condições econômicas da sociedade, ou oculta fraudulentamente, no todo ou em parte, fato a elas relativo;"

623 "Art. 3º São também crimes desta natureza:

(...)

"VI – provocar a alta ou baixa de preços de mercadorias, títulos públicos, valores ou salários por meio de notícias falsas, operações fictícias ou qualquer outro artifício;

"VII – dar indicações ou fazer afirmações falsas em prospectos ou anúncios, para fim de substituição, compra ou venda de títulos, ações ou quotas;

Vale mencionar também o disposto nos incisos IX e X do mesmo artigo:

Comentando a disposição do art. 177 do Código Penal, Nelson Hungria mencionava que a subsunção à Lei nº 1.521/61 ocorreria quando a sociedade fosse popular, considerando como tal aquela cujo valor das ações fosse reduzido de modo a permitir a subscrição "mesmo à bolsa de pessoas pertencentes às classes menos favorecidas da fortuna ou à *multidão anônima*"[624].

O Código Penal faz referência à afirmação falsa ou ocultação fraudulenta em "prospecto, relatório, parecer, balanço ou comunicação ao público ou à assembléia" (art. 177, §1º, I), enquanto a Lei de crime contra a economia popular menciona "afirmações falsas em prospecto ou anúncios" (Art. 3º, VII). Nelson Hungria leciona haver responsabilidade "qualquer que seja o modo de *publicação* de que os agentes se sirvam, posto que possibilite o engano de indefinido número de pessoas"[625]. O ilustre jurista entende caracterizada a infração quando as informações falsas ou omissões "criam um dano potencial aos acionistas (progressividade de prejuízos) ou a terceiros (possibilidade de obtenção artificial de fundos)"[626].

"IX – gerir fraudulenta ou temerariamente bancos ou estabelecimentos bancários, ou de capitalização; sociedades de seguros, pecúlios ou pensões vitalícias; sociedades para empréstimos ou financiamento de construções e de vendas de imóveis a prestações, com ou sem sorteio ou preferência por meio de pontos ou quotas; caixas econômicas; caixas Raiffeisen; caixas mútuas, de beneficência, socorros ou empréstimos; caixas de pecúlios, pensão e aposentadoria; caixas construtoras; cooperativas; sociedades de economia coletiva, levando-as à falência ou à insolvência, ou não cumprindo qualquer das cláusulas contratuais com prejuízo dos interessados;

"X – fraudar de qualquer modo escriturações, lançamentos, registros, relatórios, pareceres e outras informações devidas a sócios de sociedades civis ou comerciais, em que o capital seja fracionado em ações ou quotas de valor nominativo igual ou inferior a um mil cruzeiros com o fim de sonegar lucros, dividendos, percentagens, rateios ou bonificações, ou de desfalcar ou de desviar fundos de reserva ou reservas técnicas."

[624] Menciona o citado autor ainda a aplicação à sociedade que "se destine a fins que diretamente interessem à economia do povo, e posto que venham a cair em falência ou insolvência." (HUNGRIA, Nelson. *Comentários ao Código Penal.* V. VII. 4ª ed. Rio de Janeiro: Forense, 1980, p. 280).

[625] HUNGRIA, Nelson. *Comentários ao Código Penal.* V. VII. 4ª ed. Rio de Janeiro: Forense, 1980, p. 283.

[626] HUNGRIA, Nelson. *Comentários ao Código Penal.* V. VII. 4ª ed. Rio de Janeiro: Forense, 1980, p. 287.

A divulgação de informação falsa ou prejudicialmente incompleta, quando versar sobre instituição financeira, pode caracterizar infração ao art. 3º[627] da Lei nº 7.492/86. Nesta hipótese poderão ser incluídas condutas que importem na violação do dever de divulgar fato relevante.

A mera violação do dever previsto no art. 157, §4º da LSA, contudo, não acarretará necessariamente a incidência de regra penal, pois para tanto se faz necessária a ocorrência de divulgação de informação falsa ou omissão fraudulenta.

Por outro lado, a ausência de divulgação de fato relevante poderá ser condição para a ocorrência de outros crimes, como o uso indevido de informação privilegiada, previsto no art. 27-D da Lei nº 6.385/76. Neste caso, porém, a violação do dever de divulgar não constitui crime, e sim o uso da informação não divulgada. É possível ocorrer o crime de *insider trading* sem conduta punível no que se refere ao dever de divulgar. Basta imaginar a hipótese de uso de informação por quem não tenha o dever de informar, ou o uso de informação legitimamente mantida em sigilo.

60. Outras consequências

A violação do dever de divulgar pode acarretar a aplicação de sanções por entidades privadas, tais como o desligamento de associações ou a perda de selos de qualidade.

O Código Abrasca de Autorregulação e Boas Práticas das Companhias Abertas impunha às companhias aderentes uma série de obrigações, inclusive relativas à divulgação de informações. O descumprimento de tais obrigações submetia os transgressores às penalidades previstas no art. 22 do Código Processual de Autorregulação ABRASCA. Tais penalidades incluíam advertência (reservada ou pública) e suspensão, proibição temporária ou cassação do direito de uso do selo de adesão ao Código de Autorregulação.

No âmbito do Novo Mercado da B3, em que são também impostas obrigações específicas de divulgação, embora não particularmente de fatos relevantes, o descumprimento de tais obrigações pode acarretar a aplicação de multas, suspensão e mesmo exclusão da negociação naquele segmento.

[627] "Art. 3º Divulgar informação falsa ou prejudicialmente incompleta sobre instituição financeira: "Pena – Reclusão, de 2 (dois) a 6 (seis) anos, e multa."

CONSIDERAÇÕES FINAIS

(1) A análise histórica do desenvolvimento dos mercados de capitais revela, já em seus primórdios, o reconhecimento da importância da informação. Além dos conhecidos e amplamente estudados efeitos econômicos da distribuição das informações entre os participantes do mercado, é digna de nota sua relevância na percepção da função social dos mercados de capitais. Se hoje tais mercados são quase indiscutivelmente reconhecidos como instrumentos para a promoção do desenvolvimento econômico, no passado foram criticados por serem nocivos à sociedade. Um dos pilares de tais críticas consistia nos ganhos que se poderia obter pelo mau uso de informações. A possibilidade de lucrar com a mentira e a fraude não foi eliminada completamente pela mera imposição do dever de informar – nem no mercado de capitais nem em qualquer outro mercado – mas a expressa disciplina da matéria contribui para afastar do mercado de capitais a imagem de ambiente destinado à realização de operações desonestas.

(2) Se a informação pode ser considerada importante para qualquer atividade, algumas características particulares do mercado de capitais ressaltam seu papel: os negócios celebrados são negócios de longa duração, e os valores mobiliários não admitem, como outros bens, inspeção pelo comprador.

(3) A adequada distribuição de informações pode ser vista, no extremo, como condição de existência do próprio mercado. Tal fato, por si só, não justificaria a intervenção estatal na matéria. Esta intervenção fundamenta-se em pelo menos duas outras premissas: de que o mercado de capitais é útil à sociedade e de que os agentes privados não chegariam isoladamente a um resultado satisfatório nesta questão. A importância do mercado de

capitais, como visto, não suscita maiores controvérsias, mas o mesmo não ocorre em relação à sua capacidade de autorregulação. Enquanto alguns estudos empíricos, notadamente nos Estados Unidos, identificaram ganhos com a imposição de divulgação obrigatória, outros chegaram a conclusões diversas, e a própria definição de qual seria a quantidade e qualidade de informação satisfatória permanece imprecisa. A ausência de uma resposta conclusiva para a necessidade de impor a divulgação obrigatória é essencial para a análise da norma: se por um lado tal divulgação não é despicienda – o que levaria à conclusão de ser inútil a norma– por outro lado não se pode considerá-la, de forma inequívoca, como superior a outros interesses tutelados. A despeito disto, não se vislumbra uma tendência à supressão do dever de informar e o debate contemporâneo gravita em torno das questões de quanto e de que forma divulgar.

(4) A regulação da informação é fundamental para o mercado de capitais, e o dever de divulgar fato relevante insere-se neste contexto. No entanto, outras estratégias são também adotadas, como a regulação da conduta dos intermediários.

(5) O dever de divulgar fato relevante está relacionado a outros deveres de informar impostos a quaisquer sociedades anônimas: certas regras específicas determinam forma própria de divulgação de informações que podem ser consideradas fatos relevantes. Identificar tais informações é importante para aferir se uma ou outra forma deve prevalecer, como buscou-se fazer no terceiro capítulo.

(6) O dever de divulgar fato relevante é imposto unicamente aos administradores de companhias abertas; o conceito de companhia aberta, porém, permite incluir companhias que não possuam valores mobiliários efetivamente negociados no mercado, o que torna questionável a utilidade do dever nestes casos.

(7) As companhias abertas estão sujeitas a outras regras particulares, além do dever de informar previsto no art. 157 da LSA. Muitas dessas normas dizem respeito à divulgação de informações e, em alguns casos, podem ser vistas como regras específicas frente ao dever geral de informar, enquanto outras são dignas de nota para evitar o equívoco de apresentar a informação como única forma de tutela do mercado.

(8) O dever de sigilo traduz-se como regra geral de conduta dos administradores de qualquer companhia. O dever de informar constitui exceção a esta regra geral.

(9) O dever de divulgar está disciplinado no Brasil principalmente na LSA, embora a tutela da devida informação possa ser identificada em outras normas. Além da inclusão na legislação do mencionado dever, as características particulares do mercado de capitais levaram à atribuição, a órgãos especializados, de competência para a regulamentação e a fiscalização de seu cumprimento.

(10) A Lei nº 6.385/76 atribuiu à CVM competência para regulamentar o dever de divulgar fatos relevantes. A extensão dos poderes da CVM é controvertida. O conceito de fato relevante previsto na Lei nº 6.385/76 é praticamente equivalente àquele constante da LSA, com duas exceções importantes: o tempo e os responsáveis pela divulgação.

(11) Além da lei e da regulamentação, o mercado de capitais costuma ser apontado como exemplo de campo em que a autorregulação é bem-sucedida, e há diversas iniciativas com relação à divulgação de fatos relevantes.

(12) A LSA emprega o conceito de fato relevante não apenas no art. 157, §4º, mas também em outros dispositivos, por vezes com sentidos diferentes, que se buscou distinguir.

(13) Ao contrário de outros países, em que o dever de divulgar consta de normas do órgão regulador ou da bolsa de valores, no Brasil o conceito de fato relevante é estabelecido tanto na LSA quanto, com pequenas diferenças, na Lei nº 6.385/76.

(14) O conceito de fato relevante formulado pela legislação brasileira foi inspirado na elaboração jurisprudencial norte-americana, inicialmente estabelecida em caso relativo a pedido público de procuração.

(15) A União Europeia adota conceito semelhante ao brasileiro, no sentido de impor a divulgação imediata de informações. Lá, como cá, há discussões acerca da identidade dos conceitos para fins de divulgação e de vedação ao *insider trading*.

(16) No Canadá, onde a regulação é estadual, destacou-se a legislação de Ontário, que utiliza no conceito de fato relevante a ideia de alteração no preço ou no valor dos valores mobiliários, distinção importante para resolver alguns dos problemas que a mera referência a preço – ou ao conceito mais vago de decisão dos investidores – suscita em outros países.

(17) Na Austrália, a orientação expedida pela bolsa de valores ressalta que a referência feita a pessoa razoável, no lugar de investidor razoável,

deve ser lida no sentido de que a avaliação da relevância deve tomar por base uma pessoa sem interesses particulares para com o emissor ou os investidores.

(18) No Japão, destaca-se o detalhamento atribuído às informações relevantes que devem ser prestadas, sem prejuízo de uma regra geral à semelhança da identificada em outros países, bem como na definição quantitativa de critérios para dispensar a divulgação.

(19) A legislação chinesa, ao tratar do dever de divulgar fato relevante, não faz, como a brasileira, referência aos fatos ocorridos nos negócios da companhia, mas a uma deliberação da administração, à assinatura de carta de intenções ou acordo, ou ao conhecimento por administrador de assunto relevante.

(20) Hong Kong também conceitua como relevante a informação relativa não apenas à companhia, mas também a acionistas, administradores ou aos valores mobiliários e seus derivativos. Além disso, embora apenas recentemente o dever de divulgar fato relevante tenha sido incluído em lei, para a delimitação do conceito a agência reguladora faz referência a diversos precedentes do Tribunal de Insider Dealing.

(21) A Lei brasileira, como as de outros países, não define investidor de mercado, e para a limitação do conceito convém ponderar se deve ser considerado qualquer investidor, ou um investidor médio, se a finalidade de lucro é essencial e se o especulador está incluído no conceito de investidor.

(22) Considerar qualquer pessoa que negocie ou possa negociar no mercado de valores mobiliários como um investidor de mercado, para fins de definir fato relevante, tornaria inoperante o conceito, de modo que o investidor de mercado deve ser entendido como um conceito abstrato, ainda que elaborado a partir do comportamento dos investidores concretos.

(23) Como investidor de mercado são consideradas, em princípio, as pessoas que negociam com o intuito de lucro.

(24) O conceito de investidor de mercado abrange tanto investidores de longo prazo quanto especuladores. A regra de divulgação imediata de fato relevante beneficia, segundo defendem alguns autores, o investimento especulativo.

(25) Investidores qualificados são também considerados investidores de mercado para fins do dever de divulgar fato relevante.

(26) A referência específica a investidores de mercado pode ser interpretada de modo a limitar sua abrangência apenas às pessoas que negociam (i) habitualmente no mercado de valores mobiliários, (ii) nos mercados regulamentados, excluindo negociações privadas ou, ainda, (iii) no mercado para os valores mobiliários do emitente em particular.

(27) Para a operacionalização do conceito de decisão de investimento no âmbito do dever de divulgar fato relevante, esta deve ser considerada como influenciada por fatos que afetem o valor da companhia, embora haja discussão a respeito da importância de aspectos qualitativos, como questões de governança corporativa, que a despeito de não produzirem impacto direto nos resultados econômicos, podem afetar a percepção dos investidores acerca do valor.

(28) Ao mencionar decisão de comprar ou vender a LSA não considerou outras operações como subscrição e empréstimo de ações. Porém, na medida em que outras operações sejam influenciadas pelos mesmos fatores que a compra e venda, a distinção não afetaria a caracterização de uma informação como relevante. Por outro lado, decisões que não digam respeito à compra e venda, como o direito de voto, não estariam abrangidas no conceito legal, embora a referência da regulamentação da CVM à decisão de exercer direitos possa ser vista como as abrangendo.

(29) Ao mencionar valores mobiliários, a LSA inclui diferentes títulos cuja decisão de comprar e vender pode ser influenciada de formas distintas. Informações relevantes para ações podem não ser relevantes para títulos de dívida, e esta distinção foi feita no passado na União Europeia. No Brasil, há precedente da CVM que não acolheu tal distinção.

(30) Para o conceito de fato relevante, deve ser considerada apenas a decisão de investimento nos valores mobiliários de emissão da companhia. A CVM ampliou este conceito ao mencionar títulos referenciados a tais valores, o que poderia modificar substancialmente os padrões para a caracterização de fatos relevantes.

(31) O conceito de influência ponderável pode ser interpretado tanto no sentido de influência significativa quanto no sentido de influência aferível concretamente.

(32) Embora a LSA fale em fatos que possam afetar de forma ponderável, a mera possibilidade se justifica porque a avaliação da relevância é feita *ex ante*. No exame *a posteriori* deve ser averiguado se houve efeti-

vamente influência (ainda que esta não corresponda a uma modificação nos preços).

(33) A LSA menciona fato e a regulamentação da CVM ato ou fato, mas o conceito de fato inclui o de ato. A referência a fato pode ser interpretada de modo a excluir de seu campo de incidência motivos e opiniões.

(34) Embora não sejam propriamente fatos ocorridos nos negócios da companhia, as projeções são tratadas pela regulamentação como presumidamente relevantes.

(35) A referência a fatos ocorridos nos negócios da companhia excluiria informações relativas a acionistas ou aos valores mobiliários, não obstante possam ter influência ponderável na decisão dos investidores de mercado. Outros países definem o conceito como abrangendo fatos relativos a estas três categorias (negócios da companhia, valores mobiliários e acionistas).

(36) A referência a fatos ocorridos nos negócios da companhia pode ser lida de forma a excluir a obrigação de divulgar fatos públicos. Outras legislações incluem no conceito de fato relevante a sua não publicidade.

(37) Os fatos relevantes podem ser identificados como fatos extraordinários, como já indicou a jurisprudência norte americana. A CVM já decidiu, porém, que mesmo fatos ordinários podem ser considerados relevantes.

(38) Fatos não concluídos podem ser considerados relevantes, mas nesta hipótese há que se considerar a relevância da etapa. A jurisprudência norte-americana adotou por vezes um critério de magnitude *versus* probabilidade, cuja aplicação foi recentemente afastada na União Europeia.

(39) Informações que não tenham o condão de influenciar de forma ponderável a decisão dos investidores, considerado o conceito objetivo, não são relevantes.

(40) A regulamentação da CVM adota a estratégia de atribuir a determinadas informações relevância presumida.

(41) A responsabilidade pela divulgação é atribuída pela LSA somente aos administradores, e a regulamentação da CVM determina a sua imputação ao diretor de relações com investidores em especial.

(42) A regulamentação da CVM atribui a determinadas pessoas o dever de comunicar os fatos relevantes de que tenham conhecimento ao diretor de relações com investidores.

(43) O dever de se informar do administrador, identificado como desdobramento do dever de diligência, inclui o de obter informações relevantes.

(44) A CVM e os mercados regulamentados podem determinar a divulgação de informações relevantes, e a própria CVM já divulgou em algumas ocasiões tais informações.

(45) A determinação de divulgação imediata deve ser interpretada considerando a necessidade de tempo para análise da informação e preparação do texto a ser publicado. Esta determinação consta de diversas legislações, mas com abordagens distintas. Enquanto algumas se limitam a afirmar que por divulgação imediata deve-se entender divulgação tão logo quanto possível, outras estabelecem limites temporais.

(46) O dever de atualizar fato relevante é imposto pela CVM de forma aparentemente objetiva, mas à luz da LSA só teria cabimento quando a atualização fosse, em si, uma informação relevante.

(47) O fato relevante deve ser divulgado de forma clara e precisa. Enquanto nos Estados Unidos há recomendações específicas, inclusive quanto à linguagem, outros países, tais como o Brasil, fazem recomendações acerca de sua compreensão geral. Em todo caso, tratando-se de comunicação destinada a investidores de mercado, há que se considerar aquela que possa ser compreendida pelo investidor médio.

(48) A divulgação deve ser feita por meio eletrônico, sem prejuízo da faculdade de publicação em jornal.

(49) Os fatos relevantes podem ser mantidos em sigilo, como expressamente facultado pela LSA, desde que no interesse da companhia. A divulgação irregular foi considerada, em precedentes da CVM, como violação do dever de sigilo, e não do dever de divulgar fato relevante.

(50) A consulta à CVM acerca da manutenção em sigilo constitui mera faculdade, embora decisão do Tribunal de Justiça de São Paulo já tenha indicado entendimento diverso.

(51) A informação mantida em sigilo deve ser divulgada em caso de vazamento, e deste dever decorre o de acompanhar notícias que possam evidenciar tal vazamento.

(52) Oscilações atípicas afastam a possibilidade de manter informação em sigilo; a jurisprudência da CVM apresentou diferentes entendimentos ao longo do tempo acerca da necessidade de correlação entre a oscilação atípica e o suposto vazamento da informação mantida em

sigilo. Em decisões mais antigas a CVM reconhecia a possibilidade de afastar o dever de divulgar caso a oscilação pudesse ser atribuída a outras causas que não o vazamento da informação relevante, e considerou o histórico de cotação para definir se determinada oscilação seria atípica. Decisões mais recentes vêm adotando a orientação de que qualquer oscilação atípica acarretaria o dever de divulgar toda informação relevante mantida em sigilo, e percentuais elevados de oscilação foram considerados atípicos sem que conste das decisões a análise do histórico das cotações. Se for possível identificar outras causas que não o vazamento para a oscilação atípica, não se justificaria a exigência de divulgação.

(53) A LSA não impõe a divulgação de fato relevante na hipótese de rumores, mas a orientação da CVM tem sido em sentido diverso. O risco decorrente da obrigação de divulgar na hipótese de quaisquer rumores consiste na possibilidade de ser inviabilizada a opção de manter determinadas informações em sigilo.

(54) Períodos de silêncio impostos pela regulamentação ou adotados espontaneamente pela companhia não afastam o dever de divulgar fato relevante.

(55) A responsabilidade pela não divulgação recai primariamente sobre o diretor de relações com investidores.

(56) Na apreciação do cumprimento do dever de divulgar, deve ser ponderada a atuação do administrador segundo os critérios gerais de apreciação de seus deveres, não obstante haja quem defenda a inaplicabilidade da *business judgment rule* ao caso.

(57) A não divulgação acarreta a responsabilidade civil dos administradores, embora não seja clara a responsabilidade da companhia nem, tampouco, o critério para eventual indenização.

(58) O descumprimento do dever de divulgar pode ser punido, no âmbito administrativo, pela Comissão de Valores Mobiliários.

(59) O descumprimento do dever de divulgar pode integrar condutas que ensejam, ainda, a sanção penal.

(60) O descumprimento do dever de divulgar pode, por fim, ensejar sanções por outras entidades, como no caso de companhias aderentes ao Manual Abrasca de Controle e Divulgação de Informações Relevantes.

REFERÊNCIAS

ADAMEK, Marcelo Vieira Von. *Responsabilidade civil dos administradores de S/A (e as ações correlatas)*. São Paulo: Saraiva, 2009.

ADIERS, Leandro Bittencourt. *Valores mobiliários, especulação e conseqüências jurídicas. In: Revista de Direito Mercantil, Industrial, Econômico e Financeiro.* São Paulo, v. 40, nº 121, p. 173, jan/mar 2001.

AKERLOF, George A. *The Market for Lemons: Quality Uncertainty and the Market Mechanism. In: Explorations in Pragmatic Economics.* New York: Oxford University Press, 2005, pp. 28-38. Publicado originalmente no *Quarterly Journal of Economics* em 1970.

ALMEIDA, José Gabriel Assis de. *A Lei 11.638/07 e as Sociedades Limitadas. In:* ROCHA, Sergio André (coord.). *Direito Tributário, Societário e a Reforma da Lei das S/A – Inovações da Lei 11.638.* São Paulo: Quartier Latin, 2008, pp. 214-231.

ALVES, José Carlos Moreira. *Direito Romano.* V. 1. Rio de Janeiro: Forense, 1987.

AMENDOLARA, Leslie. *Direito dos Acionistas minoritários.* 2ª ed. São Paulo: Quartier Latin, 2002.

ARAGÃO, Aline de Menezes Santos. *Responsabilidade administrativa e civil do ofertante e do intermediário pelo conteúdo do prospecto. In:* ADAMEK, Marcelo Vieira Von (Coord.). *Temas de Direito Societário e Empresarial Contemporâneos.* São Paulo: Malheiros, 2011.

ARAGÃO, Leandro Santos de. *Dever de Informar e Operações de Reorganização Societária – procedimento preparatório e as informações assimétricas. In:* CASTRO, Rodrigo R. Monteiro de e ARAGÃO, Leandro Santos de. *Reorganização Societária.* São Paulo: Quartier Latin, 2005, pp. 52-97.

ARAGÃO, Paulo Cezar. *A CVM em juízo: limites e possibilidades. In: Revista de Direito Bancário.* São Paulo, nº 34, out-dez 2006, pp. 43-44.

ARAGÃO, Paulo Cezar e SALLES, Denise C. Leão de. *Uma leitura sistemática do artigo 256 da lei das S.A.s. In:* CASTRO, Rodrigo R. Monteiro de e ARAGÃO, Leandro Santos de. *Direito Societário*

– *Desafios Atuais*. São Paulo: Quartier Latin, 2009, pp. 225-240.

Aranow, Edward Ross; Einhorn, Herbert A. *Proxy Contests for corporate control*. 2nd ed. New York: Columbia Press, 1968.

Ascarelli, Tulio. *Problemas das Sociedades Anônimas e Direito Comparado*. São Paulo: Quorum, 2008.

Banner, Stuart. *Anglo-American Securities Regulation*. Cambridge: Cambridge University Press, 1998.

Barbedo, Claudio; Araújo, Gustavo Silva e Lion, Octavio Manuel Bessada. *Mercado de derivativos no Brasil: conceitos, operações e estratégias*. 2ª ed. Rio de Janeiro: Record, 2007.

Batalha, Wilson de Souza Campos. *Comentários à Lei das sociedades anônimas: Lei nº 6.404, de 15 de dezembro de 1976*. v. 3. Rio de Janeiro, Forense, 1977.

Benston, George J. *Required Disclosure and the Stock Market: An Evaluation of the Securities Exchange Act of 1934*. *In: The American Economic Review*. Vol. 63, nº 1 (Mar., 1973), pp. 132-155.

Berle, Adolf A.; Means, Gardiner C. *The Modern Corporation & Private Property*. New Brunswick: Transaction, 2010.

Blanco, Miguel Iribarren. *Responsabilidad civil por la información divulgada por las sociedades cotizadas: su aplicación en los mercados secundarios de valores*. Madrid: La Ley, 2008.

Borba, José Edwaldo Tavares. *Das Debêntures*. Rio de Janeiro: Renovar, 2005.

Branco, Sofia Nascimento. *O Direito dos Accionistas à Informação*. Coimbra: Almedina, 2008.

Bulgarelli, Waldírio. *Questões de Direito Societário*. São Paulo: Editora Revista dos Tribunais, 1983.

Calabró, Luiz Felipe Amaral. *Regulação e Autorregulação do Mercado de Bolsa*. São Paulo: Almedina, 2011.

Campos, Roberto da Cunha. *Técnicas Correntes de Análise e Avaliação de Títulos e Seleção de Carteira*. *In:* Castro, Helio O. Portocarrero de. (coord.) *Introdução ao Mercado de Capitais*. Rio de Janeiro: IBMEC, 1979.

Carvalho, Vinícius Marques de. *Regulação Econômica e Serviços Públicos*. In: Schapiro, Mario Gomes (coord.) *In: Direito Econômico Regulatório*. São Paulo: Saraiva, 2010.

Carvalhosa, Modesto e Eizirik, Nelson. *A nova Lei das sociedades anônimas*. São Paulo: Saraiva, 2002.

Carvalhosa, Modesto. *A dispersão acionária e o desaparecimento da figura do controlador*. *In:* Carvalhosa, Modesto e Eizirik, Nelson. *Estudos de Direito Empresarial*. São Paulo: Saraiva, 2010, pp. 11-15.

–. *Comentários à Lei de Sociedades Anônimas*, 4 v. São Paulo: Saraiva, 2011.

–. *Acordo de Acionistas: homenagem a Celso Barbi Filho*. São Paulo: Saraiva, 2011.

–. *Proxy Fights: a experiência norte-americana e as regras da Instrução CVM nº 481/2006*. In: Botrel, Sérgio. *Direito Societário: análise crítica*. São Paulo: Saraiva, 2012, pp. 9-15.

Cerezetti, Sheila Christina Neder. *Regulação do mercado de capitais e desenvolvimento*. *In:* Salomão Filho, Calixto. *Regulação e Desenvolvimento:*

Novos Temas. São Paulo: Malheiros, 2012, pp. 190-228.

CHEDIAK, Julian Fonseca Peña. *A Reforma do Mercado de Valores Mobiliários*. *In:* LOBO, Jorge. (coord.) *Reforma da Lei das Sociedades Anônimas*. Rio de Janeiro: Forense, 2002, pp. 525-551.

CHOI, Stephen. *Regulating Investors Not Issuers: A Market-Based Proposal, 88. Cal. L. Rev. 279* (2000).

CLARK, Robert C. *Corporate Law*. Boston: Little, Brown and Company: 1986.

CLERMONTEL, Pierre. *Le droit de la communication financière*. Paris: Joly, 2009.

COASE, Ronald Harry. *The firm, the market and the law*. Chicago: The University of Chicago Press, 1988.

COELHO, Fábio Ulhoa. *Curso de Direito Comercial*. 11ª ed. V. 2. São Paulo: Saraiva: 2008.

COFFEE, John C. Jr. *Market Failure and the Economic Case for a Mandatory Disclosure System*. 70 *Va. L. Rev*. 717 (1984).

–. *Gatekeepers: The Professions and Corporate Governance*. Oxford: Oxford University Press, 2006.

COMPARATO, Fábio Konder. *Aspectos Jurídicos da Macro-empresa*. São Paulo: RT, 1970.

–. *Insider Trading*: sugestões para uma moralização do nosso mercado de capitais. Originalmente publicado na *Revista de Direito Mercantil, Industrial, Econômico e Financeiro*, nº 2, Ano X, nova série, 1971, p. 41.

COMPARATO, Fábio Konder e SALOMÃO FILHO, Calixto. *O poder de controle na sociedade anônima*. Rio de Janeiro: Ed. Forense, 2005.

COMPIN, Frédéric. *Le Pouvoir du Droit Face à la Désinformation Financière*. Saint-Maur-des-Fossés: Jets d'Encre, 2009.

CORRÊA-LIMA, Osmar Brina. *Sociedade Anônima*. 3ª ed. Belo Horizonte: Del Rey, 2005.

DAVIDOVICH, Marcos. *A quebra do dever de sigilo por subordinados e terceiros de confiança do acionista controlador*. *In*: *Revista de Direito Bancário e do Mercado de Capitais*. v. 57, pp. 217-244, 2012.

DAVIES, Paul L. *Gower's Principles of Modern Company Law*. 6th ed. London: Sweet & Maxwell: 1997.

DE GRANDIS, Rodrigo. *Aspectos Penais do Uso de Informação Privilegiada (Insider Trading) no Direito Brasileiro*. *In:* VILARDI, Celso Sanchez; PEREIRA, Flávia Rahal Bresser e DIAS NETO, Theodomiro (coord.). *Direito Penal Econômico*. São Paulo: Saraiva, 2011.

DI NOIA, Carmine; GARGANTINI, Matteo. *The Market Abuse Directive Disclosure Regime in Practice: Some Margins for Future* Actions. *In*: *Rivista delle Società*. nº 4/2009, 2009, pp. 782-835.

DIAS, Luciana Pires. *Regulação e Autorregulação no mercado de valores mobiliários*. Dissertação (Mestrado em Direito Comercial). Faculdade de Direito, Universidade de São Paulo, São Paulo, 2005.

DRAGO, Diego. *O Poder de Informação dos Sócios nas Sociedades Comerciais*. Coimbra: Almedina, 2009.

DUBEUX, Julio Ramalho. *A Comissão de Valores Mobiliários e os principais ins-*

trumentos regulatórios do Mercado de Capitais. Porto Alegre: Sergio Antonio Fabris, 2006.

EASTERBROOK. Frank. H.; FISCHEL, Daniel R. *The Economic Structure of Corporate Law*. Cambridge: Harvard University Press, 1996.

EIZIRIK, Nelson. *O papel do Estado na Regulação do Mercado de Capitais*. Rio de Janeiro: IBMEC, 1977.

–. *A urgente reforma da Lei 6.385/76. In: Revista de Direito Mercantil, Industrial, Econômico e Financeiro*. São Paulo, nº 98, pp. 58-62.

–. *Questões de Direito Societário e Mercado de Capitais*. Rio de Janeiro: Forense, 1987.

–. *Aspectos Modernos do Direito Societário*. Rio de Janeiro: Renovar, 1992.

–. *Negócio jurídico de underwriting – Questões contemporâneas*. *In*: PERIN JUNIOR, Ecio; KALANSKY, Daniel; PEYSER, Luis (Coord.) *Direito Empresarial – Aspectos Atuais de Direito Empresarial Brasileiro e Contemporâneo*. São Paulo: Método, 2005, pp. 249-263.

–. *Limites da atuação reguladora da CVM. Ilegalidade das regras da Instrução CVM nº 480/09 referentes à remuneração dos administradores de companhias abertas. In:* CARVALHOSA, Modesto e EIZIRIK, Nelson. *Estudos de Direito Empresarial*. São Paulo: Saraiva, 2010, p. 378-397.

– et al. Mercado de capitais – regime jurídico. 3ª ed. Rio de Janeiro: Renovar, 2011.

–. *A Lei das S/A Comentada*. 3 V. São Paulo: Quartier Latin, 2011.

FABIAN, Christoph. *O dever de informar no direito civil*. São Paulo: Editora Revista dos Tribunais, 2002.

FAORO, Raymundo. *Os donos do poder: formação do patronato político brasileiro*. 3ª ed. São Paulo: Globo, 2001.

FAUSTO, Boris. *História do Brasil*. 12ªed. São Paulo: Editora da Universidade de São Paulo, 2004.

FARIA, Valter. *Comunicação e Relações com Investidores. In:* BARRETO, Diego. *Direito, gestão e prática: Finanças aplicadas ao direito*. São Paulo: Saraiva, 2011, pp. 257-315.

FERNANDES, Edison Carlos. *Demonstrações Financeiras: gerando valor para o acionista*. São Paulo: Atlas, 2011.

FERREIRA, Eduardo Paz. *A informação no mercado de valores mobiliários. In: Direito dos Valores Mobiliários*. V. III. Coimbra: Coimbra Editora, 2001, pp. 137-159.

FERREIRA, Waldemar. *Tratado de direito comercial*.V. 4. São Paulo: Saraiva, 1961.

FLETCHER III, C. Edward. *Sophisticated Investors Under the Federal Securities Laws. In: Duke Law Journal*, nº 6, Vol. 1988:1081.

FORGIONI, Paula A. *Evolução do direito comercial brasileiro: da mercancia ao mercado*. São Paulo: Editora Revista dos Tribunais, 2009.

–. *Teoria Geral dos Contratos Empresariais*. São Paulo: Editora Revista dos Tribunais, 2009

–. *Os fundamentos do antitruste*. 4ª ed. São Paulo: Revista dos Tribunais, 2010.

FRANÇA, Erasmo Valladão Azevedo e Novaes e ADAMEK, Marcelo Vieira von. *Sociedades de Grande Porte (Lei nº 11.638/2007, art. 3º)*. *In:* ROCHA, Sergio André (coord.). *Direito Tributário, Societário e a Reforma da Lei das S/A – Inovações da Lei 11.638*. São Paulo: Quartier Latin, 2008, pp. 76-101.

FRANÇA, Erasmo Valladão Azevedo e Novaes. *Temas de direito societário, falimentar e teoria da empresa*. São Paulo: Malheiros, 2009.

FRANÇA, R. Limongi. *Instituições de direito civil*. 5ª ed. São Paulo: Saraiva, 1999.

FRANKEL, Richard M., JOOS, Peter R. e WEBER, Joseph Peter. *An Empirical Investigation of Pre-Earnings Announcement Quiet Periods (February 2002)*. Disponível em SSRN: http://ssrn.com/abstract=304486 ou http://dx.doi.org/10.2139/ssrn.304486.

FUNDO MONETÁRIO INTERNACIONAL. *Japan: IOSCO Objectives and Principles of Securities Regulation – Detailed Assessment of Implementation*. 2012.

GADINIS, Stavros; JACKSON, Howell E. *Markets as regulators: a survey. In: 80 S. Cal. L. Rev.* 1239 (2007).

GALBRAITH, John Kenneth. *A Short History of Financial Euphoria*. New York, Penguin, 1993.

GEORGAKOPOULOS, Nicholas L. *Why Should Disclosure Rules Subsidize Informed Traders? In: 16 Int'l Rev. L. & Econ.* 417 (1996).

GILSON R.; GORDON, J. *Controlling controlling shareholders. In: University of Pennsylvania Law Review*, vol. 152, nº 2, pp. 785-843, 2003.

GRAHAM, Benjamin. *O investidor inteligente*. Rio de Janeiro: Nova Fronteira, 2007.

GRINOVER, Ada Pellegrini. *A tutela coletiva dos investidores no mercado de valores mobiliários: questões processuais. In:* YARSHELL, Flávio Luiz; e PEREIRA, Guilherme Setoguti J. (coord.). *Processo Societário*. São Paulo: Quartier Latin, 2012, pp. 46-50.

GUERREIRO, José Alexandre Tavares. *Responsabilidade dos Administradores de Sociedades Anônimas. In: Revista de Direito Mercantil, Industrial, Econômico e Financeiro*. São Paulo, nº 42, abr.-jun. 1981, pp. 69-88.

–. *O Conselho Fiscal e o direito à informação. In: Revista de Direito Mercantil, Industrial, Econômico e Financeiro*. São Paulo, nº 45, pp. 29-34.

–. *Regime jurídico do capital autorizado*. São Paulo: Saraiva, 1984.

–. *Sociedade Anônima: Poder e Dominação. In: Revista de Direito Mercantil, Industrial, Econômico e Financeiro*, nº 53, jan-mar 84, pp. 72-80.

–. *A função registrária das sociedades anônimas. In:* WALD, Arnoldo (coord.). *O direito na década de 80: estudos jurídicos em homenagem a Hely Lopes Meirelles*. São Paulo: Ed. Revista dos Tribunais, 1985, pp. 143-149.

–. *Sociedade por quotas – Quotas preferenciais. In: Revista de Direito Mercantil: Industrial, Econômico e Financeiro*. São Paulo, nº 94, 1994, p. 28-34.

–. *Sociedade Anônima: dos Sistemas e Modelos ao Pragmatismo. In:* CASTRO, Rodrigo R. M. de; MOURA AZEVEDO, Luís André N. de (Coord.). *Poder de Controle e Outros Temas de Direito Societário e Mercado de Capitais*. São Paulo: Quartier Latin, 2010, pp. 19-28.

HAYEK, Friedrich A. *Individualism and Economic Order*. Chicago: The University of Chicago Press, 1948.

HAZEN, Thomas Lee. *The Law of Securities Regulation*. 6ª ed. West, 2009.

HOUAISS, Antônio e VILLAR, Mauro de Salles. *Dicionário Houaiss da Língua Portuguesa*. Rio de Janeiro: Objetiva, 2001.

HUNGRIA, Nelson. *Comentários ao Código Penal*. V. VII. 4ª ed. Rio de Janeiro: Forense, 1980.

JAEGER, Pier Giusto; DENOZZA, Francesco e TOFFOLETTO, Alberto. *Appunti di Diritto Commerciale. I – Impresa e Società*. 6ª ed. Milano: Giuffrè, 2006.

KALANSKY, Daniel; PEYSER, Luis. *Empréstimo de Ações e o Mercado de Capitais*. *In*: PERIN JUNIOR, Ecio; KALANSKY, Daniel; PEYSER, Luis (Coord.) *Direito Empresarial – Aspectos Atuais de Direito Empresarial Brasileiro e Contemporâneo*. São Paulo: Método, 2005, pp. 19-37.

KALANSKY, Daniel. *Incorporação de Ações: estudo de casos e precedentes*. São Paulo: Saraiva, 2012.

KARMEL, Roberta S. *Regulation by Exemption: The Changing Definition of an Accredited Investor. In: Rutgers Law Journal*, v. 39:681.

KEYNES, John Maynard. *The General Theory of Employment, Interest, and Money*. Harvest: New York, 1991 (edição original de 1935).

KRAAKMAN, Reinier R. et al. *The Anatomy of Corporate Law*. 2nd ed. New York: Oxford University Press, 2009.

KÜMPEL, Siegfried. *Direito do Mercado de Capitais*. Rio de Janeiro, Renovar, 2007.

LAMY FILHO, Alfredo; PEDREIRA, José Luiz Bulhões. *A Lei das S.A. Pressupostos, Elaboração, Pareceres*. V. 2. Rio de Janeiro: Renovar, 1997.

– (Coord.). *Direito das companhias*. Rio de Janeiro: Forense, 2009.

LEÃES, Luiz Gastão Paes de Barros. *Mercado de Capitais & "Insider Trading"*. São Paulo: Editora Revista dos Tribunais, 1982.

LOPES, Alexsandro Broedel. *A Informação Contábil e o Mercado de Capitais*. São Paulo: Pioneira Thomson Learning, 2002.

LOSS, Louis; SELIGMAN, Joel. *Fundamentals of securities regulation*. 5ª ed. Aspen, 2004.

LUCCA, Newton De. *Da Ética Geral à Ética Empresarial*. São Paulo: Quartier Latin, 2009.

MAGALHÃES, Roberto Barcellos de. *Lei das S/A: comentários por artigo*. V. II. 2ª ed. Rio de Janeiro: Freitas Bastos, 1997.

MAIA, Felipe Fernandes Ribeiro e MENEZES, Eduardo Augusto Caixeta. *Agência de Classificação de Risco: Rating, Mercado de Capitais e Responsabilidade Civil. In:* WALD, Arnoldo; GONÇALVES, Fernando; SOARES DE CASTRO, Moema Augusta (coord.); FREITAS, Bernardo Vianna; CARVALHO, Mário Tavernard Martins de (org.). *Sociedades Anônimas e Mercado de Capitais*. São Paulo: Quartier Latin, 2011, pp. 281-318.

MALKIEL, Burton G. *A Random Walk Down Wall Street*. New York: W. W. Norton, 2007.

MARCONDES, Adalberto Wodianer; BACARJ, Celso Dobes. *ISE: sustentabilidade no mercado de capitais.* São Paulo: Report Editora, 2010.

MARTINS, Fran. *Comentários à Lei das Sociedades Anônimas.* 4ª ed. Rio de Janeiro: Forense, 2010.

MCKEAN, Erin. *The New Oxford American Dictionary.* 2nd. New York: Oxford University Press, 2005.

MENDONÇA, José Xavier Carvalho de. *Tratado de direito comercial brasileiro.* V II. T. 2. Atualizado por Ruymar de Lima Nucci. Campinas: Bookseller, 2001, p. 367.

MEO, Giorgio. *Le Società di capitali quotate in borsa.* Torino: G. Giappichelli, 2002. (Trattato di Diritto Privato, v. XVII).

MIRANDA JR., Darcy Arruda. *Breves Comentários à Lei de Sociedades por* Ações. São Paulo: Saraiva, 1977.

MIRANDA, Nicholas. *Concession Agreements: From Private Contract to Public Policy. In: The Yale Law Journal,* Vol. 117, No. 3 (Dec., 2007), pp. 510-549.

MOREIRA, Egon Bockman. *Direito das Concessões de Serviço Público: Inteligência da Lei 8.987/1995 (Parte Geral).* São Paulo: Malheiros, 2010.

MOTA, Ana Carolina Yoshida Hirano. *Accountability no Brasil: os cidadãos e seus meios institucionais de controle dos representantes.* Tese (Doutorado em Ciência Política). Faculdade de Filosofia, Letras e Ciências Humanas, Universidade de São Paulo, São Paulo, 2007.

MOTA, Fernando de Andrade. *Registro de distribuição pública de valores mobiliários: extensão da revisão pelo regulador. In: Revista de Direito Bancário e do Mercado de Capitais,* v. 69, p. 149-166, 2015.

–. *A descoberta da vítima por si mesma nos ilícitos no mercado de capitais.* In: *Revista de Direito das Sociedades e dos Valores Mobiliários,* v. Especial, p. 139--157, 2018.

MOTA, Fernando de Andrade; PANUCCI FILHO, Roberto; VINHAS, Tiago Cação. *Primeiras impressões sobre pedidos públicos de procuração no Brasil. In:* PENTEADO, Mauro Rodrigues; MUNHOZ, Eduardo Secchi (coord.). *Mercado de Capitais Brasileiro: Doutrina, Cases & Materials.* São Paulo: Quartier Latin, 2012, pp. 311-331.

MUNHOZ, Eduardo Secchi. *Transferência de Controle nas Companhias sem Controlador Majoritário. In:* CASTRO, Rodrigo R. M. de; MOURA AZEVEDO, Luís André N. de (Coord.). *Poder de Controle e Outros Temas de Direito Societário e Mercado de Capitais.* São Paulo: Quartier Latin, 2010, p. 286-324.

–. *Quem deve comandar a Companhia? Alocação do Poder Empresarial: Sistema de Freios e Contrapesos. In:* KUYVEN, Luiz Fernando Martins. *Temas essenciais de direito empresarial: estudos em homenagem a Modesto Carvalhosa.* São Paulo: Saraiva, 2012, p. 505-517.

MÜSSNICH, Francisco Antunes Maciel e PERES, Fábio Henrique. *Breves Considerações sobre Elaboração e Publicação de Demonstrações Financeiras por Sociedades de Grande Porte à Luz da Lei nº 11.638/07. In:* ROCHA, Sergio André (coord.). *Direito Tributário, Societário e a Reforma da Lei das S/A – Inova-*

ções da Lei 11.638. São Paulo: Quartier Latin, 2008, pp. 121-131.

Noronha Najjarian, Ilene Patricia de. *Das ações de sociedades anônimas como originadoras de outros valores mobiliários*. *In:* Finkelstein, Maria Eugênia Reis e Proença, José Marcelo Martins. *Direito societário: sociedades anônimas*. São Paulo: Saraiva, 2007, pp. 136-176.

–. *Securitização de recebíveis mercantis*. São Paulo: Quartier Latin, 2010.

–. *Comentários às Informações Prestadas por Companhias Abertas Falidas e em Recuperação Judicial enquanto Emissoras de Valores Mobiliários – Instruções CVM nºs 476 e 480 – Aspectos do Regime de Informação no Mercado de Capitais*. *In:* de Lucca, Newton; Domingues, Alessandra de Azevedo e Leonardi Antonio, Nilva M. (coord.). *Direito Recuperacional II – Aspectos Teóricos e Práticos*. São Paulo: Quartier Latin, 2012, pp. 149--177.

Nusdeo, Fábio. *Curso de Economia*. 6ª ed. São Paulo: Editora Revista dos Tribunais, 2010.

Oioli, Erik Frederico. *Oferta Pública de Aquisição do Controle de Companhias Abertas*. São Paulo: Quartier Latin, 2010.

Palmiter, Alan R. *Toward Disclosure Choice in Securities Offerings*. *In:* 1999 *Colum. Bus. L.* Rev. 1.

Papini, Roberto. *Sociedade Anônima e Mercado de Valores Mobiliários*. 2ª ed. Rio de Janeiro: Forense, 1988.

Paredes, Troy A. *Blinded by the Light: Information Overload and Its Consequences for Securities Regulation*, 81 *Washington University Law Quarterly* 417 (2003).

Patterson, Scott. *Dark Pools: high-speed traders, AI bandits, and the threat to the global financial system*. New York: Crown Business, 2012.

Paula, Áureo Natal de. *Crimes Contra o Sistema Financeiro Nacional e o Mercado de Capitais*. 6ª ed. Curitiba: Juruá, 2012.

Penteado, Mauro Rodrigues. *Dimensão das Sociedades Empresárias e suas Implicações: a Boa Contribuição da Lei 11.638*. *In:* Rocha, Sergio André (coord.). *Direito Tributário, Societário e a Reforma da Lei das S/A – Inovações da Lei 11.638*. São Paulo: Quartier Latin, 2008, pp. 327-339.

Pereira, Guilherme Döring Cunha. *Alienação do Poder de Controle Acionário*. São Paulo: Saraiva, 1995.

Pinheiro, Armando Castelar; SADDI, Jairo. *Direito, economia e mercados*. Rio de Janeiro: Elsevier, 2005.

Pitta, André Grünspun. *As funções da informação no mercado de valores mobiliários: Uma reflexão sobre o regime de divulgação de informações imposto às companhias abertas brasileiras*. Dissertação (Mestrado em Direito Comercial) – Faculdade de Direito, Universidade de São Paulo, São Paulo, 2013.

Pontes, Evandro Fernandes de. *Pedido Público de Procuração (notas sobre a representação em assembleias gerais de companhias abertas no Brasil)*. *In:* Adamek, Marcelo Vieira Von (Coord.). *Temas de Direito Societário e Empresarial Contemporâneos*. São Paulo: Malheiros, 2001, pp. 327-355.

Posner, Richard A. *Theories of Economic Regulation. In: The Bell Journal of Economics and Management Science,* Vol. 5, nº 2 (1974), pp. 335-358.

Prado Júnior, Caio. *História Econômica do Brasil.* São Paulo: Brasiliense, 2008 (49ª reimpr. da 1ª ed. de 1945; atualização: 1970).

Prado, Roberta Nioac. *Oferta Pública de Ações Obrigatória nas S.A. – Tag Along.* São Paulo: Quartier Latin, 2005.

Prado, Viviane Muller; Rossi, Maria Cecilia; Silveira, Alexandre Di Miceli. *Decisões da CVM em matéria societária no período de 2000 a 2006. In: Revista de Direito Bancário e do Mercado de Capitais.* v. 37, p. 88-106, 2007.

Prado, Viviane Muller. *Conflito de interesses nos grupos societários.* São Paulo: Quartier Latin, 2006.

Proença, João Antônio Godilho de; Rocha, João Pedro Gonçalves. *Situação atual do mercado de capitais no Brasil. In*: Wald, Arnoldo. *O Mercado de Capitais.* Rio de Janeiro: APEC, 1970.

Proença, José Marcelo Martins. *Insider Trading: regime jurídico do uso de informações privilegiadas no mercado de capitais.* São Paulo: Quartier Latin, 2005.

–. *Violação do dever de informar no mercado de capitais – a manipulação de mercados e a prática de insider trading. In: Revista de Direito Mercantil* (RDM). São Paulo, Malheiros, 2006, vol. 144, pp. 263-274.

Rachman, Nora M. *O Princípio do **Full Disclosure** no Mercado de Capitais.* Dissertação (Mestrado em Direito Comercial) – Faculdade de Direito, Universidade de São Paulo, São Paulo, 1999.

Rego, Anna Lygia Costa. *Aspectos Jurídicos da Confiança do Investidor Estrangeiro no Brasil. Tese* (Doutorado em Direito Econômico). Faculdade de Direito, Universidade de São Paulo, São Paulo, 2010.

Rego, Marcelo Lamy. *Pedido de Procuração para Votar. In:* Castro, Rodrigo R. Monteiro e Aragão, Leandro Santos (Orgs.). *Direito Societário: desafios atuais.* São Paulo: Quartier Latin, 2008, pp. 315-342.

Requião, Rubens. *Curso de Direito Comercial.* 24ª ed. (atualizada por Rubens Edmundo Requião), v. 2. São Paulo: Saraiva, 2005.

Ribeiro, Marcia Carla Pereira e Agostinho, Eduardo Oliveira. *Os investidores Institucionais e o Desenvolvimento do Mercado de Capitais no Brasil. In:* Wald, Arnoldo; Gonçalves, Fernando; Soares de Castro, Moema Augusta (coord.); Freitas, Bernardo Vianna; Carvalho, Mário Tavernard Martins de (org.). *Sociedades Anônimas e Mercado de Capitais.* São Paulo: Quartier Latin, 2011, pp. 375-400.

Ripert, Georges. *Aspectos Jurídicos do Capitalismo Moderno.* Tradução de Gilda G. De Azevedo. Rio de Janeiro: Freitas Bastos, 1947.

Rizzo, Valdo Cestari de; Almeida, Marco La Rosa de. *Do direito do Acionista à Informação em Companhias Abertas e Fechadas. In:* Adamek, Marcelo Vieira Von (Coord.). *Temas de Direito Societário e Empresarial Contemporâneos.* São Paulo: Malheiros, 2011, pp. 594-607.

ROBERT, Bruno. *Proxy solicitation and shareholder director nominations in Brazil: a comparative analysis of Instrução CVM n. 481/2009. In: Revista de Direito Mercantil, Industrial, Econômico e Financeiro*, nº 155/156, pp. 76-107.

–. *Dividendo mínimo obrigatório nas sociedades por ações brasileiras: apuração, declaração e pagamento*. São Paulo: Quartier Latin, 2011.

ROCHA, Bolívar B. M. *O Poder Normativo de órgãos de administração o caso da comissão de valores mobiliários. In: Revista de Direito Mercantil, Industrial, Econômico e Financeiro*. São Paulo, nº 64, p. 47/69.

RODRIGUES, Sofia Nascimento. *A Protecção dos Investidores em Valores Mobiliários*. Coimbra: Almedina, 2001.

ROMANO, Roberta. *Empowering Investors: A Market Approach to Securities Regulation. In: Yale Law Journal*, Vol. 107: 2359, 1997-1998.

ROSA, Maria Eduarda Fleck da. *O Poder Normativo da Comissão de Valores Mobiliários*. Dissertação (Mestrado em Direito Comercial). Faculdade de Direito, Universidade de São Paulo, São Paulo, 2012.

SALOMÃO FILHO, Calixto. *Direito Concorrencial: as estruturas*. 2ª ed. São Paulo: Malheiros, 2002.

–. *Regulação da atividade econômica (princípios e fundamentos jurídicos)*. 2ª ed. São Paulo: Malheiros, 2008.

–. *O novo direito societário*. 3ª ed. São Paulo: Malheiros, 2006.

–. *O novo direito societário*. 4ª ed. São Paulo: Malheiros, 2011.

SANTOS, Alexandre Pinheiro dos; OSÓRIO, Fábio Medina; WELLISCH, Julya Sotto Mayor. *Mercado de Capitais*. São Paulo: Saraiva, 2012.

SANTOS, Alexandre Pinheiro dos; WELLISCH, Julya Sotto Mayor e BARROS, José Eduardo Guimarães. *Notas sobre o poder normativo da Comissão de Valores Mobiliários: CVM na atualidade. In: Revista de Direito Bancário e do Mercado de Capitais*, São Paulo, nº 34, p. 68/84.

SANTOS, Felipe Matias. *Divulgação de Informação Privilegiada*. Coimbra: Almedina, 2011.

SANTOS, Gonçalo Castilho dos. *O dever de informação sobre factos relevantes pela sociedade cotada*. Lisboa: Associação Acadêmica Faculdade de Direito Lisboa, 1998.

SARTORI, Filippo. *Informmazione economica e responsabilità civile*. Milano: Cedam, 2011.

SATIRO, Francisco. *Agências de Classificação de Créditos e seu Papel de* Gatekeepers. *In:* ADAMEK, Marcelo Vieira Von (Coord.). *Temas de Direito Societário e Empresarial Contemporâneos*. São Paulo: Malheiros, 2011, pp. 373-387.

SCHAMMO, Pierre. *EU Prospectus Law*. Cambridge: Cambridge University Press, 2011.

SILVA, Alexandre Couto. *Responsabilidade dos Administradores de SA: Business Judgment Rule*. Rio de Janeiro: Elsevier, 2007.

SMITH, Adam. *The Wealth of Nations*. New York: Random House, 1994.

SOROS, George. *The Alchemy of Finance*. New Jersey: Wiley, 2003.

–. *The new paradigm for financial markets: the crash of 2008 and what it means*. New York: Public Affairs, 2008.

SOUZA, Luciano Anderson. *Direito Penal Econômico – Fundamentos, Limites e Alternativas*. São Paulo: Quartier Latin, 2012.

STIGLER, George J. *Public Regulation of the Securities Markets. In: The Journal of Business*. Vol. 37, No. 2 (Apr., 1964), pp. 117-142.

STUBER, Walter Douglas. *As novas regras para divulgação e uso de informações sobre atos ou fatos relevantes relativos às companhias abertas brasileiras. In: Revista de Direito Bancário e do Mercado de Capitais*. São Paulo. Nº 16. pp. 252-267.

SZTAJN, Rachel. *Teoria Jurídica da Empresa: atividade empresária e mercados*. São Paulo: Atlas, 2004.

–. *Regulação e o Mercado de Valores Mobiliários. In: Revista de Direito Mercantil, Industrial, Econômico e Financeiro*. São Paulo: Malheiros, 2004, nº 135, pp. 136-147.

TÁCITO, Caio. *Comissão de Valores Mobiliários. Poder regulamentar. In: Temas de Direito Público (Estudos e Pareceres)* 2º volume, São Paulo: Renovar, pp. 1075-1093.

TANJI, Marcia. *Mercado de Capitais Brasileiro e Tutela Coletiva dos Interesses*. Dissertação (Mestrado em Direito Comercial) – Faculdade de Direito, Universidade de São Paulo, São Paulo, 2009.

TEIXEIRA, Egberto Lacerda e GUERREIRO, José Alexandre Tavares. *Das sociedades anônimas no direito brasileiro*. v. 2. São Paulo: Bushatsky, 1979.

TORRES, Carlos Maria Pinheiro. *O Direito à Informação nas Sociedades Comerciais*. Coimbra: Almedina, 1998.

TRINDADE, Marcelo Fernandez. *Vedações à negociação de Valores Mobiliários por norma regulamentar; interpretação e legalidade. In:* ADAMEK, Marcelo Vieira Von (coord.). *Temas de Direito Societário e Empresarial Contemporâneos*. São Paulo: Malheiros, 2011, pp. 453-471.

–. *Mútuo de Ações e Insider Trading. In:* CASTRO, Rodrigo Rocha Monteiro de. WARDE JÚNIOR, Walfrido Jorge; GUERREIRO, Ana Carolina Dias Tavares (coord.). *Direito Empresarial e Outros Estudos em Homenagem ao Professor José Alexandre Tavares Guerreiro*. São Paulo: Quartier Latin, 2013, pp. 519-535.

TRUBEK, David M.; VIEIRA, Jorge Hilário Gouvêa; SÁ, Paulo Fernandes de. *Direito, Planejamento e Desenvolvimento do Mercado de Capitais Brasileiro (1965-1970)*. 2ª ed. José Rodrigo Rodriguez (org.). São Paulo: Saraiva, 2011.

URÍA, Rodrigo. *La información del accionista em el Derecho español*. Madrid: Civitas, 1976.

VERÇOSA, Haroldo Malheiros Duclerc. *Curso de Direito Comercial*. V. 3. 2ª ed. São Paulo: Malheiros, 2012.

VERGARA, Henrique de Rezende. *Aspectos da desmutualização das bolsas. In:* CASTRO, Rodrigo R. Monteiro de e ARAGÃO, Leandro Santos de. *Direito Societário – Desafios Atuais*. São

Paulo: Quartier Latin, 2009, pp. 301-314.

VERGUEIRO, Carlos Eduardo. *Acordos de Acionistas e a Governança das Companhias*. São Paulo: Quartier Latin, 2010.

VERZOLA, Antonio Carlos. *Processos Sancionadores nos Mercados Financeiros e de Capitais – BACEN e CVM*. Rio de Janeiro: Renovar, 2012.

VIDIGAL, Geraldo de Camargo e MARTINS, Ives Gandra da Silva. *Comentários à lei das sociedades por ações: Lei nº 6.404, de 15.12.1976, atualizada pela Lei nº 9.457, de 5.5.1997*. Rio de Janeiro: Forense Universitária, 1999.

WALD, Arnoldo. *O investidor qualificado no Direito Comparado. In: Revista de Direito Mercantil, Industrial, Econômico e Financeiro*, nº 139, 01/09/2005, pp. 7-28.

–. *O investidor qualificado no mercado de capitais brasileiro. In: Revista de Direito Bancário e do Mercado de Capitais*, nº 32, 01/06/2006, pp. 15-34.

WEBER, Max. *A Bolsa*. Lisboa: Relógio D'Água Editores, 2004.

WORLD FEDERATION OF EXCHANGES. *2012 WFE Market Highlights*. 2013.

ZACLIS, Lionel. *Proteção Coletiva dos Investidores no Mercado de Capitais*. São Paulo: Editora Revista dos Tribunais, 2007.

Sites consultados

http://www.asic.gov.au/
http://www.asx.com.au/
http://www.comlaw.gov.au/
http://www.csrc.gov.cn
http://www.cvm.gov.br/
http://ecfr.gpoaccess.gov/cgi/t/text/text-idx?c=ecfr&tpl=%2Findex.tpl
http://www.e-laws.gov.on.ca
http://www.fsa.go.jp
http://www.idt.gov.hk/
http://www.imf.org
http://www.japaneselawtranslation.go.jp
http://www.osc.gov.on.ca
http://www.sec.gov/
http://www.securities-administrators.ca
http://www.ssrn.com
http://www.stf.jus.br
http://www.tmx.com
http://www.tse.or.jp
http://www.world-exchanges.org/